熟视有睹

明代文官制度与社会文化史散论

赵克生　著

南方传媒　广东人民出版社

·广州·

图书在版编目（CIP）数据

熟视有睹：明代文官制度与社会文化史散论/赵克生著. —广州：广东人民出版社，2022.12
ISBN 978-7-218-14939-4

Ⅰ. ①熟… Ⅱ. ①赵… Ⅲ. ①文官制度—研究—中国—明代 ②文化史—研究—中国—明代 Ⅳ. ①D691.42 ②K248.03

中国版本图书馆 CIP 数据核字（2021）第 057514 号

SHUSHIYOUDU: MINGDAI WENGUAN ZHIDU YU SHEHUIWENHUASHI SANLUN

熟视有睹：明代文官制度与社会文化史散论

赵克生 著

出 版 人：肖风华

责任编辑：周惊涛 唐金英
装帧设计：周世格
责任技编：周星奎

出版发行：广东人民出版社
地 址：广州市越秀区大沙头四马路 10 号（邮政编码：510199）
电 话：(020) 85716809（总编室）
传 真：(020) 83289585
网 址：http://www.gdpph.com
印 刷：佛山市迎高彩印有限公司
开 本：787mm×1092mm 1/32
印 张：9.625 字 数：260 千
版 次：2022 年 12 月第 1 版
印 次：2022 年 12 月第 1 次印刷
定 价：68.00 元

如发现印装质量问题，影响阅读，请与出版社（020—85716849）联系调换。
售书热线：020—85716833

序　言

　　社会虽说是一个不以人的思想为转移的客观实体，但人活动于其中，人的思想构建了这样的社会。庞朴说："要将思想当做观念化了的社会、将社会当做物质化了的思想来看待，来研究，来说明。"① 特别是体制化的儒家思想与中国政治自汉代以来逐步结合，历经千余年发展，非常成熟，我们有时习焉不察，难以清楚地发现政治制度设计体现出的思想或在某种思想基础之上设计的政治制度，儒家思想与政治之间如何相融合？如何相互作用？

　　近年来，中国传统政治史包括政治制度史研究面临来自社会史、文化史的严峻挑战。政治制度史研究固有的线性研究模式受到普遍质疑，一些要求改变这种静态的、脱离历史实际的制度研究的声音开始出现。显然，积极的、建设性的反思有利于破解政治制度史研究的困局。

　　就制度本质来说，制度既是概念，也是实践，需要同时作为概念与实践加以分析。因为是概念，制度必然生成于一定的社会历史文化背景之中，在一定的思想、伦理基础上运行，也即是说，制度具有自身的文化逻辑。因为是实践，制度牵涉到不同的行动主体，在同一制度框架下，不同主体对制度蕴含的意义有着不同的领会，采取不同的行动策略，由此产生彼此的互动、紧张，制度就在这一过程中动态地、多层面地展开、演

---

① 　庞朴：《思想与社会的互动》，《天津社会科学》2001 年第 4 期，第 74 页。

1

变，发挥影响力。这样的制度史研究其实可以称作为"以制度为视角"的政治—社会史研究或政治—文化史研究，它将展示政治制度研究可能具有的多面性和复杂性，制度史研究可以是政治史，也可以是社会史、文化史。基于以上思路，本书上编选择明代文官的养亲与省亲、丁忧服丧、父祖封赠等一组制度作为论题，它们的背后涉及共同的孝道伦理。或者说，孝道伦理是这些制度存在的逻辑，孝道伦理也是这些制度运行的逻辑。

本书下编虽有礼制史和阅读史两类论题，但无论是朝天宫习仪、乡贤专祀与宗族聚会，还是八股时文、朱子《小学》，都是明代社会司空见惯的平常事。后世学人或习焉不察、熟视无睹，或以惯常模式看待之，难对这些问题有兴趣。笔者不过怀着好奇，换个视角，重新打量这些问题。正如罗志田所言：

> 历史上的人与事本来就有"横看成岭侧成峰"的特点，视角的转换在许多方面可使人耳目一新，不仅可以观察到一些以前所未注意的历史面相，更重要的是很可能导致研究者对许多早已重视的面相产生新的理解，从而丰富人们对历史的"立体性"或"全息性"认知。①

新视角带来些许新的发现和认识。例如，乡贤专祠一章提出明代乡贤祠祀的"双轨制"，时文阅读一章从文体学之外探讨明代士人阅读时文的经验与他们对时文的态度，宗族族会一章关注酒食聚会与宗族礼仪相结合对于宗族凝聚的意义。

本书取名"熟视有睹"的意思，就是对习以为常之史事的再审视与新探索。

---

① 罗志田：《近代中国史学十论》，复旦大学出版社 2003 年，第 254 页。

目　录

上编　孝道伦理与明代文官制度

下编　明人的礼仪实践与阅读经验

上编

孝道伦理
与
明代文官制度

第一章　明代文官的养亲、省亲与展墓

宦游于外，如何赡养、侍奉家中的父母、祖父母？如何祭祀逝去的父母、祖父母？这是中国传统社会官吏们常常需要面对的问题。我们知道，传统社会以"忠孝"为教。为官任职，乃尽臣子之忠；生养死祭，是谓人子之孝。而这两者之间，有时难以兼顾。本章在回顾历史的基础上，立足明代，看看明代怎样解决文官群体"事君"与"事亲"之间的两全问题。①

第一节　明代文官的养亲

忠孝不能兼顾，事君与事亲不得统一，直接原因在于"去乡为官"。自汉代以后，本地人不得在本地任职的"地域回避"制度逐渐形成，明朝继承并严格执行历史上的"地域回避"制度。"国家用人，不得官于本省。盖为族闾所在，难

---

①　以往的研究主要集中于社会养老问题，如林金树：《明朝老年政策述论》，《中国史研究》1998 年第 2 期；周桂林：《论朱元璋兴孝以行养老之政》，《河南大学学报》1998 年第 4 期；王兴亚：《明代的老年人政策》，《南都学坛》1994 年第 4 期；等等。林谳如：《明人的奉亲怡养——孝道社会生活的一个历史侧面》（台湾中国文化大学 2003 年硕士学位论文）讨论的是社会孝养实践。似无专文从制度与思想交互的层面研究明代官员养亲问题。

于行法；身家相关，易于为奸，故必隔省而后可焉。"① 除医官、阴阳官、学官等，一律实行"隔省为官"。隔省为官，任职多在千里之外，此举造成官吏与父母在空间上的分离，彼此相隔，音讯久违，侍奉无着，孝道不申。出自海南的明代大儒丘濬慨然有论：

> 古者封建之世，仕者不出其乡。朝而出则事其君，莫而归则养其亲，故忠孝之道恒得两尽。……今四海一家，舆图万里，士而自遐外以入仕中朝者，道里之遥邈，水陆之跋涉，不遑将父母者多矣。②

"隔省为官"不仅戕害至性亲情，还可能使"以孝致忠"的政治目标悬空。那么，解决官吏与父母两地分居的办法便是"移亲就养"，即任官外地，父母随之前往。父母因此可以分享儿子的俸廪（是谓禄养），得到悉心的照顾（膝下侍奉是谓色养）。

——

受宋元以来移亲就养制度的影响，洪武初就有官吏移亲就养。与之相关的制度也相继出台，如洪武十七年（1384）明太祖为了"勉孝劝廉"，诏许凡远在 1500 里之外者给以舟车，

---

① 高拱：《高文襄公集》卷九《议处卑官地方以顺人情疏》，《四库全书存目丛书》集部第 108 册，齐鲁书社 1997 年，第 134 页。

② 丘濬：《重编琼台稿》卷十四《赠史太仆归省序》，《文渊阁四库全书》第 1248 册，台湾商务印书馆 1986 年，第 277—278 页。

俾得迎养。① 洪武二十六年（1393）《诸司职掌·侍亲》规定："凡官员父母年七十之上，许令移亲就禄侍养。"以后的《明会典》亦准此制，明代移亲就养制度正式定型。明人极重移亲就养。如洪武十三年（1380），西安府盩厔县丞陈子都奔波3000里，迎其父母以就养。② 永乐时，云南左参政崔恂孝事其母，居官虽远必亲迎就养。③ 句容县令徐居仁，上任旬月便慨叹"君禄不能逮其亲"，遂择日遣使，迎养其父。父子相聚，欢动颜色，邑之老少聚观道路，莫不叹赏。④ 一些朝中大臣，像永乐时修撰罗汝敬之父、黄淮之父，天顺中李贤之父，就养京师，受朝廷之赐，传为佳话。移亲就养，阖家团聚，公退之暇居家侍亲，构成了一些官吏温馨动人的日常生活图景。正德初，徽州知府熊桂把老母亲由江西迎养官邸，"朝必入省太夫人，而后出理公事。馔醴必躬执，公闲即怡怡侍侧，承颜顺色，弗少懈"。⑤ 徐咸，海盐人。正德十二年（1517）春，徐咸时任南京兵部主事，奉迎父母就养于南京。他的一些同僚也有迎养父母在南京的，"时车驾主事徐（文明）晋乃翁八十二岁，武选郎中汤（引之）继元乃翁六十六，职方主事顾（英玉）璁乃翁五十八，武库郎中欧阳（崇道）铎乃翁六十四，考功主事王（汝和）銮乃翁七十五，御史王（士招）以旂乃

---

① 《明太祖实录》卷一百六十三，洪武十七年秋七月癸丑。

② 陈谟：《海桑集》卷五《送陈守道就养序》，《文渊阁四库全书》第 1232 册，第 602 页。

③ 《明太宗实录》卷一百五十七，永乐十二年冬十月乙丑。

④ 庄昶：《定山集》卷七《迎养诗序》，《文渊阁四库全书》第 1254 册，第 284 页。

⑤ 汪循：《仁峰文集》卷九《荣养诗序》，《四库全书存目丛书》集部第 47 册，第 294 页。

翁六十八、先公七十六"。于是，诸老相伴而游，设宴于报恩、天界等寺，南京胜境无处不至，一时之良会，"南都人谈为盛事"。①

诚然，移亲就养为明代官吏养亲提供了一条途径，但以"移亲"为手段，实际中也存在一些问题。如山水远涉，舟车颠簸，非年老体弱者能堪受；安土重迁，难舍桑梓，水土不服，客死异乡，尤为高年者所担心，许多老人不愿随儿子到外省去。针对"亲老、道远"而不愿就养，明朝除了准许官吏"分俸原籍""辞职终养"（详见下文），还对移亲就养制度加以改革，出台了影响明代养亲制度的"改授"政策。改授政策旨在使为官之地尽量靠近原籍，以方便官吏迎养父母。在历代标榜孝道的传统社会，此法早已存在。《北史·明根传》载，明肇谦敦重文雅，"见任以父老求解官扶侍，孝文帝欲令禄养，出为本州"。唐宋以来，仕宦多乞乡郡以便养。至明代，虽严格实行任职的地域回避制度，为推广孝道，仍然网开一面，准许养亲官吏在邻省或本省任职。从制度渊源看，明代的改授还与"量移"有一定关系。顾炎武曾考论，唐朝人得罪贬窜远方、遇赦改近地谓之量移。明人称迁职为量移。② 嘉靖元年（1522）八月，河南右参议徐文溥以母老乞休，抚按官上奏徐文溥操持清慎，过早退休，不无可惜，"乞量移邻近省分，以便迎养"③。这段出自实录的文字，反映了顾氏所说不虚。

---

① 徐咸：《西园杂记》卷下，《丛书集成新编》第 88 册，第 84 页。

② 顾炎武：《日知录》卷三十二《量移》，《文渊阁四库全书》第 858 册，第 1115 页。

③ 《明世宗实录》卷十七，嘉靖元年八月戊戌。

　　具体而言，改授之法有三：（一）地方官量移。洪武四年（1371），调河南府知府徐麟为蕲州府知府。① 徐麟乃蕲州广济人，太祖为照顾徐麟侍奉八旬老母，特别开恩，使之在原籍任官。焦芳，河南泌阳人，天顺八年（1464）进士。弘治初，焦芳任四川提学副使，此时他父亲81岁，母亲77岁。焦芳上疏称"亲老路远，不便迎养"，要求辞官回乡。孝宗念其东宫侍讲之情，调焦芳于湖广。② 姜昂，字恒俯，原籍太仓，任河南知府。以母老，乞近郡便养，改知宁波。在明代历史上，像徐麟那样改任原籍，实属罕见，大多数地方官改调多在邻省。这既符合铨选的回避原则，又照顾了侍亲的孝道至情。任所与原籍的比邻，大大方便了官员的省亲或迎养。因而，姜昂在获准改调宁波时，友人作诗相贺："奏疏屡陈容便养，官阶无改胜乔迁。地连越峤仍持橄，家在娄江好放船。从此升堂了公事，夜筵春酒乐高年。"③

　　（二）改除教职。相对于中央部院、地方府县的官员，教职是一个清冷的闲官，无民社之寄，无钱粮之责。手中的权力有限，即使官于本地，也难以结党为奸。明朝虽严格"隔省为治"的任官限制，教职却不在禁止之列。"洪武间，定南北更调之制，南人官北，北人官南。其后官制渐定，自学官外，不得官本省，亦不限南北也。"④《明史·胡俨传》载，南昌人胡俨，洪武中以举人授华亭教谕，能以师道自任，"母忧，服

除，改长垣，乞便地就养，复改余干。学官许乞便地自俨始"。胡俨是一个特例，学官可以改授旁郡州县则是在洪武三十一年（1398）以后成为制度的。

教官卑冷，但有任职"旁郡州县"的特权，免去了许多舟车之苦，也为赡养父母提供了便利。因此，一些人本不是教官，为了解决"亲老、路远"等移亲就养问题，请求朝廷改授教职。永新人戴礼，永乐十三年（1415）进士。按照惯例，登进士者观政于诸司，然后授官。由于其母年高，愿就近地教职以禄养，得衡州府学教授。衡州距离永新不过 500 里，戴礼遂过家奉亲到官。① 弘治元年（1488），改除云南按察司佥事林淮为常州府儒学教授，以便养母。林淮在奏疏中说："云南路远，母老不堪就养。辞官则家贫难供朝夕，置亲则无人可托。乞要授以本处或附近府县学教授、教谕，以便养母。"②万历时，漳州府学教授王启疆升彰德府涉县知县，仍愿改教职以便侍亲。③ 像戴氏、林氏、王氏这样改授教职，实际是辞尊官而居卑官，辞富官而居贫官。明人刘球在朋友由通判而乞改教职时说："自通判而视教职，其位之崇卑，秩之厚薄，固夐然不侔矣。乃欲辞此以居彼，是岂利于富贵者之所能为哉?!"④ 亲老需侍养，不得不辞富贵之官而就教职。正是这种

---

① 杨士奇：《东里续集》卷十四《禄养堂诗文序》，《文渊阁四库全书》第 1238 册，第 554 页。

② 王恕：《王端毅公奏议》卷七《议佥事林淮愿就教职以便养亲奏状》，《文渊阁四库全书》第 427 册，第 592 页。

③ 王樵：《方麓集》卷八《与焦太史》，《文渊阁四库全书》第 1285 册，第 271 页。

④ 刘球：《两溪文集》卷十《送金华刘通判复任诗序》，《文渊阁四库全书》第 1243 册，第 542 页。

不得已彰显了孝道，改授之请颇得朝廷的同情和称许。

（三）北京官改南京官或外僚。原籍在南方或边远地区的京官要把年迈父母迎养至京师，都要面临上文提到的"路远、亲老"难题。为了能够孝养老亲，通常的做法除了改授教职外，就是改授南京官或邻近原籍的地方官。如改授南京官，弘治十四年（1501）改刑科给事中徐沂于南京工科，以便养亲。①正德十三年（1518）改国子监司业景旸为左春坊左中允，管南京国子监司业事，以（景）旸奏母老，乞改官便养。②叶茂才，无锡人。性至孝，痛母先逝，事父逾谨。万历十七年（1589）中进士，授刑部主事。三月，旋告改南迎养，遂得南京工部，榷税芜关。③如改地方官，汪循，休宁人，弘治九年（1496）进士，"以亲老为忧，觊得外补南方，以图便养"。既而为永嘉知县。徽州太守熊桂，江西新建人，曾官于朝，尝迎母就养京师，以远辞不赴。正德初，熊桂力求补外郡便养，得徽州。④

无论是改南京官还是改为外僚，从仕途来看，都是委曲求全。陈琛，福建泉州人，正德时官刑部主事，后改南京户部主事。他的《乞改南疏》尽情呈现了这种无奈：

　　臣原籍福建泉州府晋江县人，由进士除授前职，分当竭力忘身以图补报。但以臣母寡居，年逾七十，时光薄

---

① 《明孝宗实录》卷一百八十一，弘治十四年十一月甲申。

② 《明武宗实录》卷一百六十五，正德十三年八月戊寅。

③ 陈鼎：《东林列传》卷二十二《叶茂才传》，《文渊阁四库全书》第1238册，第554页。

④ 汪循：《仁峰文集》卷九《荣养诗序》。

暮，疾病侵夺，定省疏旷，无一时而不起忧思。南北暌违，有终年而不闻信息。臣之处此实难为情，窃思南京地方与臣原籍相近，音问易通，迎养亦便。……乞敕吏部将臣改调南京相应衙门职事，庶几母子得以相安，忠孝得以两尽。①

永乐迁都，南北两京逐渐形成。随着政本北移，南京的政治地位日渐衰落，北京才是真正的京师，南京即所谓留都。南京官被视为悠养无为的差事，政治前途渺茫，南京官和北京官之间有云泥之别。北京官与地方官的差别更是如此，重内轻外，自古为然。明初注重地方官，内外差别不大。天顺以后，重内轻外之势成。② 京职秩崇务简，循月日可坐至方面，州县外官难望其项背。官京师者称美，而一旦为守令者，则"相顾失色，若被斥谪然者"③。这样的情景之下，京师成了官吏们恋恋于心的富贵之乡，"去君门百里辄邅回顾望，轮发不进"④。对于京官而言，为了养亲，改除南京官或外僚是教职之外的另一个选择，其间的无奈则难分轻重。

二

分俸，即分其俸禄给他人。一般来说，分俸是一种自主行

① 陈琛：《紫峰陈先生文集》卷十《乞改南疏》，《四库全书存目丛书》集部第 73 册，第 621 页。

② 《明史》卷一百六十一《赞曰》。

③ 王立道：《具茨文集》卷二《重守令议》，《文渊阁四库全书》第 1277 册，第 767 页。

④ 赵钦：《无闻堂稿》卷一《一吾李给舍年兄乞任南都赠言》，《四库全书存目丛书》集部第 112 册，第 360 页。

为，如历史上出现的分俸赡族、分俸赡贫①。它与本节所论述的分俸制度，应有一定的历史渊源，但内涵不同。本节所论的分俸制度指明朝政府为了照顾官吏赡养在家的父母（包括祖父母），特许将其俸粮的一部分于原籍支给。

> （宣德元年三月）右春坊大学士兼行在翰林院侍讲学士王英奏，母年老，道远，艰于迎养，乞以南京每月侍讲学士俸于本贯官仓支给以备养。从之。②
>
> 陕西泾阳县儒学教谕杨润，中景泰癸酉乡贡，天顺四年中礼部乙榜，授前职。既分俸本贯，以养其父母。③

明代分俸原籍的措施最早见于洪熙元年（1425）正月《郊恩诏》，其规定不得离职的官员，"愿分禄于原籍支给奉养者，听从其便"④。分俸养亲原为覃恩诏书的一项内容，官吏援恩例陈请，遂为制度。需要指出的是，这里的"官员"实际为京官，地方官难沾恩泽。薛瑄《敬轩文集》卷十九《荣养堂记》云："（正统时）凡任京职者皆得分其在官之俸于故乡以养亲。刘君遂如例分俸于闽之建安，以为二亲之养。"景泰元年（1450）十月，户部曾奏："在外官原无分俸例。宜勿

---

① 分别见《山堂肆考》卷七十五、卷九十。这种自主性分俸行为仍见于明代，《明史·徐溥传》说，徐溥入官，即分俸以赡族人。及在内阁，乃买腴田千亩为义庄，又立条约，为永久计。

② 《明宣宗实录》卷十五，宣德元年三月丙午。

③ 薛瑄：《敬轩文集》卷二十三《故处士杨礼墓表》，《文渊阁四库全书》第1243册，第391页。

④ 佚名：《皇明诏令》卷七，《四库全书存目丛书》史部第58册，第138页。

听援引诏例，恐有事故、重冒者，难以稽考。"到天顺二年（1458）正月《上尊号诏》中，才明确说"内外官"皆可分俸原籍。① 但外官分俸原籍容易带来冒支等问题，成化六年（1470）户科给事中丘弘等上疏：

> 见任官员分俸养亲止于在京，其在外官员并无分俸事例。中间有朦胧分回原籍关支者，在任或有事故住支，彼此隔绝，无可查考，以致冒支数多，今后宜禁止。在外官员不许分俸，已行者改正还官，敢有仍前分俸，支者、放者悉以赃论。②

丘弘等人的建议得到了明宪宗的批准，以后欲分俸养亲者，非京官不可。成化二十三年（1487）恢复了天顺二年之制，准许外官分俸原籍："内外官员有父母在家、应分禄助养者，准令分禄于原籍关支。"③ 外官分俸在经历了以上的反复之后，终于能同京官均沾皇恩了。

内外官吏所分之俸为何？其一为俸米。

> （宣德元年秋七月）行在吏部尚书蹇义奏，弟侄俱在四川巴县，乞自今年十月始，月分俸米六石于本府仓给之。从之。④

---

① 佚名：《皇明诏令》卷十三，《四库全书存目丛书》史部第 58 册，第 258 页。

② 《明宪宗实录》卷八十六，成化六年十二月癸酉。

③ 佚名：《皇明诏令》卷十六《（上皇太后）尊号诏》，《四库全书存目丛书》史部第 58 册，第 322 页。

④ 《明宣宗实录》卷十九，宣德元年秋七月乙卯。

（成化十四年五月）巡抚大同右副都御史李敏奏：
"臣少受业于教谕顾昌。昌善教，后以府同知致仕，居长
洲县，年老而贫。臣乞照分俸养亲例，以南京俸米，月分
二石，行长洲县官仓给之终身。"事下户部知之。①

其二为本色、折色兼支。明代官俸以"米石"为单位，
洪武初全支米，九年（1376）以后始有折色。成祖迁都北京，
以漕运不便，百官俸米，赴南京关支，折色比例不断提高。于
是，明代官俸分为两部分：一为本色俸，内分支米、折银、折
绢三项；二为折色俸，内分折布俸、折钞俸两项。这种情形之
下，分俸原籍也就以官俸例，本色、折色兼支。

（正统十一年夏四月）陕西署都指挥佥事陈聚奏：
"臣蒙差往陕西龙州寨备御，臣父顺原系南京龙虎卫带俸
官，今回南京居住。乞分俸粮一半于龙虎卫关支养赡。"
事下户部，覆奏："聚欲分俸养亲，宜如陕西官员例，二
分本色，八分折色。"从之。②

天顺八年（1464）十二月，针对有些官员分俸以后，仍
以原数冒支本色俸，明朝重定分俸办法，即欲分本色俸者，当
全数分本色俸于原籍。

（天顺八年十二月）重定分俸例。先是，在京文职五

---

① 《明宪宗实录》卷一百七十八，成化十四年五月辛未。
② 《明英宗实录》卷一百四十，正统十一年夏四月甲辰。

品以上、六品以下，三分四分本色米，岁于南京关给。后有分俸于原籍养祭者，既分本色什一二，乃复于南京冒支原数。于是，户部请欲分者全分之，不复于南京支给。遂定为例。①

以上两种分俸形式中都有"俸米"，而米粮主产于南方，运输困难，虽京师也有缺粮之忧。明代分俸原籍因此就有一些地区的限制，"山西、陕西、云南、四川、北直隶真定等府军马用粮之处，欲分俸者不许"。如果有些地方发生动乱，为保障军粮供应，也暂停分俸。如景泰元年（1450），浙江、江西、湖广、福建、广东盗贼生发，"粮馈艰难"，不许分俸，直到局势安宁。②

分俸原籍乃国家恩典，方便了官吏得禄养亲。一方面，明代官吏任职实行地域回避，异地为官，山水相隔，交通不便，道远费多。另一方面，明代俸给以"米石"为单位，加之以折绢、折钞、折胡椒。在相当长时期，实物成分占很大比例。俸米折色常低于市场价，以米易货，贵买贱卖，特别是随着纸钞贬值，官吏实际所得微薄。因此，分俸原籍实质上是国家解决了官吏俸禄的寄送问题，减少了俸米折色带来的经济损失。分俸原籍使汲汲于王事的官吏们实现了"禄养"，一定程度上补偿了他们不能晨昏定省的"色养"。可以看出，分俸原籍是培养臣下"孝德"的政治措施。

---

① 《明宪宗实录》卷十二，天顺八年十二月甲辰。

② 《明英宗实录》卷一百九十七，景泰元年冬十月辛巳。

三

无论是迎养还是分俸，都没有彻底解决明代官吏养亲的全部问题。迎养之难，一在隔省任职的路途遥远，一在量移近地时官缺难觅，以至于许多官员不能实现迎养父母的愿望。分俸只是解决了父母生活的费用，扶持照料则无人承当。因此，明朝政府在实行以上两个办法之外，还继续推行历史上的辞官终养政策，允许官吏辞职回家，照料年迈的父母，待其父母病愈，或物故服阕之后，再赴京补官。此制起源于先秦，成于晋代。本以蠲免徭役，让军民之家留丁侍亲，即《礼记》所谓"八十者一子不从政，九十者家不从政"之意。后世将这一办法发展为官吏"辞官终养"。历代辞官终养的佳话不断，如晋时的李密、宋代的包拯，人称至孝。

明代的辞官终养之制初见于洪武三年（1370）。据说太祖于后苑见巢鹊卵翼之劳而思母子之恩，乃令群臣有亲老者，许归养。镇抚陈兴之母80多岁，太祖赐白金、衣帽，遣之归养。在太祖看来，"一人孝而众人皆趋于孝"。官吏辞官养亲，乃践行孝道之举，不仅可以解决官吏本人的孝养难题，还起到了道德的风示功能。洪武二十六年（1393），较为规范的终养之制形成了：

> 凡官员父母年七十之上，许令移亲就禄侍养。如果父母老疾、去官路远、户内别无以次人丁者，方许亲身赴京面奏，揭籍定夺。及吏员人等，父母年老别无人丁者，务要经由本部移文体勘是实，明白奏准，方令离役。俱候亲

终服满，起复赴部听用。①

此后，准许官吏辞官终养的诏令在明代不同时期屡被重申，并有局部的调整。现整理如下，以见其概。

时间	诏令	资料来源
洪熙元年正月	官员父母有年七十之上，家无丁力，去任（所）遥远不能就养者，许其明白具奏，放回侍亲，待亲终起复就用。	《皇明诏令》卷七《郊恩诏》
正统十四年十二月	同上	《皇明诏令》卷十二《尊立后妃诏》
天顺二年正月	官吏、监生，有亲老愿侍养者，准令回家侍养，亲终赴部听用。	《皇明诏令》卷十三《上皇太后尊号诏》
成化二十三年四月	其在学廪增生员，有因亲老无人侍养，愿告侍亲者，听。亲终方许复学。	《皇明诏令》卷十六《上皇太后尊号诏》
弘治十八年八月	在外文职官员，有亲老告回侍养者，亲终之日，仍许赴部听用。各处学校廪膳生员，有亲老无人侍养，愿告侍亲者，听。亲终复学。	《皇明诏令》卷十八《上两宫尊号诏》
正德五年十二月	在外文职官员，有亲老告回侍养者，亲终之日，仍赴部听用。	《皇明诏令》卷十八《加上两宫尊号诏》

---

① 正德《明会典》卷十三《吏部十二》，《文渊阁四库全书》第617册，第136页。

续表

时间	诏令	资料来源
嘉靖三年四月十九日	在外文职官员，有亲老告回侍养者，亲终之日，仍许赴部听用。	《皇明诏令》卷十九《加尊昭圣皇太后并兴献帝后尊号诏》
嘉靖七年七月	各处学校廪增生员，有因亲老无人侍养，愿告侍亲者，听。亲终方许复学。	《皇明诏令》卷二十一《加上孝惠皇太后皇考谥号并圣母徽号诏》
嘉靖十二年八月	同上	《皇明诏令》卷二十一《皇子生诏》
嘉靖十三年	（官员）亲老而兄弟俱仕在外，无人侍养者，许放回终养。	万历《明会典》卷十一《侍养》
嘉靖十五年	（官员）亲老虽有兄弟，笃疾不能服事者，准令终养。	同上
嘉靖十七年	（官员）母老，虽有兄弟同父异母者，准令终养。	同上

由上表可以看出明代官吏终养制度的一些关键要素：（一）70 为老。"国制：亲年七十，许子归养。盖将责孝于子而后责忠于臣，求忠臣于孝子家也。"[①] 父母必须年逾 70，官吏才能提出终养的请求。很多情况下，七八十岁的老人已入垂暮之境，生活不能自理，需要子女养老送终，终养之意正在

---

① 宋讷：《西隐集》卷六《送四明陈宪之归养序》，《文渊阁四库全书》第 1225 册，第 893 页。

此。（二）家无余丁。呈请终养的官吏，家中应无成年的兄弟、子侄，即如表中所称"家无丁力"。明人程敏政说："皇明以孝治天下，凡廷臣之离亲久者许归省，亲老而无他子者许归养，著于令。"[①] 嘉靖初，户部侍郎邵宝疏请终养，他说自己"无兄、无弟、无子，两世一身，形单影只，实是再无以次人丁侍养"。邵宝之请因此获得批准。相反，官吏家中如有余丁，则与例不合，难以终养。如成化时河南人郝世瞻"以有弟，例不得终养"，最后以病假告归。[②] 嘉靖十三年（1534）后，明朝对终养官吏"家中有无余丁"做出了更为详细但也更宽松的规定，如兄弟俱为官、兄弟笃疾不能服事、兄弟同父异母者，都视作家无余丁，准其辞官终养。（三）吏部管理。吏部首先要对辞官终养的官吏进行覆查核实，包括弄清楚该官吏的父母年龄、有无兄弟等情况，防止官吏以终养为名，规避职事。获得批准的养亲官吏辞官离任后，吏部要报缺，到吏科备案，以便铨补。官吏在父母病愈或亡故守制服阕之后，再赴吏部，候缺补官。

辞官终养，家居的时间一般都比较长，少则三五年，多则十几年。成化时，云南按察司副使林某，"侍亲家居十有七年"[③]。邵宝在家侍养老母越八年，才重新出仕。祁彪佳，天启二年（1622）进士，侍养归家居九年，母服终，召掌河南

---

① 程敏政：《篁墩文集》卷二十二《恩养堂八咏送王世英员外南还序》，《文渊阁四库全书》第1252册，第392页。

② 邵宝：《容春堂前集》卷十八《明故户部郎中致仕进阶中议大夫郝君墓志铭》，《文渊阁四库全书》第1258册，第201页

③ 蔡清：《虚斋集》卷五《钦进亚中大夫云南按察司副使致仕云室先生林公墓志铭》，《文渊阁四库全书》第1257册，第905页。

道事。① 如此漫长的辞官家居生涯，给官吏带来了巨大损失。经济上，辞官住俸，失去了在职时的俸禄收入，原来形成惯例的柴薪、养廉等收入也没有了。一些清廉之官因此就会面临生活的窘境，如正德时御史陈茂烈，以母老辞官，清贫难以赡养。② 政治上，循资考满，然后升迁，累积在职的时间非常必要。而辞官终养的时间要扣除，不算在职时间，终养对仕途升迁的影响显而易见。同分俸、迎养相比，辞官终养意味着更大的付出，一般是在无法分俸、迎养的情况下才采取的办法，它对官员自身和家庭都会造成巨大的压力。有时一些官员怀抱孝诚，抛弃利禄之心，毅然辞官养亲，而家中父母却不愿意儿子为自己中断前程。③ 从父母的角度看，儿子为官与辞官其实是一种矛盾，韩愈曾把这种矛盾概括为"离忧与志乐"的两难：一方面，儿子辞官终养，能够解除父母年老、身边无所依靠的忧虑；另一方面，儿子离家为官，可以富贵腾达，诰封父母，光大门楣，虽存离家之忧，却有心中之乐。

综上，古人入仕，常面临"事亲"与"事君"的两难。为官者一旦步入仕途，趋承王事，不得不离乡远任，对父母晨昏定省、温清问视就变得遥不可及。于是，"忠孝不能两全"的千古感叹就让我们耳熟能详了。从传统政治文化的内在逻辑看，君、亲一体，忠、孝一道，"事亲"与"事君"应当两全

①　《明史》卷二百七十五《祁彪佳传》。

②　《明武宗实录》卷九十四，正德七年十一月己卯。

③　刘凤《刘子威集》卷三十二《汀州府君行状》载，刘氏欲疏请终养，其父反戚然曰："尔何遽老我也，其速行毋缓"。徐献忠《长谷集》卷十三《江西提学副使唐公行状》记，唐锦告归侍养，其母严遣之还官。以上二书俱为《四库全书存目丛书》本。

而无害，即事亲而不废君臣之义，事君而不违父（母）子之情。历史上出现的官吏养亲制度就反映了这种忠孝兼顾的社会政治要求。因此，官吏养亲不仅是社会问题，也是政治伦理问题。

需要注意的是，明代养亲措施在运行中也衍生出机会主义行为，有些官吏利用这些措施谋取其他方面的利益。例如，分俸有冒支钱粮现象。改授近地，则可能使有些官吏以养亲为名，规避远差。① 辞职终养，看似无私。实际上，一些人辞职养亲的初衷很难说出于孝敬，而是别有隐情。嘉靖时，时为翰林编修的严讷主试京畿，"柄臣有所欲私者，公耻与共事，则以亲老乞归省，娱侍色养三岁，乃起就职"②。严讷的归养乃是一种洁身远遁的权宜之计，"亲老"只是辞职归养的借口。有胡某，进士除官十三载，困顿州县，不得升迁，郁郁苦闷以至"毁冠掷带"，最后以亲老请归。③ 胡氏辞官归养是为了纾解心中苦闷。最能凸现辞职养亲策略性的也许是因病而辞官。明朝规定，外任官无养病例。如州县官，若长期患病不能任职，只能致仕回籍调养，不可在职请假养病。致仕意味着就此

---

① 《明世宗实录》卷六"正德十六年九月庚午"条载，兵部郎中于湛升陕西布政司右参议，于湛不愿去陕西边鄙之地，"及闻陕西命，以母老连疏乞改近地便养"。卷一百七十一"嘉靖十四年正月癸亥"条载，工部郎中汪登升寻甸军民府知府，以母老乞降改京职便养，寻改顺天府治中。鸿胪寺主簿陈文升湖广道州判官，复援例陈请。

② 申时行：《赐闲堂集》卷二十三《光禄大夫太子太保吏部尚书武英殿大学士赠少保谥文靖严公合葬墓志铭》，《四库全书存目丛书》集部第134册，第478页。

③ 丁奉：《南湖先生文选》卷七《送二守胡侯致政养亲序》，《四库全书存目丛书》集部第65册，第301页。

退出官场，复职较为困难。如此，一些外任官便在自己生重病时，以亲老归养为由，辞职回家，既可养病，又能与家人欢聚。待亲终服阕之时，按照终养规定，他们还能够顺利起复，重返官场。总之，以上种种行为违背了养亲制度承载的社会意义和伦理精神，可以看作明代官吏养亲的一种殊相，提示我们应当审慎、整体地把握明代官吏养亲问题。

第二节　明代文官的省亲与展墓

对于明代各级官员来说，人在仕途，縻于职守，事君有日而事亲无望，事君与事亲、尽忠和尽孝有时难以两全，二者的冲突就成为政治伦理问题。但"以孝致忠"的政治目标要求忠孝两难的问题必须予以解决，于是化解冲突、协调忠孝的养亲、省亲等措施开始出现，汉代以后渐见于史籍。虽然养亲、省亲不是明代特有的社会现象，明代却是养亲、省亲制度化的重要阶段，是忠孝伦理真正嵌入官僚体制的政治成熟期。上一节笔者从明代文官的养亲政策入手，分析了明朝如何处理"事亲"与"事君"、孝和忠的关系。所论犹有未尽处：第一，虽关注了养亲，而忽略了省亲（或探亲）。养亲不是"事亲"的全部，在养有所托的情况下，省亲故里，限期还职，可谓公不妨私、忠孝两尽。第二，虽关注了"事生"，而忽略了"事死"。养生送死，慎终追远，孝道贯穿于生命的始终。养亲的措施只适用于父母生前，如若亡故，则葬之祭之，时时追思，回乡展墓祭扫就成了古人表达孝思的一种方式。因此，省亲、展墓（又称省墓）制度同养亲制度一样，具有协调忠孝关系的作用。从对象看，明代关于省亲、展墓的制度设计以文官为主体，武臣省亲、展墓并不多见①。故本节主要探讨明代文官的省亲与展墓。

一

隔省为官，亲子久违。明朝解决这种亲子久违的办法或是"移亲就养"，即任官外地，父母随之前往；或者是"辞官终养"，即辞职回籍，养老送终，待丁忧服阕之后，再去做官。辞官终养除了有父母须 70 以上、家无兄弟余丁等条件的限制外，为官者不大轻易采取这种决绝的行动。移亲就养以"移亲"为手段，实际中也存在一些问题。如山水远涉，舟车颠簸，非年老体弱者能堪受；安土重迁，难舍桑梓，水土不服，客死异乡，尤为高年者所担心，许多老人不愿随儿子到京城或外省去。总的看来，大多数官员的父母是留在原籍老家，由家人侍养。宦游于外的儿子不免望云思亲，回籍省亲就成了耿耿于怀的心结。天顺时，潘瑞由进士入官，迎养不能，疏求省亲："（臣）兹幸有斗升之禄，欲迎吾祖、父以就养，而皆已老，不可来矣。菽水奉欢，心驰神动，冀得一归省以慰所望。"② 弘治时，徽州人张某任职京师，归省疏中亦言："臣欲迎父某就养，以伯父某皆高年无子，兄弟相依不忍暂离。欲并以迎养，则臣歙县山势斗绝，水流奔泻，出门距步，即非衰暮

---

① 程敏政在《篁墩文集》卷二十五《赠都督李公承恩展墓西还诗序》中称："中古以降，不以丧祭之礼责武臣。非不责之也，事有急于彼则缓于此，而不以常处变者，礼也。国朝因之，武臣请归葬及展墓者不数见。"

② 黎淳：《黎文僖公集》卷十《送进士潘公瑞归省序》，《续修四库全书》第 1330 册，第 66 页。

所能跋涉。伏望陛下特加矜悯，赐臣一归，即当依限共（供）职，不敢留恋桑梓（而）愆期旷官。"[1] 从明代文官要求省亲的急切愿望，我们可以看出，省亲与养亲相辅相成，慰藉亲子之私情，缓解家国、忠孝之矛盾。正统时曾任吏部尚书的王直无疑看到了这一点：

> 夫委身于国而不顾其亲，为臣之义当然矣。然子之于父母，乃天理人情所宜厚者，而岂可废哉！在乎上之人有以处之耳，使为忠、为孝得以兼全而无害，则善之尤者也。……今之著令，凡仕者得以次省其亲，盖可谓两得之也。[2]

亲在者省亲，亲殁者则展墓。按照"事亡如事存"的儒家精神，坟墓乃亲之体魄所藏，去则必哭墓而后行，归则必展而后入，犹如生前的"出必面，返必告"。父祖亡故，如蒙封赠，要焚黄祭告于墓下。故展墓与省亲往往是事相兼、义相得，其制度也合而为一。

明初，时有文臣省亲、展墓。如《明史》卷一百三十九《方征传》云："方征，字可久，莆田人。以乡举授给事中。尝侍游后苑，与联诗句，太祖知其有母在，赐白金，驰驿归省。"洪武七年（1374）十一月，皇太子临大本堂，召东宫赞读凡25人立庭下，面谕之："兹闻尔诸臣离父母、去坟墓者三

---

① 杨廉：《杨文恪公文集》卷十七《送寺正张君省亲序》，《续修四库全书》第1332册，上海古籍出版社2002年，第513页。

② 王直：《抑庵文后集》卷十三《赠曾侍读归省序》，《文渊阁四库全书》第1241册，第619页。

年矣。今冬气向深，草木摇落，宁不动怀土之情乎！吾已为尔请于上，宜各旋归，毋久淹为也。因出内府钱，分赐以为道途之费。"① 《明史》卷一百六十《王彰传》云："（永乐）十一年，从帝北巡。彰有母，年八十余矣。命归省，赐其母冠服、金币。"这些史料显示，洪武、永乐时期多为近臣蒙赐归省，皆是因人因事而特允，省亲展墓还未制度化。按照王直的说法，这时文臣省亲、展墓是"特命以行"，未著为令。"著为令则始于仁宗皇帝"。② 标志仁宗建立文臣省亲、展墓制度的是洪熙元年（1425）正月十五日《南郊诏》一款：

> 内外文职官员离家年久者，许其明白具奏，挨次给假，回还原籍，省亲祭祖。③

当月，离家 26 年的太子少保、礼部尚书兼武英殿大学士金幼孜援恩诏例，归省老母，展墓焚黄。仁宗赐白金 50 两，钞万贯，命兵部给驿还乡。"自是，朝臣请告还乡省亲祭祖者比比矣。"④ 仁宗考虑到朝臣回家有养祭、宾客之费，往来旅途之费，令归省者皆赐钞，其标准为公侯伯、一品二品赐钞5000 贯，三品 4000 贯，四品 3000 贯，五品 2000 贯，六品

---

① 廖道南：《殿阁词林记》卷十八《给假》，《文渊阁四库全书》第 452 册，第 363 页。

② 王直：《抑庵文后集》卷十《送王司务归省序》，《文渊阁四库全书》第 1241 册，第 559 页。

③ 《皇明诏令》，载《中国珍稀法律典籍集成乙编》，科学出版社 1994 年，第 198 页。以下非特别注明者皆依此版本。

④ 《明仁宗实录》卷十，洪熙元年春正月己亥。

1000贯，八品以下皆500贯。① 洪熙元年恩例历宣宗、英宗、景帝，到宪宗成化十一年（1475），是文官给假省亲的法律依据。它带来的直接影响就是明代文官的省亲、展墓由原来的"特命以行"变为"奉例而行"。特命以行，官员请假者要具疏奏请，取自上裁，由皇帝决定可否。奉例而行，皇帝钦准只是吏部核准后的例行程序，决定能不能给假的关键要看是否符合诏书恩例的规定。省亲者虽然上疏皇帝，但给假的决定权已经下放到吏部，吏部执例而行，许与不许皆斟酌后上报皇帝。② 只有在一些特殊情形之下，皇帝才会干预：或请假者于例不可，皇帝法外开恩；或用人为急，虽与例合，也不准给假。如此，省亲、展墓就由原来少数人的特恩变为文官集团普遍享受到的政治待遇，从大臣到庶僚皆可援例请假。

　　作为一项便于执行的社会制度，洪熙元年（1425）恩例还需要进一步明确化。如"离家年久"的界定牵涉到省亲的资格问题，当时没有明确规定，其底线基本上是比照洪武十六年（1383）制定的国子监监生"三年一归省"例，以离家三年为限。杨士奇在金幼孜墓志铭中曾说，洪熙时"诏百官有

---

① 《明仁宗实录》卷十，洪熙元年春正月壬辰。

② 正德四年（1509）的翰林院编修李时请假省亲事颇能说明吏部在官吏给假中的权力问题。《明武宗实录》卷四十九"正德四年夏四月辛巳"条记载："（李时）以六年请归省父母。吏部覆奏，例当与假。诏责吏部不度可否，复踏纷更之辙，令查定制以闻。吏部言，《诸司职掌》及历朝事例，或离家十年、五六年者俱听省亲；至成化二十三年，诏书许六年归省，又著为令。（帝）乃从之。"吏部依例当准，皇帝也不得不从。如果吏部审核不当给假，请假官员具备了归省条例的要求也不能归省。吕柟《泾野先生文集》卷五《送顺斋林民服归省序》记载了他的朋友林氏欲引例省亲，三疏皆不许。最后谋之同年马某，马氏为他分析其中问题所在："此非皇上之意，但铨部视为迂缓，不暇及尔。"

亲违离三年以上者，听给告归省"。① 丘濬说："士而自遐外以入仕中朝者，道里之遥邈，水陆之跋涉，不遑将父母者多矣。圣天子闵其然，于是有三年归省之制。"又说："故事，常参官历任满一考，许展省。"② 丘濬的话表明三年归省的规定一直延续到成化初。三年制外，还有五年归省例。《殿阁词林记》卷十八《给假》记："（正统）二年十二月，右谕德黎恬在任甫五年，谒告归展先墓，赐道里费，给驿舟。……宣德六年二月，编修谢琏初考貤封二亲，给告归省。……（天顺初）修撰王献入仕仅五年，亦得赐归省，皆给驿往还。"总的看来，从洪熙元年到成化初，明朝对于省亲时限的规定并不严格，朝臣离家三五年者皆可援例请假。直到成化十一年（1475）八月，新令出台，对"离家年久"的规定有新解释，朝官离家十年者方许省祭。③ 不过，这一规定没有执行多长时间，随着成化时期的结束，"六年归省"之制取代了以前的三年、十年之制。"六年归省"之制出自成化二十三年（1487）四月十九日《上皇太后尊号诏》一款：

> 两京文职，有离家六年之久，欲照例给假省亲者，查无违碍，许其归省。④

---

① 杨士奇：《东里文集》卷二十《太子少保礼部尚书兼武英殿大学士赠荣禄大夫少保谥文靖金公墓志铭》，《文渊阁四库全书》第1238册，第240页。

② 分见丘濬：《重编琼台稿》卷十四《赠史太仆归省序》《送国子司业费先生归荣序》，《文渊阁四库全书》第1248册，第278、275页。

③ 《明宪宗实录》卷一百四十四，成化十一年八月甲申。谢铎《桃溪净稿》卷一《吴修撰汝贤省亲送行序》载，修撰吴汝贤去家十四年，时制有凡臣僚去家十年者始得请归省，君以例当行，犹惧上意之不敢。

④ 《明宪宗实录》卷二百八十九，成化二十三年夏四月戊子。

与前朝三年、五年、十年之制相比，"六年归省"之制酌中适宜，后收入正德初刊行的《明会典》和万历初续修的《明会典》，成为明代中后期两京文官省亲、展墓援引的条令，此后再无变化。所可留意的是，《明会典》刊行前，文臣请假疏直接称引"成化二十三年诏书"的内容，如弘治十七年（1504），右春坊右中允蒋冕奏乞归省："臣伏睹成化二十三年四月十九日诏书内一款，凡两京文职，有离家六年之上，欲照例给假省亲者，许其归省。钦此钦遵。"① 正德四年（1509）《明会典》刊行后，文臣请假则据《明会典》。如嘉靖中，翰林庶吉士王立道请假省亲："臣伏睹《大明会典》内一款，两京文职，有离家六年之久，给假省亲者，查无违碍，许其归省。"②

明人对奉例省亲程序有简洁的归纳："其始，求省（亲）与展（墓）者具疏以奏天子，下吏部核，得实则许，许则给道里费，仍限之日月而来。盖朝廷故事也。"③ 我们可以从弘治时蒋冕省亲疏中了解具体给假程序。蒋冕《湘皋集》卷五《乞归省母奏》云：

　　右春坊右中允臣某谨奏：为乞恩归省事。臣伏睹成化二十三年四月十九日诏书内一款，凡两京文职，有离家六

---

① 蒋冕：《湘皋集》卷五《乞归省母奏》，《四库全书存目丛书》集部第44册，第52页。

② 王立道：《具茨集·文集》卷五《乞省亲疏》，《文渊阁四库全书》第1277册，第816页。

③ 吴宽：《家藏集》卷四十《送陈编修师召南归展墓序》，《文渊阁四库全书》第1255册，第350页。

年之上，欲照例给假省亲者，许其归省。钦此钦遵。臣原籍广西桂林府全州人，由成化二十三年进士改翰林庶吉士，钦除本院编修，继升前职。臣思有母陈氏在家，今年六十七岁，臣先于弘治八年三月内蒙皇上准令给假归省，今自离家复任又经七年。臣母年日老，兼之素患痰气等疾，无时举发，切切思臣，甚欲一见，而臣縻于官守，不能亲侍汤药。况广西去京师万里，道路崎岖，不能迎养，引领南望，未尝顷刻而忘于怀。伏望皇上曲赐矜怜，乞敕该部，查照翰林院学士张芮、侍读学士刘春、侍读毛纪等给假驰驿省亲事例，放臣归省并给脚力，依限前来供职，臣不胜感戴天恩之至。

奉圣旨，吏部看了来说，钦此。弘治十七年七月初七日，少师兼太子太师、吏部尚书马文升等具题行勘，实于例相应。本月初九日，奉圣旨，准他着驰驿去，钦此。

奏疏既有蒋冕的本奏，又附有皇帝和吏部的审批内容。本奏部分除痛陈老母久病，归省非常必要，蒋冕主要援引两例，一是成化二十三年（1487）两京文职六年归省例；一是翰林院给假待遇例。章下吏部，审核皆实，很快准假。

二

洪熙元年（1425）恩诏中"内外文职官员"实际上并不包括地方官。大约两个月后，制定了针对地方官为主体的外官省亲祭祖政策，"凡在外官满三考者，听给假省亲祭祖"。[①] 稍

---

① 《明仁宗实录》卷十二，洪熙元年三月丙子。

后，明朝又对此条规定略作补充。宣德元年（1426）奏准，外官九年考满到部，许令给假省祭，升除以后不许给假。《明会典》收入此条，成为有明一代地方官请假归省的根据。明人王直曾谈到一位杨知县省墓的情况："（杨氏）九年考绩赴吏部，在优等，当得升。自以久去坟墓，乃请告归省。"① 杨知县九年考满，符合外官归省的时限规定，他之所以先归省，是由于升职之后就不得归省了。可以看出，杨知县省墓完全遵照宣德元年外官省祭的条令。我们把明代外官省祭令与两京官省祭令相比较，无论是前期的三年归省、五年归省，还是后来的六年归省，外官九年归省显然有失公平，这是明代官场"重内轻外"的一种表现。由于九年考满受其他因素（如丁忧）影响，外官很难顺利在九年内按期实现，那么，省亲常常就成了可望而不可即的奢望。像杨知县那样能实现归省梦的地方官很少，以至于宣德元年制定的外官归省令渐渐被明人淡忘了。弘治三年（1490）正月，河南按察司按察使张文昭上疏言事，其中有："京官不分大小并许给假省亲，惟在外者不许，仁泽似有未周。乞令在外诸司官，凡亲年六十以上愿省视者，照京官例，令抚按官核实，放回省视，依限复任。"② 隆庆元年（1567）九月，山东布政司右参议乔应光以"外官无归省例"，请求致仕回籍。③ 外官不能正常请假归省，那么有没有其他途径可以实现省亲、展墓的愿望呢？嘉靖中，曾任吏部尚书的李默说："赐告展亲，非廷僚弗许。故人臣经营于

---

① 王直：《抑庵文后集》卷十八《赠杨知县归省》，《文渊阁四库全书》第1241 册，第 757 页。

② 《明孝宗实录》卷三十四，弘治三年正月乙亥。

③ 《明穆宗实录》卷十二，隆庆元年九月庚辰。

外，苟非陈职王朝、征诸公车者，率不获过其里门。"① 李默所谓"陈职王朝、征诸公车者"就是地方官赴京考绩、迁调之类公差，趁公差而还家，本书称之"便道归省"。

洪武时的省亲、展墓假期为（除来回旅程外）在家一个月。仁、宣以后，假期很可能为两个月。宣德三年（1428）夏四月行在吏部奏，京官给假省亲祭祖，计往回程期外，许居家两月。② 万历《明会典》卷五"给假"载，弘治年间规定，凡两京给假省祭官员除往回水程，许在家两个月。这些反映明中期以后假期仍以"两月"为限。外官归省的假期多长，未见相关记载。按照明代规定的"给假水程"，两广、云贵、四川最远，俱四个月。③ 再加上在家两个月，最长的省亲假也就是六个月。官员离职后，不作缺，回来后原职就任。实际情况要复杂得多，明代省亲、展墓违限的现象时有发生，经年累月，旷职废事。嘉靖四十三年（1564），议准给假省亲要"作缺题放"。作缺意味着省亲官员回来之后，就要像丁忧官员一样，到吏部铨注候补，不一定能任原职。其间充满了不确定因素，可能影响省亲官员的仕途。④ 一些官员为仕途计，不愿请假归省，而是采取与地方官同样的方式，借外差之际便道归省。

概括而言，吏部执例审核，省亲、展墓者既要符合离家年

---

① 李默：《群玉楼稿》卷二《送参伯庐君入贺便道省觐序》，《四库全书存目丛书》集部第 77 册，第 568 页。

② 《明宣宗实录》卷四十一，宣德三年夏四月戊辰。

③ 李默等编：《吏部职掌·文选二·给假》，《四库全书存目丛书》史部第 258 册，第 21 页。

④ 详见本书第二章《明代文官的丁忧服丧》。

限的规定，又要有亲老久病之类的缘由。嘉靖四十三年
（1564）后作缺制度出现，归省还职要候缺补任，影响仕途。
对于地方官，归省条件更严格，不仅要九年考满，还规定考满
之后一旦升除新职就不得给假。因此，明代有些官员就不能或
不愿按以上正常方式请假归省，通常采用另一种方式——便道
归省。所谓便道归省，就是官员趁赴京考绩、就任新职或当差
外出之际，顺道回籍省亲、展墓。如，通政司右参议李锡之，
陕右人，正统初奉命祭祀西岳华山，便道省母。① 何乔新，江
西广昌人，成化九年（1473）自福建迁河南宪使，过江西，
便道归省先垄。② 总督漕运都御史李裕，江西丰城人，成化十
年（1474）九月，以督兑江西袁州等府粮运，乞便道归省其
亲。③ 工部尚书兼都察院右副都御史顾璘，上元人，嘉靖二十
一年（1542）二月以显陵工竣还京，便道展墓。④ 虽未见明朝
关于便道归省的制度，但便道回籍省亲、展墓却相当常见，甚
至出现有人"每衔命，必便道归省"⑤。

由于官员赴任、外差有水程时限，便道归省可能会超过时
限。通常，便道归省也要疏请准允。如，张悦《乞恩便道还
家祭扫》疏文称：

---

① 杨荣：《文敏集》卷二十三《太恭人康氏墓志铭》，《文渊阁四库全书》
第 1240 册，第 358 页。

② 何乔新：《椒邱文集》卷十二《庆义民黄君愈敬六十序》，《文渊阁四库
全书》第 1249 册，第 205 页。

③ 《明宪宗实录》卷一百三十三，成化十年九月丁巳。

④ 《明世宗实录》卷二百五十八，嘉靖二十一年二月癸酉。

⑤ 万士和：《万文恭摘稿》卷十《尚宝卿柬洑徐公传》，《四库全书存目丛
书》集部第 109 册，第 409 页。

（臣）原籍直隶松江府华亭县人，由进士入官，成化二十年升都察院佥都御史，后历升工、礼、吏三部侍郎。弘治三年考满，钦蒙给授诰命，封赠祖父母、父母。缘臣原籍路远，焚黄之礼不得身亲举行，即弘治四年、五年，连遭大水，冲损父母坟茔，亦不得躬视修理。……虽查有两京文职离家年久者许令省祭例，然臣自谓吏部侍郎职贰迁选，所系匪轻，以此一向隐忍，不敢言私。今幸蒙圣恩升除前职（南京右都御史），思得南京与臣原籍地方相去不远，即今赴任起程，行至扬子江边，计算到臣家乡，多不过五日之程。伏望皇上推以孝治天下之心，容臣便道还家，俟祭扫了毕，即行到任，以图报□，庶乎忠孝之诚得以两尽而无亏矣。臣无任慰幸感戴之至。①

至于每个人是否都像张悦那样具疏以请，未必尽然。正德初，禁官员便道过家，陕西按察司佥事杨师文因兄病重，冒禁归省。② 嘉靖二十七年（1548）九月，吏部尚书闻渊说，在京官员并办事进士往往私营便差，枉道回籍。③ 嘉靖三十一年（1552）七月，吏部言，迩年在外给由赴部官员率蔑视律例，枉道回籍，恣意耽延，旷废职业。④ 万历三年（1575），神宗问张居正，为何刑部审决重囚的奏报一年后才送达，张居正给

① 张悦：《定庵集》卷五《乞恩便道还家祭扫》，《四库全书存目丛书》集部第 37 册，第 364—365 页。

② 孙绪：《沙溪集》卷七《亡友陕西按察司佥事杨君师文墓志铭》，《文渊阁四库全书》第 1264 册，第 558 页。

③ 《明世宗实录》卷三百四十，嘉靖二十七年九月壬辰。

④ 《明世宗实录》卷三百八十七，嘉靖三十一年七月癸巳。

神宗讲了一个令皇帝意想不到的刑部宿弊："旧时，刑部司属多借审决差（遣）便道回籍，科臣于精微批定限率优假一年。"① 我们还发现，一些"枉道回籍"官员受到弹劾和革职等处罚。显然，这些"枉道回籍"官员都是利用外差、赴任之便，私自归省，没有得到朝廷恩准。更为严重的是，不仅私自回籍，而且居家之日动辄数月。隆庆二年（1568），有御史指出州县官升除赴任，"在道回籍，过违凭限"。② 明人黄仲昭谈到他的朋友陈孟申奉命督储江右，便道归省，日集宾客燕饮，居家欢逾三个多月。③ 本来，便道归省只是稍俟时日，归家省展。但明代中后期，有些官员便道回家拖延时日，甚至超过正常省亲给假。明人有言："取便道以便其私，法亦无曰当然，迂道有讥、有遣。"④ 迂道即枉道，之所以受到批评和遣责，就是因公而行私，由于归省而延误职事。弘治时，有人谈到："法司奏行差官前去各处审录重囚，往往图得便道过家，不及致详刑狱，虽有审录之名，实为虚应故事。"⑤ 嘉靖初，提督陕西三边都御史杨一清奏："近年升补官员或惮地方之险远而不来，或取便道以还家而延住，官多虚位，事无统纪。"⑥

---

① 《明神宗实录》卷四十三，万历三年十月癸未。

② 李默等编：《吏部职掌·文选二·给假》，第21页。

③ 黄仲昭：《未轩文集》卷六《承直郎户部主事陈君墓志铭》，《文渊阁四库全书》第1254册，第477页。

④ 罗玘：《圭峰集》卷八《郡阁承颜诗册序》，《文渊阁四库全书》第1259册，第119—120页。

⑤ 倪岳：《青溪漫稿》卷十四《会议·慎重刑狱》，《文渊阁四库全书》第1251册，第179页。

⑥ 杨一清：《关中奏议》卷十二《为乞留方面贤能官员共济时艰事》，《文渊阁四库全书》第428册，第366页。

令我们究心的是，虽然便道归省衍生了私自"枉道回籍"的问题，明朝（除正德初期）为何没有因此而废除、禁止便道归省，只是加强了对违规行为的制度约束，加强监督和制定有关惩处规则？其原因可从公、私两个方面看。从私的方面看，便道归省可以突破原来六年、九年的归省限制，又节省了旅途时间与费用，还避免了回任候缺的复职困境。从公的方面看，严格程限的便道归省能减少官员为省亲给假而旷职的时间。因此，便道归省可以缓解省亲制度具有的刚性，与正式的省亲、展墓制度构成互补。对于它的意义，明人有自己的理解。车某，太原石州人。弘治十七年（1504）夏四月，奉使山西，遂便道省亲。明人鲁铎表彰此行"公不妨私，孝以忠尽"①。骆文盛《送东桥刘君还任宝庆便道归省序》记，嘉靖时刘氏考绩回任，欲假道故里，归省老母，并送回锡封命妇冠服。临行之时，刘氏心有疑问："第患冒旷职之戒，于忠君之义或歉焉？"因而问疑于骆文盛，骆为之解："斯君之所以能为忠也，夫忠孝一道也，是故服劳之诚以立忠也，莅事之勤以昭孝也，二者岂其相病，实相成也。子不闻昔之人有仕其君十五年不归见其父母者，君子非之曰：'其亲之不爱，又安能爱君？'然则子是之行，其何歉于忠君之义也？"② 与此同时，张邦奇提出了"忠孝相资"论：

　　君子方事亲也，不能不出而事君焉，以光大其孝；方

----

① 鲁铎：《鲁文恪公文集》卷七《送车咏贤便道省亲序》，《四库全书存目丛书》集部第 54 册，第 102 页。

② 骆文盛：《骆两溪集》卷十《送东桥刘君还任宝庆便道归省序》，《四库全书存目丛书》集部第 100 册，第 666—667 页。

事君也，不能不反而仁亲焉，以敦笃其忠，是故捧檄之喜，望云之情，君子咸有取焉。夫君亲不容兼事，而忠孝实所以相资，必也于专事之地而得遂其兼事之心。①

以上鲁铎、骆文盛、张邦奇诸人的看法其实说明，便道归省是公私两便、忠孝兼顾，具有调燮忠孝、公私的社会功能，成为明代省亲制度不可或缺的部分。便道归省的合法性也就在"忠孝相资"论下得以确立。

三

人子以显亲为孝，仕者以还乡为荣。对于明代文官个体而言，回籍省亲、展墓都是重要的事情，每个人都要精心谋划。离家数年，在籍父母年老体病，久旷侍养，往往是省亲的恒定缘由，许多明人的省亲疏和酬赠性质的省亲序文都反映了这一点。此外，还有一些特别情况会促动明人回籍归省。

（一）祝寿。如果条件允许，很多人想在父母的寿诞之期回家省亲祝寿。李默在《送参伯庐君入贺便道省觐序》中记载，庐氏乃淮人，任职岭南，要赴京贺万圣节。八月圣节，而老母七月九日寿诞。于是他先期起程，逾岭涉赣，过浙东而出淮徐，如期至家"奉觞起舞，融融仙仙如也"。② 如果父母恰逢"满十"之寿，如初度70、80之年，庆典就愈加隆重，在外任官子孙回家贺寿的心情就愈加急迫。蔡清《寿王太夫人

---

① 张邦奇：《张文定公纾玉楼集》卷三《送侍御竹泉王君迁守姚安便道展省序》，《续修四库全书》第1336册，第495页。

② 李默：《群玉楼稿》卷二《送参伯庐君入贺便道省觐序》，《四库全书存目丛书》集部第77册，第568页。

序》记：

> 今秋当大比，而兴化守王君存敬当以夏考绩之京师，按节及藩臬诸公以君学行才猷之优也，留使参纪纲于场屋间，俟讫事而行。君以二亲俱垂白在堂，久拟便道以省，而七月七日又太夫人初度之晨，计日数程，形留而心往矣。固请如期行，诸公重违其情也，竟许之。[①]

正德末，致仕在籍的原户部尚书韩文寿登 80，其子韩士奇由凤阳升调怀庆，便道归省，称觞上寿。[②] 在张邦奇《送侍御竹泉王君迁守姚安便道展省序》中，王氏于母亲大耋之年的生日便道归省，"于是乎集厥宗姻，称觞而拜，家庆金绯彩绣，辉动蕲春，固谓孝感所致者"。[③] 以祝寿为目的的归省，使家庆与归期相值，是一种意外的惊喜，感恩尽孝的意味格外浓烈。

（二）锡封。锡封即赐封。父祖因子孙受朝廷锡封如其官，母、祖母称命妇，授诰敕、冠服。明代文官在父母受封之后，总想把诰敕、冠服尽早奉送回家，把这份荣耀献给久违的父祖。仁宗即位，推恩朝臣，凡五品以上皆赐诰命以封赠其亲。右春坊大学士兼翰林侍讲学士临川王时彦蒙恩封其母为宜

---

① 蔡清：《虚斋集》卷三《寿王太夫人序》，《文渊阁四库全书》第 1257 册，第 851 页。

② 何瑭：《柏斋集》卷二《贺大司徒韩老先生寿八十序》，《文渊阁四库全书》第 1266 册，第 493 页。

③ 张邦奇：《张文定公纡玉楼集》卷三《送侍御竹泉王君迁守姚安便道展省序》，《续修四库全书》第 1336 册，第 495 页。

人，至是得以归荣其亲。① 永乐时，福建道御史江玉琳以考绩优等，朝廷颁赐敕命，封其父母，于是归省于家。② 姚在明，福建人，正、嘉之际为刑部主事，蒙恩诰封父奉政大夫，母太宜人。"奉命录囚南畿，遂谋取便过家，捧封诏为亲寿。"③ 为奖孝劝忠，明朝既加之以封赠之美，又申之以归省之荣。这种情况下，或给假还家，或便道省亲，朝廷都可能准许。

（三）焚黄。生曰封，死曰赠。封赠还包括对已经亡故的祖、考（妣）的追赠，所赐冠服、诰敕要领回祭告，其仪即为焚黄："焚黄之式起于宋时。盖为居官晋秩，以封赠诰词别誊于黄纸而焚之，荣其亲也。"④ 冠服、诰敕为朝廷所赐，受封之家要用心珍藏，所焚之诰敕乃黄纸录副。焚黄之时，也有兼焚仿制冠服。明人郑纪说："近世士大夫主题祠堂，黄焚墓所。又以粗恶练制衣、炼米珠以为冠饰，并黄焚之。"⑤ 景泰六年（1455），时为吏部侍郎的李贤回乡祭祖考，用誊黄并制冠服，恭行焚黄礼。⑥ 按照朱子《家礼》，追赠祭告应在祠堂。

---

① 杨荣：《文敏集》卷十三《送右春坊大学士兼翰林侍讲学士王时彦诗序》，《文渊阁四库全书》第1240册，第193页。

② 陈敬宗：《澹然先生文集》卷四《送御史江公归省诗序》，《四库全书存目丛书》集部第29册，第374页。

③ 林文浚：《方斋存稿》卷六《送姚君在明使便归省序》，《文渊阁四库全书》第1271册，第788页。

④ 鄂尔泰、张廷玉等编纂：《词林典故》卷四《恩遇》，《文渊阁四库全书》第599册，第502页。

⑤ 郑纪：《东园文集》卷六《焚黄记》，《文渊阁四库全书》第1249册，第788页。

⑥ 李贤：《古穰集》卷二十《焚黄告先祠文》，《文渊阁四库全书》第1244册，第689页。

但祠堂不尽有，后世从俗，明代士大夫荣贵还家，多上墓焚黄，焚黄构成了展墓的核心内容。洪、宣之际，南京兵部职方员外郎周岐凤以三载考绩，得给诰命且追赠其二亲，援例归省丘墓，以展焚黄之礼。① 王直《赠范主事诗序》记："（范）德伦，上虞人。始自太学生，擢礼部主事，又改刑部，皆有名朝廷。以其称任也，推本于父母之贤，于是以所居官赠其父，而母亦赠安人，锡之敕命。德伦念二亲之不及见也，乃谒告归，焚黄于墓下。"②

无论是哪种事由，千里迢迢把家还，其事亦重矣。同僚、朋友通常要相聚饯行。弘治初，户部侍郎吴道本回乡省亲、焚黄，交游之友人醵饯于都门之外，执爵赋诗以赠。③ 张邦奇在《南行记》中记载当年他归省出京的情形："（正德六年八月）廿二日己亥出京，同僚湛编修原明辈数人、同乡陈主事公辅辈十余人饯于崇文门外，工部曾主事叔温迎于通州……"④ 饯行之外，诗文馈赠也少不了。如翰林故事，凡官于翰林者，其人或省亲或展墓，自阁老、院长而下咸作诗以赠其行。王直曾说，他本人自洪熙以后为诗作文以赠谒告归省者不少。⑤ 宣德十年（1435）秋，进士谢牧为黔江知县，便道省亲。友人为

① 杨荣：《文敏集》卷十三《送周职方还文江序》，《文渊阁四库全书》第1240册，第195页。

② 王直：《抑庵文后集》卷十三《赠范主事诗序》，《文渊阁四库全书》第1241册，第636页。

③ 倪岳：《青溪漫稿》卷十八《赠户部右侍郎吴君归省诗序》，《文渊阁四库全书》第1251册，第241—242页。

④ 张邦奇：《张文定公靡悔轩集》卷二《南行记》，《续修四库全书》第1336册，第644页。

⑤ 王直：《抑庵文后集》卷十三《赠范主事诗序》。

他作庆寿之诗，"俾归而歌之以侑觞，所以发其爱亲孝养之情"。凡得诗若干篇，辑为一卷。[①] 弘治时，云南参政李克谐便道之蜀归省父母，其工部旧友曹元等人作《双寿图》，各赋一诗，俾归致庆。[②] 当把酒饯行与执爵赋诗一再出现于明代文官省亲、展墓活动中，省亲、展墓就有了仪式化的意味，并且这种仪式化是被以"忠孝"为内容的士大夫政治文化所建构的。

四

归省本是个人私事，但"孝子忠臣"时代的省亲、展墓等行为，在私情与公义、孝亲与忠君的思维下，被定义成奖孝劝忠的社会政治行为。明代大儒薛瑄有论："亲在而欲致其养亲，没而欲致其祀，此人之至情也。国家以孝治天下，人臣之仕于朝者，亲在得归省，亲殁得归祀，所谓因人之至情而立教者也。"[③] 即便有些人枉道回籍，因公行私，情溢于法，犹不失孝子之所为，明人其实就是在"忠孝相资"论下支持便道归省。无私恩非孝子，可以说，省亲、展墓制度之所以能发挥调燮忠孝的功能，主要是它肯定了孝亲私恩，经由"忠孝相资"而达致。如果有人为官在任，不省亲、不展墓，他就违背了"忠孝相资"的原则，孝子忠臣的转换就难以完成，其

---

① 李时勉：《古廉文集》卷四《庆寿诗序》，《文渊阁四库全书》第1242册，第736—737页。

② 程敏政：《篁墩文集》卷三十二《参政李公二亲寿诗序》，《文渊阁四库全书》第1252册，第543页。

③ 薛瑄：《敬轩文集》卷十四《送陈御史归祀序》，《文渊阁四库全书》第1243册，第267页。

孝亲忠君的品质可能受到质疑。成化时内阁大学士万安自科举来京，46 年一不展省。同僚尹直因此指责："（万安）溺于富贵功名，略不念及于松楸，可谓孝乎?"① 嘉靖十五年（1536），巡抚应天都御史侯位遭弹劾："侯位慕禄忘亲，母年百岁，别且二十五年，不一归省，使母赍恨而殁。"②

明代文官省亲、展墓行为中"忠孝"意义凸现，有赖于两大因素的助推。一是封赠制度和归省制度的密切关联。封赠制度推本父祖，显亲扬名，具有奖忠劝孝的意义。而归省直接把朝廷的荣封带到了全国各地，扩大了封赠制度的社会风示效应，也使归省本身增加了荣亲孝亲的社会效应。二是士大夫对于省亲、展墓的书写。明人归省，必有同僚师友赋诗赠序。这些书写无非是阐发事亲与事君、劝孝与劝忠的关系，表彰省亲、展墓行为，为归省者壮行。按照当时风气，这些诗文往往装帧成册，请名笔为序，传示乡人朋友。因而，诗文的流布，也就是省亲、展墓"忠孝"意义的流布。

明代文官省亲、展墓由明初"特命而行"到洪熙以后"奉例而行"，制度的确立源于"忠孝"政治文化的现实凝聚。不仅省亲、展墓，明代其他一些文官制度也是如此。因而，对于这类制度的研究既要有社会史的视野，还要有政治文化史的深切关注，把研究的对象放在中国传统政治文化的大背景下，透视制度背后的政治文化逻辑。同时，明代文官省亲、展墓与封赠、铨选、养亲等制度都有千丝万缕的联系，也就是说，政

---

① 邓士龙辑，许大龄、王天有主点校：《国朝典故》卷五十九《謇斋琐缀录七》，北京大学出版社 1993 年，第 1334 页。

② 《明世宗实录》卷一百八十七，嘉靖十五年六月壬寅。

治制度史研究常常是在"制度丛林"中进行的，正如邓小南教授所说的，进行一种"关系的"制度史研究①，从不同的关系中，看清制度的流变和特征，动态、立体的制度史研究才有可能。

---

① 邓小南：《走向"活"的制度史——以宋代官僚政治制度史研究为例的点滴思考》，《浙江学刊》2003 年第 3 期。

第二章　明代文官的丁忧服丧

丁忧服丧是中国古代一种历史悠久的社会制度。"忧"指丧事，出自《尚书·说命上》："王宅忧，亮阴三祀。""丁"可释为"当"，遭逢之意。《晋书》卷七十五《袁悦之传》载："（悦之）始为谢玄参军，为玄所遇，丁忧去职。"丁、忧连称，就有官吏遭遇亲属之丧而解职守丧的意思。魏晋以后官吏守丧风气渐趋紧严，历经隋唐、两宋，官吏守丧之制全面地法律化，丁忧制度已经大备。

明朝和历史上其他王朝一样，积极推行丁忧制度，其原因在于"以孝治国"的政治传统。《论语·为政》云："孟懿子问孝，子曰：'无违'。"孝是家庭内部亲子关系的伦理规范，强调子女对父母的道德义务和绝对服从。由于帝制时代家、国的同质性，君父一体的观念根深蒂固，相应出现了"忠孝一体"。作为一种具有"血缘认同"特质的政治文化，孝道为君权的合法性提供了社会心理基础，最终形成对君主权威的认同和膜拜。孝道由"善事父母"向"善事君王"的转变，家庭伦理向政治伦理的转变，便是"以孝致忠"，丁忧制度就具有"以孝致忠"的政治功能。明人罗伦曾精当地指出："子有父母之丧，君命三年不过其门，所以教人孝也。古者求忠臣必于孝子之门，诚以居家孝，故忠可移于君。为人臣者未有不孝于亲而能忠于君者也，为人君者未有不教其臣以孝而能得其臣之忠者也。"① 当然，推广孝道的方式多种多样，与旌表等政府措施不同，丁忧制度主要针对士大夫出身的官员。士夫君子乃社会楷模，是百姓效法的对象，所谓"君子德风，小人德草"。百姓的教化、风俗的淳厚需要士大夫用道德来熏陶、浸染，"忠孝"的推展必赖他们的身体力行，然后使百姓效法于下。可见，丁忧制度不仅可以培养士大夫官僚自身的忠孝之道，而且具有社会的风示效果。正因为如此，作为一个有为的政治家，明太祖朱元璋极重丁忧之制，洪武初即着手制定明代的丁忧制度。②

明代丁忧制度在唐宋之制的基础上进一步整齐划一，有三个方面的变动：（一）提高母服。洪武初，《大明令》依唐宋丧礼，规定父服斩衰三年，母服齐衰三年，庶母服缌三月。洪武七年（1374），太祖对传统丧服进行改革：无论父在与否，子为父母、庶子为所生母、子为继母、子为慈母、子为养母、女在室为父母皆斩衰三年；嫡孙为祖父母承重及曾高祖父母承重者同父故，也斩衰三年；为人后者为所后父母、为人后者为

---

① 罗伦：《一峰文集》卷一《扶植纲常疏》，《文渊阁四库全书》第 1251 册，台湾商务印书馆 1986 年，第 644 页。

② 一般来说，从天子到平民都要丁忧服丧，但历代丁忧制度主要以各级官吏为中心进行构建。明代丁忧制度更是以文职官吏为中心，故本章所论明代丁忧制度实际是考察明代文官的丁忧服丧制度。关于丁忧制度研究，见祝建平：《北宋官僚丁忧持服制度初探》，《学术月刊》1997 年第 3 期；丁凌华：《中国丧服制度史》，上海人民出版社 2000 年；王明珂：《慎终追远——历代的丧礼》，载《中国文化新论·宗教礼俗篇》，台北联经出版事业公司 1991 年；等等。骆芬美《明代官员丁忧与夺情之研究》（台湾中国文化大学 1997 年博士学位论文）是关于明代官吏丁忧制度的第一次较为全面的探讨，但对明代丁忧制度的制度建构及其内在关联、对匿丧等机会主义行为没有作深入的讨论。

所后祖父母承重者斩衰三年。明太祖缘情制礼，提高母服，打破了传统丧礼"家无二尊"原则，创立了丧服"家有二斩（衰）"的新制度，重在"达孝子之志"以"教天下之孝"。

（二）除"期亲奔丧"。中国古代宗族发达，伯叔、昆弟、子侄众多，期亲之丧频见，如若一概奔丧守制，于国于家皆有不便。《明太祖实录》载：

> 先是，百官闻祖父母、伯叔、兄弟丧，俱得奔赴。至是吏部言："祖父母、伯叔、兄弟皆系期年服。若俱令奔丧守制，或一人连遭五六期丧，或道路数千里，则居官日少，更易繁数，旷官废事。今后除父母及祖父母承重者丁忧外，其余期年服制，不许奔丧，但遣人致祭。"从之。①

太祖提高母服，使唐代以来为母服而设的"齐衰三年"服制不存在了；同时《孝慈录》还规定，传统丧礼"父为长子服斩衰三年，母为长子服齐衰三年"的服制，一律改为齐衰期丧。如此，除"期亲奔丧"之制，官吏丁忧只有斩衰三年这一种服制。

（三）不许武臣守制。明代以前武臣丁忧守制虽一直存在，但始终未能形成像文臣守制那样恒长的强制性约束，宋元以来，基本呈废弛状态。因此，明代不许武臣守制首先是历史发展的自然结果。其次，明初规定武臣不许守制，也同当时的形势有关。太祖称帝当国之后，天下还没有统一，在相当长的时期内，战争不断。为防止武臣以"丧亲"为由逃避战事，

---

① 《明太祖实录》卷二百一，洪武二十三年闰四月甲戌。

太祖不许武臣丁忧守制。明人伍袁萃说："武弁不丁忧，惟本朝令甲为然，前代未之闻也。国初寇乱未靖，兵戈未息，故特为推奸避难者设耳，非常制也。"① 虽为一时权宜，但明朝历代恪守太祖之制，武臣不丁忧遂为定制。

　　综上，明朝在提高母服的同时，除期年之丧，不许武臣丁忧，这就使得明代官吏丁忧制度具有不同于前朝的一些新内容：第一，在对象上，明代丁忧制度主要适用于文职官吏，其中包括举人、生员。② 丁忧官吏须离职守制，服阕再任官。夺情起复要特旨准允。生员、举人丁父母忧者须回籍守制，生员不许赴乡试及提学官科、岁二试，举人丁父母忧者不许赴会试，其监生及儒士丁忧者亦不许赴试。第二，在服制与服期上，明代文职官吏丁忧守制是斩衰三年，不计闰27个月。当然，明代丁忧官吏居丧期间也要遵守一些相关的礼法制度，礼仪主要依据朱子《家礼》，法律规范基本类似于唐宋时期，如不准匿丧、释服从吉、居丧作乐杂戏、居丧嫁娶等。因丁忧要遵守这些礼法制度，守丧也叫守制。

一

　　"闻丧"是明代丁忧守制的起点。服期从闻丧日开始，不计闰27个月为满。由于明代实行官员任职的地域回避，官员

━━━━━━━━━

　　① 伍袁萃：《林居漫录·别集》卷九，《续修四库全书》第1172册，上海古籍出版社2002年，第195—196页。

　　② 洪武十九年（1386）规定，钦天监官例不守制。成化二十二年（1486）定钦天监官给假三个月。明代丁忧官吏的对象有两次发展，一次是嘉靖四十四年（1565），准许王府仪宾按照文官例丁忧守制；一次是隆庆元年（1567），定衍圣公守制。

通常在两京或外省任职，距离原籍遥远，除了父母随官就养，父母去世的消息必赖原籍报闻。如叶盛《题为守制事》记：

> 景泰七年十一月十二日，臣在云州公干，本日戌时有表侄吴阿员送到家书，内说臣父封兵科都给事中叶春在原籍直隶苏州府昆山县患病，于本年九月初十日身故。[①]

闻丧之后，疏请于朝，开始办理守制的相关手续。但仅有家书或家人禀报是不够的，还须有"原籍公文"，即原籍官方关于某官吏的父或母死亡证明文书（如父母在京亡故者，由该城兵马司勘明，无需原籍公文）。明代关于原籍公文的规定在洪武八年（1375）前后有一大变化：

> （洪武八年八月）诏百官闻父母丧者，不待报，许即去官。时北平按察佥事吕本言："近制士大夫出仕在外，闻父母之丧，必待移文原籍审核，俟其还报，然后奔丧。臣切以为，中外官吏去乡一二千里或万余里，及其文移往复，近者弥月，远者半年。使为人子者衔哀待报，比还家则殡葬已毕，岂惟莫睹父母容体，虽棺柩亦有不及见者。若此之类，深可怜悯。臣请自今官吏若遇亲丧，许令其家属陈于官，移文任所，令其奔讣，然后核实。庶人子得尽送终之礼，而朝廷孝理之道彰矣。"上深然之，故有

---

① 叶盛：《边奏存稿》卷七《题为守制事》，《四库全书存目丛书》史部第58册，齐鲁书社1997年，第718页。

是命。①

洪武八年以前，官吏闻丧以后所在衙门要移文原籍勘实，然后批准丁忧守制；八年以后，由原籍家属报官，再由原籍官呈报所在衙门。如此，家书与公文可以同向运行，显然比此前更具效率，缩短了办理丁忧手续的时间。如无原籍公文，一般有两种处理方式：一种是拘留不放，行文原籍查勘，然后放回补守。如成化二十一年（1485）八月，刑部吏姚仲良闻母忧，原籍查勘费时 30 个月，一直到弘治元年（1488）才准允回籍守制。② 另一种是暂时放回守制，待服阕时勘验。

丁忧官离职守制，须先把手头的工作移交给同僚或接替官，方可题请离任回籍，奔丧还家，此谓"交代"。通常情况下，丁忧交代简单，移交快捷，不太影响回籍守制的时间，故对一般官员的丁忧交代没有具体的制度规定。明代丁忧交代制度主要是针对以下官员：负责钱粮支放的仓场官，任职边疆的抚按、兵备使等官员。洪武二十六年（1393），太祖亲定，仓官将钱粮交点明白，交与现任官管接，随即给与引文，放回原籍守制，不许故违拘留守支。③ 太祖在允许仓官守制的同时，强调要将"钱粮交点明白"，也就是说，仓官必须交代。正统五年（1440）吏部奏准，司府州县卫所的仓库、税课司、河泊所等官丁忧回还原籍者，将首尾交盘明白并将缘由申报吏

---

① 《明太祖实录》卷一百，洪武八年八月戊辰。

② 戴金：《皇明条法事类纂》卷十《各衙门丁忧吏典查无粘滞送吏部放回例》，科学出版社 1994 年，第 439—440 页。

③ 李默等编：《吏部职掌》不分卷《考功司·人材科·盘粮守制》，《四库全书存目丛书》史部第 258 册，第 112 页。

部，以备各官起复时查考。① 对仓场官进行丁忧之前的"交代"，除了便于安排接任外，还有离职审计的意思。

任职边疆的抚按等官员丁忧交代也早有定制。《明史》卷一百七十一《王越传》载，景泰时，王越授御史出按陕西，闻父讣不俟代辄归，为都御史所劾。王越被劾乃违背定制的结果。嘉靖中期以后，内有"盗贼纷纷"，外有"南倭北虏"，内忧外患，时局艰难。无论边疆、内地，抚按重臣丁忧俱要交代。② 万历初，局势稍宁，但边疆抚按等官仍要交代。巡抚等官丁忧交代的目的是为国家军政在他们离任之后不受影响。如果违反此制，便有处罚。隆庆五年（1571），辽东巡抚右佥都御史毛纲闻丧擅离地方，不行交代。最终，毛纲服阕之时降调一级外任。③

内外官吏闻丧后，携原籍公文，具疏呈请守制，由吏部稽勋清吏司具本请奏，或移文顺天府，办理相关手续。稽勋司上奏官吏丁忧事用"题本"。明代规定，两京堂上官丁忧单题，科道部属等官丁忧类题。巡抚单题，巡按类题。钦天监官丁忧单题，太医院医士丁忧类题。所谓单题，一人一事单本具题。所谓类题，数人数事一本具题。单题属于特事特办，批复快。而类题则聚数人才题奏，拖延的时间长。弘治元年（1488），

---

① 正德《明会典》卷十四《吏部十三·考功清吏司》，《文渊阁四库全书》第 617 册。

② 分别见《明世宗实录》卷四百八，嘉靖三十三年三月辛酉；李默等编：《吏部职掌》不分卷《文选司·开设科·巡抚候代》，《四库全书存目丛书》史部第 258 册。

③ 高拱：《高文襄公集》卷十六《覆辽东巡按向程论巡抚毛纲疏》，《四库全书存目丛书》集部第 108 册，第 215 页。

吏部尚书王恕有仁者襟怀，把原来需类题的丁忧官吏、医士等人，改照"两京堂上官丁忧"例，单题请旨放行。但此举无疑大大增加了吏部的工作量，也有渎圣听，不久太医院医士等低级官吏又改为类题，终明一朝无大变化。

得到批准的丁忧官吏，需要关领"勘合"或"文引"。勘合是明代政府行政中广泛采用的一种纸质凭证或文书。作为一项技术性的制度，就是将两半文书合在一起，通过对其印识、字号与内容的比较、勘验，以辨别真伪，防止欺诈。明代勘合的种类很多，丁忧守制所领勘合为"孝"字号勘合。具体办法见诸万历《吏部职掌·稽勋清吏司·官吏丁忧》：

> 两京丁忧官具本题准，次日赴吏科上簿官画字毕。当该领勘合，吏科用印封记，领出到司填完，赴堂上印押完给与。

吏部"孝"字勘合领之于吏科，然后到吏部稽勋清吏司填写、用印，交与丁忧官员。关领勘合是明代官员丁忧守制必须履行的手续：（1）京官丁忧，具奏关领勘合，照回守制，守制不关领勘合参问。南京堂上官丁忧，于南京关领勘合。[①]（2）京官公差、养病在外，如遇丁忧，也要赴京关领勘合。弘治时，右通政吴裕归乡省亲，"既至，侍养方乐，而太恭人俄下世，

---

① 由于明代实行两京制，丁忧官吏于何处关领勘合曾有变化。如正德五年（1510）九月吏部题准，南京仍令堂上官赴京关领勘合。嘉靖十一年（1532）二月以后遂改为堂、属俱一体各于北京、南京关领勘合。

49

执丧尽哀，复入京以例领檄守制"。① 这里的领檄就是领勘合。京官在外遇丁忧，为领勘合往返千万里，实属不便。嘉靖初，吏部以御史叶忠之奏，题请改革："今后京官公差在外丁忧，除应复命者，照旧亲关领勘合外，如有疾病不能赴京及养病省亲等项在家者，只具闻丧来历，差人赍奏，给勘合，则国家之法不废而孝子之情得申。"此后京官在外、在家丁忧，有故不能赴京的，听差人具奏，给领勘合。② 同样原因，嘉靖三十二年（1553）吏部题准，南京赴部考满给由官回还途中闻丧，亦许照公差例，差人赴部关领勘合。③（3）官员接丧，需赴京改填勘合。"接丧"指原先的丧期未满，又添新丧。这种情况下，原先勘合所填内容与新情况不符，孝子与死者的关系也要重新审定；丧期的计算以新丧开始，不计闰27个月，不管原来丧期服满与否。故官吏接丧，必须亲自赴京或差人赴京改填勘合。

"文引"类似于勘合，只不过是给两京堂上官、科道部属以及抚按等高级官吏的勘合。勘合经吏科，由吏部领出。而在外官吏，由所在官司给文引回籍守制。④ 在京各衙门办事官吏、监生、儒士、知印、承差人等具闻丧通状、原籍公文，每月逢八日由吏部稽勋司送顺天府给引。

由于文献阙失，我们今天难以见到明代丁忧勘合或文引。

---

① 吴宽：《家藏集》卷七十七《明故亚中大夫太仆寺卿吴公神道碑铭》，《文渊阁四库全书》第1255册，第784页。

② 《明世宗实录》卷五十一，嘉靖四年五月庚辰。

③ 万历《明会典》卷十一《丁忧》。

④ 李默等编：《吏部职掌》不分卷《稽勋清吏司·丁忧科·官吏丁忧》，《四库全书存目丛书》第258册，第242页。

但从一些有关明代勘合的制度中，可以窥见勘合或文引的主要
内容：亡故父（母）姓名、亡故时间、闻丧时间；长孙丁祖
父母忧，要开写何年父故，及有无伯兄，应否承重；丁养父母
忧要开写自幼过房；丁忧离职之前是否有过失，或是否曾经考
察被劾、降等；还需开写丁忧官员年貌、籍贯、官职。勘合、
文引是丁忧官员重要的身份证明，服阕补任必凭此办理复职手
续，从地方倒换公文，起送到吏部，都需勘合、文引，以防诈
丧、短丧以及冒名顶替、朦胧听选等不法行为。正因为勘合、
文引重要，丁忧官员必须妥善保管。明人罗玘曾讲述一个悉心
保护勘合的真实故事：

> 公讳升，字启昭……向居江夫人丧，既禫，邑中讹
> 火，夜三四发。翁闻哄声必推枕急呼公问："内符契安
> 在？"公执诣床，出烛之曰：'悬以待旦。'乃就枕。内符
> 契者，亦曰勘合。凡京员遭丧降自大内，起复合以防伪
> 者也。[1]

领到勘合、文引的丁忧官员，就可以暂离官场，过一段家居守
丧的乡绅生活。

二

明代沿用晋、唐以来的服丧日期，自闻丧日开始，不计闰
守制 27 个月，服满称为"服阕"。《吏部职掌》载：

---

[1]　罗玘：《圭峰集》卷十七《太子太保礼部尚书张公墓志铭》，《文渊阁四
库全书》第 1259 册，第 237—239 页。

> 服制以闻丧日为始，不计闰二十七个月为满，不除闰
> 者参问。若少守一月送问，多守一月免究。[①]

所谓"除闰"，就是不计算闰月。实际中，人们计算丧期是通过"再期"（两周年，共25个月），另加"间一月而禫"（至27个月）。如此就可以忽视丧期中的闰月有无问题。由于存在闰月问题，居丧的时间实际是27个月或28个月。如遇接丧，接丧的丧期从接丧日开始，不计闰守制27个月。前丧无论服满与否，皆不论。

服阕官吏应赴京，到吏部办理复职手续。起复到部，就进入补选程序。《吏部职掌》规定：

> 丁忧起复官员在京堂上、科道、部寺及在外方面官，
> 俱稽勋司单付，随缺题补。系南京者改除北缺，其余府同
> 知、京府通判以下及在京首领等官俱稽勋司两月类付，收
> 入急选。隆庆四年七月，该本部题准，府佐贰、州县正官
> 随付题补，不候急选。如先丁忧后遇考察降调改教者，仍
> 入急选。[②]

吏部有文选、验封、稽勋、考功四清吏司，协助尚书处理政务。稽勋司掌勋级、名籍、丧养之事，"凡三年丧，解职守

---

① 李默等编：《吏部职掌》不分卷《稽勋清吏司·起复科·服满起复》，《四库全书存目丛书》史部第258册，第249页。

② 李默等编：《吏部职掌》不分卷《文选清吏司·僧道科·起复官员》，《四库全书存目丛书》史部第258册，第3页。

制，纠摘其夺丧、匿丧、短丧者"。① 稽勋司作为负责丁忧之事的专门机构，对于服阕官吏进行审查、纠摘。而吏部对于丁忧官员是否短丧、过限，是否有其他违反礼法等情况的掌握，很大程度上依赖地方起送时的保结。保结又称结状，是民众对官府、低级部门对高级部门的保证或证明文书。丁忧在家，保结便从左右邻居开始，层层起送，层层保结。其式如下：

> ……满起复事。依奉，结得盖州库候缺吏苗惠民，于万历九年八月……中间不敢隐瞒诈丧等弊。如违甘罪，结状是实。
>
> 　　万历九年　月　日　　　　左（邻）……
> 　　　　　　　　　　　　　　右（邻）……②

这是明代档案遗存的残件，库吏苗惠民服阕后，所在卫所、仓库都有保结。邻居、里老、军旗人等与丁忧官吏"比邻而居""朝夕相见"，最了解真实情况，府县对丧情、守制等方面的勘实也比吏部方便得多。为抑制彼此串通作伪，共同承担法律责任是必需的，因此我们看到明代的结状中有"如违甘罪，结状是实"的承诺。由于保结制度使丁忧官吏处在社会的监督之下，这种监督有国家权力的支撑，会上达吏部，关系官吏将来的复职，因而它对匿丧、诈丧等行为具有很有效的防范作用。

---

① 《钦定续文献通考》卷五十三《职官考·吏部》。

② 辽宁省档案馆、辽宁社会科学院历史研究所编：《明代辽东档案汇编》，辽沈书社1985年，第316页。

如审查无任何问题，则由稽勋司付文选司、验封司、考功司、礼部、翰林院听选。稽勋司审查之后，之所以付送文选司、验封司、考功司、礼部、翰林院等不同部门，在于它们的职掌不同。文选司，掌官吏班秩迁升、改调之事。丁忧官吏复职，根据不同情况，牵涉到职位迁升、改调，由文选司题补，故大多数付文选司。考功司，掌官吏考课、黜陟之事，凡给由考满官吏丁忧，由稽勋司付考功司。验封司，掌封爵、吏算之事。吏算指拨给官员的吏胥数额，明代官员依品秩高低、考满先后、职事繁简，拨与人数不等的吏胥。也就是说，办事吏丁忧起复的拨职，归验封司管理。同样的道理，译字生、医士分别归翰林院、礼部掌管。嘉靖二十二年（1543）以后，太医院官自御医、吏目以下考满丁忧，俱由礼部查明转送吏部，如钦天监例①。

吏部的职责在于为官择人，但官吏复职要有"官缺"。"官缺"即官职的空缺，官吏因丁忧、致仕、考退等离职产生了官缺，内外衙门必须及时报缺，吏部才能准确掌握官缺的信息，以便题补。

在有缺可补的情况下，官吏依据不同品级参加不同的铨选。在京堂上、科道部属及在外方面官，俱随缺题补。较低级内外官员用部推之法，京官五品以上单推，每缺上二三人；京官六品以下、外官五品以下则类推，即各类官缺一起开出，每缺推一人。②府同知、京府通判以下及在京首领等官，隆庆四

---

① 《明世宗实录》卷二百七十四，嘉靖二十二年五月丁巳。

② 关于会推、部推的详细研究，见潘星辉：《明代文官铨选制度研究》第四章，北京大学出版社 2005 年。

年（1570）七月之前，俱稽勋司两月类付，收入急选或大选（改授、改降、丁忧、候补者，单月急选）。急选每次数十人，具疏奏请，得旨则填榜示众；大选两个月举行一次，人至数百。①

如无缺可补，守候一年之上，在京则不拘堂上、庶官，酌量衙门，或改补，或添注。改补，即改除相应职事。添注，就是添入注拟，本来是无官缺可补，等候委用之意。明代添注官却是额外增加之官，属于编制外的冗官。因此，明代有时虽无实缺补授，添注仍可就职治事。如，成化八年（1472）杨守随先升为应天府丞，未上而丁母忧，服除无缺，添注视事。②中期以后，"外（官）轻内（官）重"局势渐成，京城"有官无缺"成为明代政治一大弊端，添注就成为解决官缺矛盾的权宜之举。

相对于各级官吏的复职，地方生员丁忧复学，其程序较为简单：生员具呈本处儒学，转呈提调官处，令该都、图、里、邻查勘本生制中有无违乱礼法行为。保结无碍，许复学。③由于州县的廪膳生员、增广生员各有定数，虽许复学，但资格仍需候缺补选，待遇也有待落实。这就是明人所说的"原生廪增，遇缺即补"④之意。

---

① 吴宽：《家藏集》卷四十三《启事余情序》，《文渊阁四库全书》第1255册，第383页。

② 《明史》卷一百八十六《杨守随传》。

③ 薛应旂：《方山薛先生全集》卷四十八《公移二·浙江学政》，《续修四库全书》第1343册，第507页。

④ 吴惟贞：《吴太宰年谱》，北京图书馆出版社1999年。关于廪膳生员的数量，明初规定府学40人，州县学30人；增广生员初不定数，宣德中定京府学60人，在外府学40人，州县学各30人。

总体上，明代丁忧官吏复职绝大部分是在"资品相当"的原则下改调或官复原职，少部分为降黜和升职。[①]

三

丁忧制度在明代社会运行时，文官作为服从者，往往有自主性的目标要求，也就是说，他们有基于自己得失计算的不同"服从方式"。吴敬梓在《儒林外史》中讲述了一个明代工部员外郎荀某丁忧时如何选择"服从方式"的故事。荀某听到母亲亡故的消息，就要递呈丁忧，他的朋友王员外立即劝止：

> 年长兄，这事须再商议。现今考选科道在即，你我的资格，都是有指望的。若是报明了丁忧家去，再迟三年，如何了得？不如且将这事瞒下，候考选过了再处。

荀员外不同意匿丧，于是两人另想他法，托在朝师友，希望被保举留任。

> 过了两三日，都回复了来，说："官小，与夺情之例不合。这夺情须是宰辅或九卿班上的官，倒是外官在边疆重地的亦可。若工部员外是个闲曹，不便保举夺情。"荀员外只得递呈丁忧。[②]

---

① 改调指原职调动，如四川布政使除山西布政使。明代丁忧复职官员以地方官员、两京科道官的改调最为常见。官复原职指职位、任职衙门俱不变。官复原职以内府官员为最，如翰林院、钦天监等，外以王府官为最。

② 吴敬梓：《儒林外史》第七回《范学道视学报师恩　王员外立朝敦友谊》，上海古籍出版社 1991 年。

上述故事告诉我们，明代文官丁忧时可能采取的三种基本选择：匿丧、营求夺情和居丧守制。不同选择的背后都有各自的行动逻辑。

（一）匿丧系隐瞒父母死亡消息或者把父母之丧谎称为其他期亲之丧，不离职守丧。成化二年（1466），修撰罗伦有一段总结性的话，概括了匿丧之目的所在："例在溥恩则匿服以受封，例在得官则匿服以听选，例在掇科则匿服以应举，例在迁官则匿服以候迁，例在求贿则匿服以之任。"① 换言之，匿丧是为了避免居丧守制而致的政治、经济等方面的损失或不便。只有了解这些损失或不便，才能在一般意义上理解匿丧者的行动逻辑。

1. 俸禄的损失。明代丁忧给俸制度定于洪武时期。

> 凡文官居忧，已在职五年廉勤无赃私过犯者，照品秩给半禄终制；在职三年者，给全禄三月。②

这一标准对丁忧官吏尤其是中下级官吏的经济利益影响非常大。同前代相比，明代官吏的俸禄甚薄。本来就薄的俸禄，在丁忧离职期间只有一半，甚至全无。清廉之官守制，有时就要面临生活的窘迫。陆渊，字克深，上虞人，成化十年（1474）进士，历官至河南右布政使。居丧不出户限，家无宿储。③ 成

---

① 罗伦：《一峰文集》卷一《扶植纲常疏》，《文渊阁四库全书》第1251册，第646页。奏疏本无题名，笔者据题意拟名。

② 《明太祖实录》卷一百五十九，洪武十七年正月癸亥。

③ 万历《绍兴府志》卷四十一《人物·乡贤》，《四库全书存目丛书》史部第201册，第297页。

化初，秦州知州秦纮守制在家，"三年间，室空四壁，幸得诸亲相助，强延至服阕"。①

衣食不足，妻儿难养，操守便成为很脆弱的东西。明代官员面对薄俸，不免苟取于民，用法外收入弥补用度的不足："今藩司郡邑之长，皆操利权者也，而贪者居半。大且富处，岁可得一二万；小且贫处，岁可得二三千。"② 但他们一旦离职守制，这一部分法外收入就没有了，原来形成惯例的柴薪、养廉等收入也没有了。可以说，丁忧官吏俸禄损失往往是双重的。因此，我们看到，嘉靖二十一年（1542）汀州府同知何公溥，闻丧三月不奔，临行则百杠满载。③ 何氏为财货而匿丧，属于罗伦所说的"求贿则匿服"。吏典的薪俸低微，其养赡之资大部分靠法外收入，所以吏典"匿丧求索"是明代常见的社会现象。④

2. 仕途的蹉跎。"永宣以后，渐循资格"⑤，资格是明代铨选的要素。资格一般可分出身与资历。出身指选人以何种途径入仕（如考试、门荫、捐纳和吏员等）；资历则是为官履历，包括品、级、年、次，关系官员将来的升迁。丁忧影响到资历中的"年"。明人沈德符说："本朝迁官故事，必九年方升两级。"⑥ 这里的九年之"年"，并非官员的做官时间，而是

---

① 秦纮：《秦襄毅公自订年谱》，《北京图书馆藏珍本年谱丛刊》第 40 册，北京图书馆出版社 1999 年，第 63 页。

② 伍袁萃：《林居漫录·别集》卷三，《续修四库全书》第 1172 册，第 165 页。

③ 《吏部考功司题稿》，台湾伟文图书出版社有限公司 1977 年，第 893—899 页。

④ 李默等编：《吏部职掌》不分卷《考功清吏司·三考科·役内过名》。

⑤ 《明史》卷七十一《选举志三》。

⑥ 沈德符：《万历野获编》卷十《翰林升转之速》，中华书局 1997 年，第 259 页。

实际任职支俸的时间。循资考满，然后升迁，累积在职的时间非常必要。而丁忧离职、服阕候补的时间都要扣除，不能计算进俸年。按照一般的情况，官吏一生可能遇到少则一二次，多则三四次的丁忧，为此而被扣除的俸年足够升两级。

不仅如此，丁忧对仕途的影响还有其他方面：因丁忧而推迟做官。王竑，正统进士，累丧凡八年，始授户科给事中。[①]因为丁忧而错过升迁的机会。嘉靖十年（1531），吏部左侍郎董玘闻父丧，因吏部尚书缺，匿不发丧。[②]循资升迁，左侍郎可补尚书缺，董玘为此而匿丧。《儒林外史》中的荀员外、王员外一开始打算匿丧，也是因为考选科道官。总之，丁忧对仕途的影响是多方面的，有时确很关键，为仕途计，有些人不惜匿丧。

3. 复职的困境。丁忧服阕的官吏与其他选人一道候选除补，补官必须要有官缺。明代中期以后，官缺难觅，除补延期，成为不容忽视的问题。而功名富贵，人之大欲，谁不趋之若鹜。于是，求缺、求好缺便是他们的心愿。在官缺难求的情势下，丁忧官的复职可能要付出巨大的成本。伍袁萃称，如得县职好缺，费至千金。[③]伍氏之言使我们得以一窥明后期寻求好缺的高昂费用。

官缺难求造成的另一个后果是遥遥无期的候补。京师之地，人员辐辏，居之不易。漫长的等待意味着开销巨大。此外，丁忧回籍、除补赴任的路费开支是不可忽略的。明代任官实行地域回避，隔省为官。丁忧回籍、除补赴任的来回路程多

---

① 焦竑编：《国朝献征录》卷三十八《兵部尚书王公竑传》，《续修四库全书》第 527 册，第 46 页。

② 《明世宗实录》卷一百二十一，嘉靖十年正月丙午。

③ 伍袁萃：《林居漫录·多集》卷四，《续修四库全书》第 1172 册，第 261 页。

是千里万里，舟车劳顿、风餐露宿的辛苦且不说，旅费花销不是每个人都能承担起的。当时有人曾谈到："官有崇卑，地有远近。秩崇而禄厚，虽远不劳；位卑则禄薄，虽近尤艰。臣等尝亲见小官有数丧并举、无计还乡者。"① 此种情形之下，匿丧成为低级文官不得已之举。

为了抑制匿丧行为，明朝制定了相关的制度，既有"防患于未然"的行政约束，又有"事发于已然"的法律惩处，有效地打击匿丧行为。如上文所述，行政约束主要有：推行勘合制度，利用"连坐"制度实施对丁忧官员居丧守制的监督，等等。② 这里着重谈一谈法律惩处。法律作为控制社会的工具，必须将违反规则的行为和惩罚相对应，构成民众的"利害"之所在。一般来说，匿丧可以看作计算成本—收益、追求预期效用的理性犯罪行为。法律经济学研究表明：任何减少犯罪预期收益的因素都会降低犯罪率。刑法施与的惩罚即增加成本，将减少参与犯罪的潜在预期收益。惩罚的事先预期效能取决于两个因素：制裁的严厉性（severity）和频率（frequency）。这两方面的因素会影响威慑力从而影响犯罪。③ 在技术不变的情况下，明代匿丧的查获频率也可视为一个恒量。明代主要通过调整制裁的严厉性来遏制匿丧行为。《大明律》卷十二《匿父母夫丧》将唐宋律中的匿丧、诈丧合而为一，对匿

---

① 夏良胜：《议复远方选法状草》，陈子龙等编：《明经世文编》卷一百五十四，中华书局1997年，第1545页。

② 参见拙稿《明代丁忧制度研究》第三章第二节，南开大学2005年博士后出站报告。

③ 理查德·A. 波斯纳：《法律的经济分析》，中国大百科全书出版社2003年，第21—22页。

丧的制裁主要靠杖刑和罢职为民的办法，其惩罚力度不足，有它的局限性。为了遏制愈演愈炽的匿丧等行为，明朝政府于天顺二年（1458）制定新的条例，作为《大明律》的补充，与之相辅而行：

> 官吏人等匿丧、诈丧，事有轻重，若概罢为民，无以示警。今后有将远年亡故父母诈称新丧者，问发顺天府昌平、遵化、蓟州等州县为民；系顺天府者，发口外为民。父母见在诈称死亡者，发口外独石等处充军。其闻父母丧匿不举、不离职役者，若原籍程途三千里之上限一年，不及三千里者限半年；违限不回守制者，俱发口外隆庆、永宁等州县为民。①

充军，即将罪犯发充军役。明初，充军主要是针对军籍。对于非军籍的官吏而言，充军具有重刑的特征，明人认为"充军邻于死罪"。口外为民指将罪人发遣到远离乡土的地方。所谓"口外"，指北边长城各关口之外，对于人犯而言，口外环境陌生、生存条件恶劣。此后，明朝对匿丧的惩罚由原来的"杖和罢职为民"发展为"杖，发口外为民或充军"，其惩治力度明显加大。天顺二年条例也就成为明代惩治匿丧行为的标准条例，以后的条例皆以此为蓝本而稍加损益。

匿丧既背不孝不忠之名，又冒巨大风险。职位越高，所付出的风险成本越大。因此，明代社会中，匿丧者一般都是低级官员（侍郎以上的高级官员仅见一二），他们职卑俸薄，难以

---

① 《明英宗实录》卷二百九十四，天顺二年八月己卯。

应付丁忧守制带来的经济问题，故而匿丧。他们中许多是被罢职、考退的官吏，这些人"以无博有"，往往采用匿丧方式，冒险取利。至于中高级文官，为达到有丧不守的目的，往往采取营求夺情的手段。

（二）夺情起复，又称起复、夺情、夺服等，意即夺其哀情，令其留任，或者起家复职。夺情是丁忧制度的权宜之举，本因国事为重，以"公义"断"私情"。倘若因为一己私利，贿求上司奏保，或指使心腹亲信，诱挟属下，联名保留，则是本章所称的"营求夺情"之意。永乐朝，迁都、北征，政务丛脞，成祖急于寄事中外臣僚，始有夺情不丁忧或有于（守）制中起用者，文臣起复自杨荣、蹇义、夏原吉等开其端，历永、洪、宣三朝，已成故事。正统以后，或变生于腹里，或衅起于边陲。① 巡抚和地方官夺情普遍。总之，永乐以后，夺情纷纷，其中不乏营求者。景泰二年（1451）九月，吏科给事中毛玉、礼部郎中章纶等奏："近者，各处官司相习成风，或司府佐贰之官，或州县幕司之职，甚至办事官吏，一闻亲丧即行保举夺情。"② 如景泰四年（1453）五月，翰林院侍讲学士倪谦母死不丁忧，营求夺情。③ 天顺七年（1463）六月，顺天府尹王福闻母丧，谄事中贵，诱挟属民穆以让等奏保。④

丁忧官吏作为当事人，之所以要营求夺情，主要有以下两个方面的原因：

---

① 内地有正统时的浙江叶宗留起义、福建邓茂七起义，景泰、天顺间广西的大藤峡瑶壮人民起义、荆襄流民起义；西北边疆自"土木之变"后一直局势不宁。

② 《明英宗实录》卷二百八，景泰二年九月乙卯。

③ 《明英宗实录》卷二百二十九，景泰四年五月庚申。

④ 《明英宗实录》卷三百五十九，天顺七年六月壬申。

　　1. 营求夺情有匿丧之实，无匿丧之名。营求夺情可以避免守制的损失，包括俸禄的损失、俸年的损失、求缺与改任带来的可能损失等，前文已述，兹不赘述。这里对营求夺情可以避免丁忧复除改任的损失再作一些补论。入仕求善地、居美职，乃人性之常。丁忧官吏如何保住既得的善地、美职？一般情况下，丁忧服阕，除补原职的几率低，特别是中下级文官，更多是改调。而夺情起复绝大部分都是任原官。如遇丁忧，保住原来职位，最好的办法是夺情，"于是正统以后，遂有京官营求夺情"①。地方官也有类似情况。正统九年（1444）八月，刑科给事中鲍辉言："各府州县官九年考满，多因在任买田置宅，娶妻立籍，恐迁别处，要民保留。"② 居官之地已成温柔之乡，惧考满迁调如此，遇丁忧候补未尝不如此。贺钦，字医间，成化进士。他说："近日风俗日下，方面大僚、郡县有司，凡地方富饶者无不营谋夺情。"③ 营求夺情成为达到留任目的的一种选择，它与匿丧相似，是一种机会主义。匿丧是非法行为，律条严禁。一旦发现匿丧，不仅罢官、受杖，还要发口外为民或充军。品级越高，付出的风险成本越大。同匿丧相比，夺情使不守制合法化。营求夺情没有风险，而且品级越高，越容易准允夺情（如阁臣、尚书）。

　　2. 夺情成为明代官场中身份与价值的象征。天顺时，有人指出："比来臣下多奔竞亡耻，目夺情起复者为能官，笑终

①　夏燮：《明通鉴》卷二十五，岳麓书社 1999 年，第 737 页。

②　《明英宗实录》卷一百二十，正统九年八月庚戌。

③　王士禛：《池北偶谈》卷十《贺医间》，《文渊阁四库全书》第 870 册，第 146 页。

制者为不职。"① 成化二年（1466），修撰罗伦说："比年以来朝廷以夺情为常典，缙绅以起复为美名。"② 这种情形下，夺情之官就成为"能官"的代表，成了身系天下安危的股肱大臣，既得夺情之实利，又得夺情之名誉。名利双收，当然能鼓荡起营求夺情之风。

（三）虽然存在匿丧、营求夺情等机会主义，明朝绝大多数丁忧官吏还是选择居丧守制。其中当然有制度的强制性约束，尤其有法律的严厉惩罚。但仔细考量，我们同样可以看到丁忧制度本身蕴涵的价值，这些价值构成了法律之外明代文官选择居丧守制的原因：

1. 情感价值。守制官员自闻丧之日起，有不计闰 27 个月的丧假，他们回到家乡，可以过一种脱离官场的绅士生活。丁忧守制期间，官吏解职，无须为政事奔忙；生员退学，无须为考校操心。失去升迁机会的同时，也把责任推掉了。在一种相对自由的环境中，享受居乡的休闲、随意。与妻儿、家人的相聚，也使天伦之乐成为可以触摸、亲感的东西。丧期中，丁忧官吏丢开了国事，为关心家（族）事提供了时间。造坟茔以迁葬父母，建宗祠、修家谱以联属其族人。也要为成年儿女的婚姻大事做准备，以便在服阕离家之前有个圆满的了结。凡此种种，不一而足。总之，丧假具备的情感价值一定程度上弥补了丁忧居丧带来的经济、权力等方面损失。

2. 仕途收益。丁忧离任，服阕后随缺补任，具有很大的

---

① 《明英宗实录》卷二百七十七，天顺元年四月乙酉。

② 罗伦：《一峰文集》卷一《扶植纲常疏》，《文渊阁四库全书》第 1251 册，第 645 页。

偶然性。一些人所补之官可能不如原任之官，如北京官补授南京官。同时，另一些人则借此机会，谋求美缺，给仕途带来光明。《明武宗实录》记载一个例子，很有代表性：

> 初，医士蒋勋除雍府良医副，未赴任丁母忧。服满乞改选，为吏部所持。医士鲍昭者复为代奏，于是礼部按劾，（蒋）勋欲脱官藩府，供事禁近，为后日奔竞迁转之阶，而（鲍）昭利其私贿，皆宜置于法。得旨，勋改太医院职事。①

王府官缺乏升职的空间，被视为劣职，有丁忧不起者②，有自残以避者③。蒋勋经过一番活动，终改京职，对于他个人来说，丁忧实际上是使他时来运转的事情。

在明代的铨选制度中，也存在丁忧带来好运的可能性。弘治四年（1491）八月，吏部言：

> 近例，第三甲进士前七、八分多选外任，后二、三分俱选京职。所以，进士该外选者或告病，或求公差，迁延规避。今后除丁忧起复外，其养病、公差还者，依其上下

---

① 《明武宗实录》卷一百五，正德八年冬十月庚子。

② 丁养浩：《西轩效唐集》卷十《明故尚书祠部主事徐公墓志铭》载，徐九龄，观政尚书仪部，守制服满后，除祠部主事。后迁王官，随献皇帝之国，丁父忧，遂绝意仕进。夏镕：《夏赤城先生文集》卷十九《伴读范先生墓志》载，范氏为兴府伴读，以内艰归，服除不去，以教子著文为乐，家居十几年。以上二书俱为《四库全书存目丛书》本。

③ 《明英宗实录》卷七十一，正统五年九月壬子。襄垣王府教授王智丁忧服阕，私自挑断右手无名指筋，称残疾难胜前任。

名次，选外任亦选外任，选京职亦选京职，庶人心平而选法不坏。从之。①

三甲进士丁忧，起复常选京官，这是明代官场的一个惯例。万历中，仍为人所引用："（我）进士原是三甲，当除选知县。昨给假回籍就遇丁忧。旧时，丁忧起复者常选京官。进士不愿做评事、行人，可将中书、博士二缺与我。"② 对于新进士来说，丁忧无疑是一场"及时雨"，具有无可比拟的价值。

3. 道德收益。丁忧守制是文臣士夫们躬行孝道的重要方式，一个能居丧以礼、恪守孝子诚心的人，往往能赢得时人的称誉。夏时，字以正，钱塘人。永乐十六年（1418）进士，授户科给事中，官至广西左布政使。亲殁，庐墓有异征。殁而乡人祀之，名其祠曰"孝廉"。③ 阁臣刘珝丁母忧，庐于墓侧，三载哀敬笃至，乡人化之。④ 相反，居丧违礼，有悖孝道，将会引起舆论的谴责，在"以孝致忠"的政治伦理社会里，甚至会给仕途带来挫折。如崇祯时，给假御史喻上猷居乡不简，至短丧起复，为名教所不容。⑤ 李贤、张居正等内阁大臣夺情起复所引发的议论和声讨，也从反面说明了"以礼守制"具有道德的正当性，能够带来一定的收益。这种"道德收益"，

---

① 《明孝宗实录》卷五十四，弘治四年八月癸丑。

② 万历二十八年（1600）六月十八日，吏部文选司主事赵邦清劾奏，无耻进士公然闯入吏部衙门钻刺嘱托。见《神庙留中奏疏汇要·吏部》卷一，《续修四库全书》第470册。

③ 《明史》卷一百六十一《夏时传》。

④ 《明史》卷一百六十八《刘珝传》。

⑤ 刘宗周：《刘蕺山集》卷五《请严考选疏》，《文渊阁四库全书》第1294册，第386页。

可化解内心的不安，感到精神的愉悦，取得世人的尊重，以及国家旌表等方面的荣誉。因此，丁忧守制是士人躬行孝道的一种方式，也就成为他们取得"道德收益"的一次机会。一些人，特别是具有"道德"偏好的那些人，会坚持守制而不采取机会主义的行为。

以上，我们对明代丁忧服丧制度的内涵及其在明代社会的运行实态做了较为明晰的论述。明代丁忧制度以文官居丧守制为方式，以推广孝道、培养对皇权忠诚为目的。明朝政府对文官丁忧守制的一系列行政和法律规范，既是丁忧制度不可或缺的组成部分，也是它存在的前提和保证。终明一朝，丁忧制度的对象、时限等主要内容无大的变化，而与之相关的行政和法律规范却随时调整。首先，这种调整是明朝政局与社会发展的结果，如两京制的形成、选官制度的循"资格"和"重内轻外"、中期以后的"内忧外患"等情况的出现，影响了明代丁忧制度的"领勘合""服阙补官"等各个环节，进而影响明代文官集团丁忧守丧的态度，以致相关规范愈后愈密。其次，这种调整也是"顺人情"的结果，如洪武八年（1375）对"原籍文书"的改革，嘉靖中期允许两京在外办事、养病官吏可以差人代领勘合，都方便人们更容易地遵行丁忧制度，促进了制度自身的完善。

明代丁忧制度在运行时，文官作为服从者，往往有自主性的目标要求，也就是说，他们有基于自己得失计算的不同"服从方式"。明代丁忧官员在决定匿丧、营求夺情还是居丧守制时总是权衡利益得失。由于居丧守制的巨大损失，有些低级文官和一些被罢职的官员受眼前利益左右，往往甘冒风险，违法匿丧。但明代对匿丧法律惩处的严厉性影响了人们选择匿丧的潜在预期收益。匿丧而致的高成本、高风险，使人们觉得匿丧得不偿失，这有助于守制风气的形成。还有人既不愿守制，也不愿冒险匿丧，只好另谋投机之阶，于是营求夺情。实际上，这样的机会只属于一些中高级官员和皇帝身边的倖臣。对于大多数官员来说，最好的办法莫过于规避风险，选择可预期的收益，如守制服阕后的复职、丧假的闲暇、家居的天伦之乐等。总体来看，丁忧制度在明代得到了较好的贯彻，成为文职官吏践行忠孝之道的重要方式。

第三章　明代文官的父祖封赠[①]

父祖封赠制度，指明朝政府以推恩的方式，参照臣属的官阶或功绩，以散官的形式将官爵授予其父母、祖父母或曾祖父母。父祖存者称封，死者称赠。

明代文官的父祖封赠制度是明朝封赠体系的一部分，也是最为核心的部分。它体现了文官群体"光宗耀祖"和明朝政府"劝忠劝孝"的双重意图，这一制度在明代社会的展开其实是国家与文官之间互动的结果。本章集中研究这种互动背景下的明代文官父祖封赠制度的具体内容，以及这种制度如何实现"忠孝合一"的政治功能。

关于封赠制度的专题研究较少，相关研究成果主要有吴丽娱的《光宗耀祖：试论唐代官员的父祖封赠》，该文对唐代封赠制度的封赠方式、标准及封赠者的权利等进行了详尽的考察，对照和联系门荫制度的变化，揭示唐代赠官的总体发展和社会意义。作者认为封赠的社会意义在于"提倡以忠彰孝、忠孝合一，并且要借助礼庆德音施加额外优惠以贯彻此种意识，团结、拉拢所依靠的核心官僚层，自家而国，围绕皇帝形成板块型的利益集团；通过他们辐射其家族、社会关系，同时利用周围人众对获得者的艳羡之心和追求扩大影响，巩固王朝

---

①　本章系与刘群英合作撰写，初稿完成于 2009 年 4 月。

的统治，维持整个社会的稳定"。① 吴文与本章有共通之处，关注了封赠制度的政治文化意义。陈超的《明代品官命妇封赠制度初探》② 探究经由封赠制度而成为命妇的女性之生活状态，即封赠制度对普通女性社会地位提升的意义。从研究现状来看，尚没有关于明代文官父祖封赠制度的专门研究。

一、明代文官父祖封赠制度的常规与特例

洪迈（1123—1202）曾说："封赠先世，自晋宋以来有之，迨唐始备，然率不过一代，其恩延及祖庙者绝鲜……唐末五季，宰辅贵臣始追荣三代，国朝因之。"③ 据吴丽娱等人研究，唐代的先世封赠经历了唐初功臣赠父、回恩赠父到唐中期的大礼封赠，即因为皇帝即位、南郊、大捷等大礼活动而实行的封赠；父祖赠官的品级亦随子孙官品而定，女性随夫或子孙的封赠得以确立。宋承唐制，大礼封赠成为父祖封赠的主线。④ 需要注意的是，在封赠制度的发展进程中，宋代有两大变革。一是丰富了命妇封号。政和二年（1112）十二月，徽宗手诏："通直郎以上封孺人；朝奉郎以上封安人；朝奉大夫以上封宜人；中散大夫以上封恭人；太中大夫以上封令人；侍郎以上封硕人；尚书以上封淑人；执政以上封夫人，并为随其

---

① 吴丽娱：《光宗耀祖：试论唐代官员的父祖封赠》，《文史》2009 年第 1 辑，第 176 页。

② 陈超：《明代品官命妇封赠制度初探》，《社会科学辑刊》2006 年第 4 期。

③ 洪迈：《容斋随笔·四笔》卷十三《宰相赠本生父母官》，《文渊阁四库全书》第 851 册，台湾商务印书馆 1986 年，第 764 页。

④ 参见吴丽娱：《终极之典：中古丧葬制度研究》，中华书局 2012 年，第 821—877 页。

夫之官称封之。"① 女性不再以郡、县两级地名为封号。二是
文官犯罪,国家将剥夺其亲所受封赠荣誉以示惩罚。康定元年
(1040)十月,审刑院言:"检会令文:诸妇人因夫子受邑号,
而夫、子犯除名当免官者,其妻邑号亦随除。自来法守,不曾
引用。欲乞今后应妇人因夫、子得邑号,犯除名、免官当事相
干连,情理稍重,即检坐令文,取旨裁断。诏内情理重者,依
此取旨。"② 文官犯罪,众亲所受封赠荣誉称号等随同免除,
父祖与子孙荣辱与共。

元代封赠制度时兴时废,变化主要体现在文官封赠开始与
考绩相关联,获准推封父祖的文官品级降至七品。受封赠父祖
也将承担更多的责任:"诸职官曾受赃,不许申请。封赠之
后,但犯取受之赃,并行追夺。"③ 受封之后,汉族女性不许
再嫁。"妇人因夫、子得封者,不许再嫁,如不遵守,将所受
宣敕追夺,断罪离异。"④

封赠制度在明代得到大力推行,其内涵已经相当丰富。有
功臣封赠,有外戚、王室封赠,有文臣、武臣封赠,其他还有
政府怀柔土藩、藩国的土官封赠和外国封赠。每类封赠制度各
有规则,自成体系,颇为庞杂。各类封赠的缘由不同,社会功
用也有差异,本章主要以文官父祖封赠为研究对象。

明代文官父祖封赠主要有两种,一是常例封赠,亦即考满
封赠;二是特例封赠,包括旌忠、旌劳和基于多种国家大庆典

---

① 徐松辑:《宋会要辑稿》第50册《仪制十·叙封母妻》,中华书局1957
年,第2018页。

② 徐松辑:《宋会要辑稿》第50册《仪制十·叙封母妻》,第2016页。

③ 《元史》卷八十四《选举志四》,中华书局1976年,第2115页。

④ 《元史》卷八十四《选举志四》,第2116页。

的覃恩封赠。特例封赠回应了文官"例"外之陈乞，同时反映了明代社会政治环境对文官封赠制度的影响。

（一）常例封赠

常例封赠即考满封赠，它以三年、六年为期，考核文官的政绩，以此为凭据，对文官父祖进行封赠。

1. 考满封赠的资格

洪武十六年（1383），颁布封赠条例 11 款，其中规定：

> 其十，京官四品以上，试职实授，颁给诰命，取自上裁。其已授诰命者，亦须一考满秩，方许封赠。五品以下官，试职一年、考核称职者实授，颁给诰敕；不称职者，黜降。其已授诰敕者，亦须一考，方许封赠。
>
> 其十一，凡在外，三年为一考。称职者，颁给诰敕。再考称职，听请封赠。其有才能卓异、出自特恩者，不在此例。[1]

洪武后，明代考满封赠的期限时有变更，几经反复。洪熙元年（1425）令："方面官到京，曾经一考称职，给与本身诰命。九年考满，方与封赠。"宣德十年（1435）改定为"在外官员三年考满称职者，给与诰敕"。正统三年（1438）重新定为"文官诰敕俱待九年考满方与"。[2] 时为验封主事的李贤对九年考满封赠提出异议："限以九年，或官不能满秩，或亲老

---

① 《明太祖实录》卷一百五十四，洪武十六年五月庚申。

② 万历《明会典》卷六《验封清吏司·诰敕》，中华书局 1989 年，第 33 页。

不待，不得者十八九，无以劝臣下。请仍三年便。"① 九年封赠时间太长，其间多有变故，文官难以获得封赠机会，或得而不及其亲，这些都使封赠制度有名无实，劝孝导忠的功用将受到影响。政府再次对封赠时间作了调整，正统以后，明代在京文官是三年考满封赠；在外文官需"再考"（六年）或三年考绩称最（即优等），给予封赠。

封赠依托考绩制度施行，文官三年、六年考满，陈乞封赠父祖。考满称职，或一考称最，是封赠父祖的前提。

按照封赠条例，文官"曾有赃私者不许申请"②。内外文官曾犯赃私罪，即使三年、六年考满称职，也没有资格陈乞封赠父祖。户部主事刘良素行不谨，曾诬陷不予其政绩考最的户部尚书古朴。洪熙初，吏部奏授良诰命，封赠其父母。仁宗予以否决："岂弟君子，福禄攸降。是尝诬大臣罪者，其得为君子乎！"③ 刘良最终未能获准推封父母。对文官职业操守的要求，明朝较之以往任何一朝都要严格。元朝泰定元年（1324），诏："犯赃官员，不得封赠，沉郁既久，宜许自新，有能涤虑改过，再历两任无过者，许所管上司正官从公保明，监察御史、廉访司覆察是实，并听依例申请。"④ 元朝允许文官改过自新，历两任无过可申请封赠父祖，明朝则严令不许。

除考核官员的政绩、有无公私罪过，同时审核其父祖的陈乞资格。文官的"曾祖父母、祖父母、父母曾犯'十恶'、奸

① 《明史》卷一百七十六《李贤传》，中华书局 1974 年，第 4673 页。

② 《明太祖实录》卷一百五十四，洪武十六年五月庚申。

③ 徐学聚编：《国朝典汇》卷四十八《吏部十五·给由考满》，书目文献出版社 1996 年，第 909 页。

④ 《元史》卷八十四《选举志四》，第 2116 页。

盗、除名等罪，其妻非礼聘正室，或再醮，及娼优婢妾，并不许申请"。① 父祖曾为官，有贪酷行为，也将丧失申请封赠的资格。万历时贵阳府推官张应选的考核给由疏中提及张氏的母、妻非再醮②，似乎母、妻再醮不可封，但从封赠例文来看，再醮仅限定妻子封赠资格。且有大学士杨士奇母再醮受封的实例。③ 无论是因明初国法尚宽，还是与杨士奇个人在朝的显赫政绩有关，再醮母受封赠确实存在。清人严有禧言："封典有再醮不得受封之说，此为妻不为母也。近有以母再醮不请封者，殊失考。"④ 再醮母亲没有被严格限制在封赠制度外。这可以视为"法制"与权变之共存。

此外，同姓不封赠。洪武十六年（1383）六月，山东都指挥使王德请封其妻王氏，明太祖遵从古礼，说："同姓为婚，昔既非礼，今岂得受封耶？兵部其移文谕之。"⑤ 这一事例表明夫妇同姓不得申请封赠也是明代封赠的惯例。

2. 封赠的给予

内外文官三年、六年考满申请封赠者，政绩考核称职，父祖具有申请资格，吏部验封清吏司按例定拟父祖各该封赠爵

---

① 《明太祖实录》卷一百五十四，洪武十六年五月庚申。

② 郭子章：《蠙衣生·黔草》卷六《考核给由府官疏》，《四库全书存目丛书》集部第 155 册，第 112 页。

③ 黄景昉说："杨文贞母夫人早寡，改适育罗子理。文贞幼育罗氏，视宋范文正事同。子理，国初名儒也，仕终德安同知。绳以义，似难为解。令甲，妇再醮例不得封。而文贞公然入告，至为其异姓弟乞免役籍。时国法尚宽。"（《国史唯疑》卷二，上海古籍出版社 2002 年，第 35 页。）

④ 严有禧：《漱华随笔》卷一《再醮请封》，《丛书集成初编》第 2969 册，第 5 页。

⑤ 《明太祖实录》卷一百五十五，洪武十六年六月庚子。

秩，按月类奏。不过，有两类申请不在吏部定拟之列。两京四品以上文官，及钦天监、太医院、翰林院正官三品，申请封赠，吏部具题，取自上裁。例如万历时张四维一品考满，吏部奏闻与神宗裁断如下：

　　题为给由事，看得太（大）学士张四维，褆身端悫、许国忠勤。先朝进侍讲筵，劳已深于启沃；皇上简参揆席，志益殚于经纶。一德以赞鸿猷，和衷而翊庶政，勋庸茂著，闻望素崇。既经从一品，三年考满复职。赐宠酬劳，委难拘于常格，但恩典出自朝廷，臣等未敢擅拟。伏乞圣裁。

　　奉圣旨，张四维简任密勿，协赞忠勤。兹一品满考，劳绩茂著，着加少傅兼太子太傅，余官照旧。仍荫一子入监读书，照新衔给与诰命，钦此。①

　　无例可依的封赠申请，吏部给出处理意见，奏由皇帝决断。由于新情况的不断出现，在封赠制度实施过程中，陆续有新例产生。"成例"先后写入洪武二十六年（1393）的《诸司职掌》、正德时期的《明会典》、神宗朝修订后的《明会典》中，它们先后成为文官个人申请封赠、吏部等衙门审核封赠的依据。

　　文官考满称职，获得推封父祖的资格。母、妻非再醮，父

---

　　① 卢维祯：《醒后集》卷一《题辅臣给由疏》，《四库全书存目丛书》集部第149册，齐鲁书社1997年，第4页。

祖原有官非贪酷为民，未犯"十恶"罪，是父祖获得封赠的基本条件。明代对文官家庭成员封赠资格的具体裁决，还有更多的细则。

（1）父子官品与封赠

文官的品级直接决定推恩父祖的代数。洪武二十四年（1391）定："一品，封赠三代；二品、三品，二代；四品至七品，一代。"[①] 明初，父祖封赠散官职事，"其应封一代者，父与子同，妻从夫贵；应封二代者，祖降父一级；应封三代者，曾祖降祖一级"。[②] 即父祖封赠等级递降。洪武二十六年（1393）改定为，合封一代、二代、三代者，俱照子孙见授职事。[③]"封赠三代，一如见爵。"[④] 父祖无官者，俱照子孙职事封赠。

如父祖原有官爵，"见任者，不封；已致仕及亡殁者，封之。其在任，弃职就封者，听"。[⑤] 在任，可以弃职就封。裴琏，洪武年间以太学生授剑州知州，至洪熙初，坐事降涪州知州。其间，裴琏"三为方州正侯，两为御史，三为外台宪臣，再为流人，一为官僚，再为法司属官，再为两京贰卿"，裴琏宦途几度沉浮，被贬为地方官时，弃职就封，受其子裴纶编修文林郎之封。[⑥] 选择弃职就封，就意味着终断仕途，权衡利害

---

① 余继登：《典故纪闻》卷五，中华书局 1981 年，第 84 页。

② 《明太祖实录》卷一百五十四，洪武十六年五月庚申。

③ 万历《明会典》卷六《验封清吏司·文官封赠》，第 124 页。

④ 于慎行：《谷山笔麈》卷一《制典下》，中华书局 1984 年，第 10 页。

⑤ 《明太祖实录》卷一百五十四，洪武十六年五月庚申。

⑥ 沈德符：《万历野获编》卷十九《工部·裴侍郎履历》，中华书局 1959 年，第 484 页。

得失，也有的选择留任弃封。翰林编修周叙，洪熙初授诰命时，其父周岐凤为国子监博士，比周叙官卑，但周岐凤留任弃封，不久升为兵部职方司员外郎。①

父祖原有官，职高于子者，依原职进一阶；职卑者，从子官封。② 洪武二十六年（1393）的《诸司职掌》以及正德《明会典》，没有父子官品相等、父祖身后加赠的封赠例。隆庆六年（1572），吏部议得："今后遇蒙诰敕官员内，祖父与父有如孙燧者照例进散官一阶。其祖母与母各从祖、父封赠。"③ 隆庆六年后，父祖与子职品同，身后已经加赠，也可因子孙改赠，进一阶。

明代文官封赠由吏部管理，武官封赠归属兵部。子孙为文职，父祖为武职。成化二十三年（1487）令："凡武职，子任在京文职，照依文官事例。父职高于子者，依原职进一阶；职卑者，从子官封。"④ 条例仅限于在京文职官员。万历六年（1578）准："文职官，父任武职，品高于子者，仍旧进阶；品卑者，照子官品，仍于武职内，对品封赠，阶亦如之。即一品、二品，亦照此例。移咨兵部，一体给与武轴。"⑤

（2）母子关系与封赠

在一夫多妻的社会里，身为文官母亲身份的女性可能不止一人，存在嫡庶之别。洪武十六年（1383）五月定："凡正妻

---

① 《明宣宗实录》卷十，洪熙元年冬十月戊辰。

② 万历《明会典》卷六《验封清吏司·文官封赠》，第124页。

③ 李默等编：《吏部职掌》不分卷《验封清吏司·诰敕科·诰敕文职》，第199页。

④ 万历《明会典》卷六《验封清吏司·文官封赠》，第124—125页。

⑤ 万历《明会典》卷六《验封清吏司·文官封赠》，第125页。

在日，所娶侧室皆谓之妾。正妻殁，诸妾不许再立为妻。若以礼聘良家女为妻，许受封赠。"名分上的区别，致使她们在封赠制度内的地位轻重不一，"应封父母者，嫡母在而所生之母不得封。嫡母亡，得并封。若所生母未封，不得先封其妻"①。嫡母无论存与亡都可以获得封赠，身为侧室的生母，被严格限定在嫡母过世之后，以避免嫡母与庶母同时受封，有并嫡之嫌。刑部右侍郎林鹗先为监察御史，以年劳赐敕，封父林纯并嫡母赵氏，而生母程氏及妻王氏俱未受封。成化十年（1474）九月嫡母已亡，林鹗按《诸司职掌》所载例，奏请封其生母与妻。②

嫡母存时，生母不封，但封赠条款没有提及若生母先于嫡母亡，如何封赠？直到隆庆元年（1567），才规定："嫡母受封，而生母先亡者，准追封。"③ 隆庆元年六月，户部署员外郎林乔相以三年秩满，生母已故，得以追赠生母，并著为例。④ 处于尊位，与官员无血缘关系的继嫡母（前母、继母），其获得封赠的空间也有限。洪武十六年（1383）颁布的封赠条款未提及继嫡母的封赠，只有"继室止封一人"⑤。若继嫡母非止一人，如何封赠？在弘治元年（1488）前都没有得到很好的解决。南京太仆寺寺丞文林按成化二十三年（1487）的覃恩诏令，请给故父文洪、故母陈氏、故继母顾氏、见在继母吕氏敕命。弘治元年五月吏部具题："子之于继母，礼有斩

---

① 《明太祖实录》卷一百五十四，洪武十六年五月庚申。

② 《明宪宗实录》卷一百三十三，成化十年九月丁卯。

③ 万历《明会典》卷六《验封清吏司·文官封赠》，第125页。

④ 《明穆宗实录》卷九，隆庆元年六月甲申。

⑤ 《明太祖实录》卷一百五十四，洪武十六年五月庚申。

衰三年之服，继母或一人或二人、三人，遇有大故，为之子者皆当依例守制。遇有恩典，似不可止及一人。"① 尽管奏议情理兼备，但并没有得到孝宗的赞同，照现行事例"继母当封者，止封一人"②。

按封赠条例，嫡母亡，可封赠生母和妻。如果继母只封赠一人，这样极有可能出现继母不得封、其妻受封的情况。户部主事唐锦舟父唐仁任吏科给事中时，其继母周氏已封孺人，卒。弘治元年（1488）十二月，唐锦舟请封其再继母舒氏。③ 如果不封唐锦舟见在继母，就会出现"其继母穿着常服坐于其上，其妻珠冠霞帔立于其傍"④ 的尴尬场景，为人子、为人妇者心难安。孝宗命以唐锦舟例为令："该封继母者，仍止封见在一人。"⑤ "若前继母，曾因其父授封，后继母见在未封者，从子官封。"⑥ 若继母非一人，因子封见在者，殁者不赠。唐锦舟的前继母因其父而封，唐锦舟实际上也仅请封了继母中的一人。隆庆二年（1568）继定："三母不得并封，今后封赠，止许嫡母一人，生母一人，继嫡母不得概封。"⑦ 若非特恩、覃恩，只考满等项，不得追赠前母。⑧

---

① 王恕：《王端毅奏议》卷九《议封赠继母奏状》，《文渊阁四库全书》第427册，第609页。

② 万历《明会典》卷六《验封清吏司·文官封赠》，第125页。

③ 《明孝宗实录》卷二十一，弘治元年十二月辛亥。

④ 王恕：《王端毅奏议》卷十《议封见在继母奏状》，第625页。

⑤ 《明孝宗实录》卷二十一，弘治元年十二月辛亥。

⑥ 万历《明会典》卷六《验封清吏司·文官封赠》，第125页。

⑦ 万历《明会典》卷六《验封清吏司·文官封赠》，第125页。

⑧ 李默等编：《吏部职掌》不分卷《验封清吏司·诰敕科·诰敕文职》，第200页。

处于尊位的嫡母在封赠制度内的优先性，还体现在封赠从其高品。按例"父母有两子当封者，从其高品。妇人因其子受封，而夫与子两有官当封者，从其高品"①。两子当封，从其高者；因子封赠，夫原有官高于子，从夫。庶母就没有这项权利。洪武二十四年（1391），明因袭"宋制，母以子贵，令庶母亦依所生子之秩封赠"②。弘治十八年（1505）续定："生母，止照子官品。"③ 身为庶母的生母只能依亲生子的官品封赠，即便子官低于夫官。

（3）本生父母与封赠

本生父母即生父母，生而不养，过继他人为嗣。"为人后者于本生不再叙"，明朝一度仅支持对养父母的封赠。明朝宗法礼制，过继在同宗之间进行，少有出继他族为子。过继后的儿子与本生父母生活在同一大宗内，只是由直系亲属在形式上变成了旁亲，但文官与生父母的血缘上的联系非一般的旁亲可比。由于明朝没有封赠旁亲例，本生父母无法获得封赠。少师、兵部尚书兼华盖殿大学士杨士奇，其父杨子将过继为杨荣后，伯祖杨辰与伯祖母严氏，实是杨子将的本生父母、杨士奇的亲生祖父母，后杨辰嗣绝，杨士奇兼承其祀。正统七年（1442）八月，杨士奇奏请将本身及妻应得诰命移赠伯祖杨辰、伯祖母严氏。英宗令给与杨士奇本生祖父母诰命，不必移赠。④ 此例的特殊性在于杨士奇兼承其祀的背景。

嘉靖时，封赠本生父祖才成定制，此事肇端于翰林院修撰

---

① 《明太祖实录》卷一百五十四，洪武十六年五月庚申。

② 余继登：《典故纪闻》卷五，第84页。

③ 万历《明会典》卷六《验封清吏司·文官封赠》，第125页。

④ 《明英宗实录》卷九十五，正统七年八月癸丑。

诸大绶。诸大绶先年过继叔父为嗣，嘉靖三十八年（1559）十月三年考满，例应请给敕命，乞将本身及妻应得敕命移封本生父母。吏部查得诸大绶虽出继，而抚养教训仍依赖本生父母。二母现同居就养，一封一否，于人情难堪；又查与丰城侯李熙等事例大略相同。世宗诏许之。[①] 本年奏准："京官已封过继父母，乞将本身及妻应得诰敕移封本生父母者，奏请准封。"[②] 过继文官可按例陈乞，推封本生父母。万月洲自幼过继于其本生父亲万素轩的弟弟万直庵。万月洲举进士，授中书舍人，例得封所后父母，图报本生，未能如愿。嘉靖三十八年，恰逢万月洲以吏部文选司郎中考最，疏乞停封本身及妻，移赠本生父母。吏部议奏，准赠。[③]

封赠制度的这一变革与世宗追尊本生父母相关联。世宗追尊睿宗，士大夫内部对此存有严重分歧，但对于世宗准许文官推封本生父祖却不闻反对之声。嘉靖四十二年（1563）准，三品京堂官已赠过继祖父母，乞将本身及妻诰命移赠本生祖父母者，奏请准赠。[④] 将赐封范围由本生父母推进到本生祖父母。工部尚书朱衡、兵部左侍郎张瀚等官都得以依例推封祖父母。[⑤]

封赠制度中没有指明再嫁母的封赠问题，更无关于继父的

① 李默等编：《吏部职掌》不分卷《验封清吏司·诰敕科·诰敕文职》，第203页。

② 万历《明会典》卷六《验封清吏司·文官封赠》，第126页。

③ 雷礼：《镡墟堂摘稿》卷六《庆万月洲得请移封序》，《续修四库全书》第1342册，上海古籍出版社2002年，第260页。

④ 万历《明会典》卷六《验封清吏司·文官封赠》，第126页。

⑤ 张瀚：《松窗梦语》卷六，中华书局1985年，第115页。

封赠事宜。再醮母亲的封赠，笔者尚可找出杨士奇、张文质两例①。目前还没有发现一例封赠继父的，虽然继父亦有养育之恩。洪武间有人随母改嫁者，因为继父有疾，割股愈之。有司奏闻，欲旌其孝行。明太祖曰："继父，尔之仇家也。割父遗体以愈仇家，是不孝也。"② 从这一事件，可推测明朝封赠继父的可能性极小。

（二）特例封赠

在封赠制度的推进过程中，受政治环境的影响，明朝文官父祖封赠制度间有调整，封赠的缘由呈现多元化发展，除三年、六年考满之外，又有因覃恩、旌忠、旌劳而封赠，封赠的范围不断扩大，文官获得更多封赠父祖的机会。

1. 覃恩封赠

覃恩封赠，即国家在大庆典时颁布覃恩诏令，推封文官父祖。文官可按诏令中的封赠条款陈乞封赠父祖。明代覃恩封赠诏令大体如本书附录二所示。

附录二收集了明朝因庆典推恩而封赠文官父祖的绝大多数诏令，从洪武至宣德共 68 年间，"登极、立中宫、东宫及上慈

① 罗鹤记："宣德间，赠礼部尚书张公鉴卒，妻杨氏遗腹生子文质，字允中，即改嫁，育于祖母王氏。正统壬戌，文质登进士，其继父已卒，乃迎母归，亦养其异父之弟妹。至成化间，杨氏亦生封太夫人，何其相同至此？明朝嫁母而归授封者，仅此两见。"（《应庵随录》卷六，《四库全书存目丛书》子部第 104 册，第 161 页。）杨士奇与张文质案例的特殊性在于，两人未改宗，继父早卒，母亲已迎归养，继父的封赠自然也就不在申请的范围内。

② 释静福：《癸未夏抄》卷四，《四库全书存目丛书》子部第 244 册，第 458 页。

闻尊号、徽号诏，皆无文武官封赠、荫子、试署实授恩例"①。从正统朝开始，大礼才有推恩父祖恩例。覃恩封赠诏令也有不在朝廷大庆而是灾害发生时颁布的。正统十四年（1449）六月初八日，南京谨身等殿灾，六月二十一日，朝廷颁《南京殿灾宽恤诏》。天顺元年（1457）七月初六日承天门灾，七月十二日，朝廷颁《承天门灾宽恤诏》。宫殿火灾，被视为"上天示谴，莫究其由"，下诏宽恤并修省，诏书中有封赠父祖的条款。火灾示警与封赠旌忠的宗旨并无内在联系，此举可看作是定抚人心，寓诫其中。从整体上看，覃恩诏令颁发的频率趋于密集。诏令适用范围越来越广，逐渐从两京官员扩展到外官；对官员品级的限定逐步下移；不断放宽文官历职时间与任职状况的条件。

对文官来说，覃恩封赠的最大意义在于缩短了父祖获得封赠的等待时间。覃恩封赠不必像常例封赠，需等至三年、六年考满。例如天顺二年（1458）诏："文官未及一考、父母见在者授封，其父在而母亡，或母在而父亡者，奏准共给一道诰敕。"② 父母"见存，先封"这一诏令的出台，一定程度上缓解了文官唯恐父母年老不逮恩命的隐忧。

明朝直接回应了长期以来文官因父祖年老，奏请将自己与妻应得诰敕貤封父祖的请求。貤封，即将自己或妻应得诰命，让与父祖，使父祖提前获得封赠，或者让受限于封赠例的父祖获得封赠资格，前文提及的貤封生父母，即是后一种貤封。每

---

① 郑晓：《今言》卷三《恩典》，《丛书集成初编》第 2804 册，商务印书馆 1935 年，第 189 页。

② 正德《明会典》卷八《验封清吏司》，第 80 页。

遇大庆颁布的覃恩诏令大多包含赐封条例。嘉靖十五年（1536）上两宫徽号诏："两京文武官有愿赐封其亲者，悉照旧例。"① 此后的覃恩条款中几乎都有这一覃恩推封内容。

总之，覃恩推恩与考满封赠并举，增加文官封赠父祖的机会，也可以突破常规封赠限定的代数，扩大了封赠父祖的范围。

2. 旌忠

明朝在常例封赠、覃恩封赠之外，还把封赠父祖作为一种特殊的激励政策，表彰那些忠勇为国、尽心守边的文官。

考满封赠，外官需离职，停俸给由。明朝北疆一直受到少数民族的骚扰，官员赴京给由会影响边务。景泰年间，边疆形势吃紧，为保证防务工作的正常进行，政府允许在边官员不必赴部给由。景泰七年（1456）十一月，独石等处协赞军务右参政叶盛上疏称，父老病在床气息奄奄，以边务不敢乞假归省。虽历任五年不得赴京考绩，于例不得加封父母。即今边事少宁，乞容赴京考绩，援例请乞恩命以荣父母，实为万幸。代宗以冬季正是贼寇侵扰边境之时为由，不允叶盛赴京。所请诰命，命吏部特予之。② 为保障边务，并激励在边人员为国效力，成化六年（1470）令："边方方面知府，不得给由赴部，九年考绩，一体给与应得诰命。"③ 覃恩诏令中也给与边臣考满封赠不必给由的特权。宪宗立朱祐极为太子，成化七年（1471）十一月诏："其方面、知府，在边效劳，不得赴部给

① 《皇明诏令》卷二十一《初定庙制上两宫徽号宽恤诏》，第1877页。

② 《明英宗实录》卷二百七十二，景泰七年十一月戊寅。

③ 万历《明会典》卷六《验封清吏司·诰敕》，第130页。

由，九年考满，一体给与应得诰命。"①

　　文官在任封赠父祖，原无身后推封例，但死王事者除外。死王事，包含为国捐躯、尽职忠谏而死等。景泰六年（1455）夏四月，都御史陆矩在延绥等处参赞军务，卒于官。其子陆珂为父乞恩，获许。② 正统十四年（1449）八月，因瓦剌首领也先率军南下进攻明朝，主力直逼大同，英宗在太监王振的鼓动下，亲征瓦剌军。因王振个人原因贻误军机，在瓦剌军发动进攻的战争中，明军全线崩溃。在混战中，英宗被瓦剌军俘虏，五十多万明军死伤过半。景泰三年（1452）五月，代宗立怀献太子有覃恩诏："正统十四年随征失陷给事中、御史、主事等官，先因未及一考，不曾请给诰敕封赠者，该部行查明白，不问任年浅深，悉与诰敕封赠。"③

　　明朝士大夫为了维护朝廷纲纪，因力谏而死于廷杖之下的文臣不少。正德十四年（1519），以谏止武宗南巡，廷杖舒芬、黄巩等146人，死者11人。④ 嘉靖元年（1522）诏："弘治十八年以后，内外大小官员死忠者，及正德十四年文武官员人等因谏止巡游，已经各衙门奏请追赠荫叙者，其父母妻室不拘存殁，俱得受封赠。亲老寡妻无人侍养者，有司量加优恤。"⑤ 嘉靖元年的这一覃恩诏令，既是对武宗朝混乱政局的改善，也是对官员们力谏行为的肯定。嘉靖三年（1524），

---

① 《皇明诏令》卷十六《册立东宫诏》，第1253页。

② 《明英宗实录》卷二百五十二，景泰六年夏四月甲申。

③ 《皇明诏令》卷十二《改立皇太子中宫诏》，第955—956页。

④ 《明史》卷九十五《刑法志三》，第2330页。

⑤ 《皇明诏令》卷十九《帝后尊号诏》，第1658—1659页。

"群臣争大礼，廷杖丰熙等百三十四人，死者十六人"①。嘉靖三十四年（1555）题准："凡阵亡死节官加赠者，给与诰敕。"② 嘉靖元年的诏令还只是对具体政治事件中牺牲的忠臣封赠，嘉靖三十四年的这一政策则是将阵亡、死节官员的封赠纳入了国家常典。这既是对官员的死忠行为的认可，也会激励更多的官员尽忠。万历五年（1577），"以争张居正夺情，杖吴中行等五人。其后卢洪春、孟养浩、王德完辈咸被杖，多者至一百"③。万历一朝，先有谏诤张居正夺情事，后有"国本之争"，受廷杖之人不计其数。被廷杖的人多数是为了维护国纪朝纲，在新皇帝即位之后，多有平反。光宗即位，酌量启用神宗时期因建言废弃的诸臣。熹宗即位，诏因言获罪之臣复职。

明朝在定邦平乱中建立大功的文官也可荣膺恩典。英宗通过"夺门"之变重登帝位，天顺元年（1457）正月，即颁布覃恩诏："内外文武衙门署职、试职官员，有因功次升授者，悉与实授。后不为例。"④ 正德时期，刘瑾当道，朝政大权旁落，刘瑾封赠太监，极力挤压文臣，许多文臣因得罪刘瑾而获罪，被追夺诰敕。正德五年（1510）五月，平定陕西安化王的暴乱；九月，处决了太监刘瑾，皇权得到巩固。刘瑾及其党羽倒台后，颁覃恩诏："文武职官有闲住、为民、充军，非犯

---

① 《明史》卷九十五《刑法志三》，第 2330 页。
② 万历《明会典》卷六《验封清吏司·诰敕》，第 130 页。
③ 《明史》卷九十五《刑法志三》，第 2330 页。
④ 《明英宗实录》卷二百七十四，天顺元年正月丙戌。

赃罪，律例不该追夺诰敕而追夺在官者，悉皆给与。"① 补给不当追夺诰敕的文官诰敕，即恢复其原有的封赠荣誉。

3. 旌劳

"劳"指劳绩，在朝历久则有劳绩。"考课以日月验职业之修废，年劳以日月计资格之浅深。"在封赠制度内，朝廷老臣、儒臣可以不拘于常例得以封赠父祖。洪熙元年（1425）闰七月，北京刑部尚书李友真等奏请诰命，少师、吏部尚书蹇义言："国朝旧典，在京四品以上官颁给诰命，取自上裁。其封赠诰命须一考得请方给。今各官俱未一考，例未应给。"宣宗以"此数人者仕于朝久"，命并给之。② 正统四年（1439），时京官九载考满方许给授诰命。户部尚书刘中敷、行在都察院右都御史陈智未满九年，预以为请。英宗以其大臣历任年久，特命与之。③ 文学老臣不必拘例，亦常得封赠父祖。正统六年（1441）五月，行在礼部左侍郎兼翰林院侍读学士王直、行在礼部左侍郎兼翰林院侍讲学士王英方历任三载，上疏请给封赠诰命，与九年考满封赠例不合。英宗念其文学老臣，命封赠二代。④ 大臣有私过，因任职年久，陈乞封赠，也予以考虑。马璘永乐间尝令属官市马，为法司论断有私过。马璘以山西左布政使考满请给诰命，行在吏部寝之。马璘陈情乞恩，正统三年（1438）秋七月，英宗以马璘虽有过，念其任事年久，特

---

① 《皇明诏令》卷十八《诛刘瑾宽恤诏》，《四库全书存目丛书》史部第58册，第366页。

② 《明宣宗实录》卷六，洪熙元年闰七月甲子。

③ 《明英宗实录》卷六十，正统四年冬十月癸卯。

④ 《明英宗实录》卷七十九，正统六年五月戊申。

赐之。①

明代封赠对文官劳绩的认可还表现在对其考满时间计算的灵活性上，将劳绩与考绩综合考察，封赠其父祖。明代官员"凡丁忧、起复、更调、改除官员前后两任以十八个月为半。如前任日少，许通理；多则再历三年，不得以后任辏满。其历过俸月于后考内通理"②。朱良暹先任御史将九载，升江西按察司佥事。正统九年（1444）八月，朱氏陈请封赠诰命，吏部覆奏，从之请。③ 朱良暹任御史已近九年，如果不允许以后任补前任，按正统年例，朱良暹需再历江西按察司佥事九年才能封赠父祖。国家能将两职历时相加给以封赠，对职位变动频繁的官员来说是一大幸事，不过这样的封赠一般限于两职在同一品级内。成化二十二年（1486）夏四月，副都御史屠滽历三品俸二年余，四月升右都御史，又历三品俸八月，疏乞："以今所历足前所历，共计三年，请给三品诰命，以封父母。"④ 获许。弘治五年（1492）六月二十日，南京工部致仕尚书胡拱辰陈乞给赐尚书封赠诰命。胡拱辰历任中外50余年，始终一节，以年老致仕。吏部奏胡拱辰"升正二品俸二十五个月有余，升尚书又三十一个月有余，止因尚书欠三个半月未满一考，未曾请给诰命，荣及先世。以历二品俸论之，实满一考，又多二十余个月"。吏部不敢擅自定拟，孝宗命给以封赠

---

① 《明英宗实录》卷四十四，正统三年秋七月癸巳。
② 正德《明会典》卷十四《考功清吏司》，第145页。
③ 《明英宗实录》卷一百二十，正统九年八月辛酉。
④ 余继登：《典故纪闻》卷十五，第277页。

诰命。① 胡拱辰两职不在同一品级，因其任职"中外五十余年，始终一节"，获得诰命，乃是旌劳。弘治元年（1488）七月，"沔阳州判官吴杰服阕，于九年考满亏六日，吏部准考满，免补。凡不及一月，俱仿此，著为令"②。这样一个似小实大的变化，实际上也增加了官员们获得封赠的机会。

二、明代文官父祖封赠诰敕的制作、颁给与追夺

诰敕是封赠荣誉的物质表达形式，受封赠者接受了诰敕，封赠的行政流程才算结束。诰敕形制的设计、诰敕书写与颁给，都有详细的规定。明代父祖封赠制度在具体操作过程中会出现一些特殊情况，比如文官考满未曾给由，有应得封赠未领诰敕，或者值覃恩而官员守制在家未能及时陈乞，或者在候领诰敕时升授他职，等等。对于这些情况，明朝政府出台了一些补救措施，主要包括官员陈乞补给该得封赠，或者改依新职推封父祖。对于文官及其受封父祖违法犯罪，则可能追夺已颁诰敕。明代文官父祖封赠诰敕的制作、颁给与追夺，构成父祖封赠制度不可分割的内容。

（一）诰敕的内容

诰敕的内容包含"散官名号"和"赞言"两部分。

父祖散官等级，与子孙之现官等同。散官有官衔，无官职，朝廷不必支俸。洪武六年（1373）九月，明定文官散官资给："凡除授官员即与对品散官。在京官以三十月为一考，

---

① 王恕：《王端毅奏议》卷十五《议致仕尚书胡拱辰请给诰命奏状》，第690页。

② 谈迁：《国榷》卷四十一，古籍出版社1958年，第2570页。

每考升一等。在外官以三岁为一考，每考升一阶。"① 文官任内历俸三年，初考称职，与升授散官，又历俸三年，再考功绩显著，方与加授散官。明代封赠一代二代三代者，曾祖、祖、父俱照子孙见任职事对品封赠。②

文官散官共九等 18 级：

正一品，初授特进荣禄大夫，升授特进光禄大夫。从一品，初授荣禄大夫，升授光禄大夫。正二品，初授资善大夫，升授资政大夫，加授资德大夫。从二品，初授中奉大夫，升授通奉大夫，加授正奉大夫。正三品，初授嘉议大夫，升授通议大夫，加授正议大夫。从三品，初授亚中大夫，升授中大夫，加授大中大夫。正四品，初授中顺大夫，升授中宪大夫，加授中议大夫。从四品，初授朝列大夫，升授朝议大夫，加授朝请大夫。正五品，初授奉议大夫，升授奉政大夫。从五品，初授奉训大夫，升授奉直大夫。正六品，初授承直郎，升授承德郎。从六品，初授承务郎，升授儒林郎，吏材干出身，授宣德郎。正七品，初授承事郎，升授文林郎，吏材干，授宣议郎。从七品，初授从仕郎，升授征仕郎。正八品，初授迪功郎，升授修职郎。从八品，初授迪功佐郎，升授修职佐郎。正九品，初授将仕郎，升授登仕郎。从九品，初授将仕佐郎，升授登仕佐郎。③

---

① 《明太祖实录》卷八十五，洪武六年九月癸卯。

② 李默等编：《吏部职掌》不分卷《验封清吏司·诰敕科·诰敕文职》，第199 页。

③ 《明史》卷七十二《职官志一》，第 1736—1737 页。

母、妻封号七等：

正从一品，曾祖母、祖母、母、妻俱封赠一品夫人。
正从二品，祖母、母、妻封赠夫人。正从三品，祖母、
母、妻封赠淑人。正从四品，母、妻封赠恭人。正从五
品，母、妻封赠宜人。正从六品，母、妻封赠安人。正从
七品，母、妻封赠孺人。①

凡命妇，因子孙品级封母并祖母者，并加"太"字。
若已亡殁，或曾祖、祖父在者，不加。②

父祖散官等级的变化，以子孙历考升迁为差。凡封赠次
数，"从七品升至正从六品封赠一次。升至正从五品封赠一
次。升至正从四品封赠一次。升至正从三品封赠一次。升至正
从二品封赠一次。升至正从一品封赠一次"③。洪武二十六年
（1393）后，五品升四品无封赠。④ 如果"父原任五品曾授封，
后升至四品未封"，"其子职卑请封者，就于四品上进散官一
阶，不拘四五不同封例"⑤。遇大庆覃恩，父祖照文官见在职
事封赠，文官由五品升四品，也可封赠父祖。

散官有高下等级之别，诰敕又分诰命与敕命两大类。"一

---

① 李默等编：《吏部职掌》不分卷《验封清吏司·诰敕科·诰敕文职》，第
199 页。

② 万历《明会典》卷六《验封清吏司·文官封赠》，第 124 页。

③ 《明太祖实录》卷一百五十四，洪武十六年五月庚申。

④ 万历《明会典》卷六《验封清吏司·文官封赠》，第 125 页。

⑤ 李默等编：《吏部职掌》不分卷《验封清吏司·诰敕科·诰敕文职》，第
200 页。

品至五品，皆授以诰命。六品至九品皆授以敕命。妇人从夫品级。"① 所以，文官父祖与妻于生前受封者曰诰封、敕封，人们称之为封君。死后受封者曰敕赠，人们称之曰赠君。受封赠后妇女称为命妇。

（二）诰敕的制作

诰轴制作工艺细致，书写程序规范。按官品，诰轴制作用材迥异。"一品官诰用玉轴，二品官诰用犀轴，三品、四品官用抹金轴，五品以下用角轴。"② 由南京织染局织造。③ 洪武六年（1373），明朝汲取唐宋诰敕制作防伪经验，"于诰尾添织某字第几号以为关防，及取工部神帛，制敕局以造完"④。诰敕式样："诰，织用五色纻丝。其前织文曰：奉天诰命。敕，织用纯白绫，其前织文曰：奉天敕命，俱用升降龙文，左右盘绕。后俱织某年月日造。带俱用五色。"⑤

诰敕内容是皇帝对臣属的褒奖之言，称为"王言"，基本上都是词臣所代。翰林院"掌内外制词，凡有御制之文，命之视草；有锡命之典，辄令代言"。⑥ 吏部奏请既得旨，"具印信手本开写合授散官，并年籍脚色"⑦，移文翰林院，翰林学

---

① 万历《明会典》卷六《验封清吏司·诰敕》，第129页。

② 万历《明会典》卷六《验封清吏司·诰敕》，第129页。

③ 正德《明会典》卷一百六十七《通政使司·中书舍人》，《文渊阁四库全书》第618册，第654页。

④ 《明太祖实录》卷八十五，洪武六年九月癸卯。

⑤ 万历《明会典》卷二百一《织造·诰敕样式》，第4040页。

⑥ 钱秉镫：《藏山阁文存》，《书疏·词员不宜冒滥疏（庚寅二月）》，《台湾文献史料丛刊》第八辑，台湾大通书局1987年，第17页。

⑦ 正德《明会典》卷八《验封清吏司》，第79页。

士依奏草敕。① 嘉靖六年（1527）后，明朝文官诰敕改由史官写草。② 翰林院"进稿毕，编类勘合。中书舍人领出书写"③。封赠文武官的诰敕起语，皆为"奉天承运"。其寓意"天子奉承天命以治天下"。④ "天"顶格，"皇帝诏曰"，"皇"另起一纵格。字用墨写。

　　由于推恩的代数不同，需要关写的诰敕的轴数因之不等。正统十二年（1447）定："一品五轴，二品三轴，三品二轴，四品至七品俱一轴。"⑤ 天顺元年（1457）十一月，重定"文官封赠诰敕例：一品四道（轴），二品、三品三道，四品至七品二道"⑥。一代共为一轴，以省费用。"该用轴数，于御前奏过，印绶监关出。"⑦ 中书舍人誊录之后，"本部具印信手本，送尚宝司，于御前用宝讫"⑧。诰命用制诰之宝，敕命用敕命

---

　　① 黄佐、廖道南：《殿阁词林记》卷十三《制诰》，第 305 页。

　　② 焦竑："东阁在六馆之下，祖宗时初不设官，后来以翰林学士年深者居之，专管文官诰敕事。在正统年间，已久不设，弘治七年复设，如石珤、贾咏皆以吏部尚书兼学士，吴一鹏、温仁和皆以礼部侍郎兼学士管诰敕，若藉以为入阁地者。大学士张璁谓：'此官实内阁私门，况诰敕，彼无一字之劳，徒建虚名，以希幸进，宜革之便。'上从之。故嘉靖六年以后，文官诰敕俱属之史官，阁臣看正而已。"《玉堂丛语》卷六《事例》，中华书局 1981 年，第 207—208 页。

　　③ 黄佐、廖道南：《殿阁词林记》卷十三《制诰》，第 305 页。

　　④ 陆容：《菽园杂记》卷十五，中华书局 1985 年，第 187 页。

　　⑤ 万历《明会典》卷六《验封清吏司·诰敕》，第 129 页。

　　⑥ 《明英宗实录》卷二百八十四，天顺元年十一月丙子。

　　⑦ 正德《明会典》卷一百六十七《通政使司·中书舍人》，第 618 册，第 654 页。

　　⑧ 万历《明会典》卷六《验封清吏司·诰敕》，第 129 页。

之宝，御宝加盖在年月之上。① 诰敕书写的时间。成化二十三年（1487）定，照奏准年月填写。② 诰敕用宝，一年之中只有两次，"三月二十五、九月二十五也。于未近三、九月得者，每每领归无玺，亦容得补"③。诰敕用宝时俱要登记。

文官诰敕勘合底簿皆各编字号以作管理凭据。诰敕勘合都有编号，国王以礼字，追封以文行忠信字，文官二品以上以仁义礼智字，三品下以十干。英宗天顺六年（1462）九月，文官诰敕，十干已尽，用十二支编之。④ 中书舍人誊写完毕，原稿缴纳，以作存根。"凡写完诰敕类成宝簿。一品二品各一扇。三品至五品共一扇。六品至九品共一扇。其在外官品级虽与京官相同，俱列于后。每年终于御前奏过。送古今通集库收贮。"文官封为公侯伯，初受封爵合给铁券。铁券"从工部造完，送写诰文，转送银作局镌刻。以右一面颁给，左一面年终奏送古今通集库收贮"⑤。

诰敕的书写与用宝皆有一定之规，不得逾越。凡有误，都须改正。万历五年（1577）八月，尚宝司丞雒遵等以漳州推

① 徐应秋：《玉芝堂谈荟》卷二十八《销金云龙罗纸》，《文渊阁四库全书》第883册，第660页。

② 朱国桢：《涌幢小品》卷三《诰敕》，第54页。

③ 计六奇：《明季北略》卷二《高攀龙》，中华书局1984年，第65页。

④ 谈迁云："英宗天顺六年九月壬辰朔，癸巳，中书舍人杨贵芳言，诰敕勘合编号，国王以礼字，追封以文行忠信字。文官二品上以仁义礼智字，三品下以十干。新制武官诰命，初以二十八宿，续以千字文，后以急就章。今文官诰敕，十干已尽，上命用十二支编之。"《国榷》卷三十三，第2138页。

⑤ 正德《明会典》卷一百六十七《通政使司·中书舍人》，第618册，第654页。

官尹瑾敕命，误用制诰之宝，吏科奏请改正。① 总督、兵部尚书王崇古以诰命用金字书被纠，命改正，仍旧制。② 金书诰命始于夏言。世宗时，吏部尚书夏言"以一品得诰，遂创为金书。时夏贵宠冠廷臣，且司诰敕者，皆其属吏，惟所颐指，台省亦慑其焰，莫敢救正"③。诰命用金书，未能纠正仅夏言一人。

诰轴制作有规制，诰敕撰文有体例。在成化前，诰敕尚简朴。隆庆六年（1572），张居正言："制敕尚简严庄重。成化间诰敕，叙本身履历功绩不过百余字，余不过六七十字，至庆典覃恩，其词尤简，盖恩赉为荣，不必计其履历，此制体也。近来过为夸侈，多至数百千言。虚为颂美，臣谀其君。"④ "文臣诰敕，穷工极变，皆作谀语，大失丝纶之体。"⑤ 张居正、张璁、高拱都曾上奏，禁止诰敕夸侈。世宗曾令："自今诰敕务崇简实，不许竞饰浮词，致亵制体。"⑥ 诰敕夸侈现象至明末仍然存在。思宗谕："近来诰敕，繁称过情，殊为非礼，今后撰拟不由词臣、缮写不由中书者，俱按驳。"⑦ 诰敕体之所以出现这种变化，皆因"大臣子弟欲表章先德，以中书撰文未尽善也，每请词林名公为之"⑧。

---

① 谈迁：《国榷》卷七十，第4315页。

② 朱国桢：《涌幢小品》卷三《诰敕》，第54页。

③ 沈德符：《万历野获编》卷八《内阁·金书诰命》，第207页。

④ 谈迁：《国榷》卷六十八，第4214页。

⑤ 朱国桢：《涌幢小品》卷三《诰敕》，第53页。

⑥ 余继登：《典故纪闻》卷十七，第304—305页。

⑦ 谈迁：《国榷》卷八十九，第5424页。

⑧ 李逊之辑：《崇祯朝野纪》，十年（丁丑）正月，《台湾文献史料丛刊》第三辑，台湾大通书局1987年，第105页。

明朝文官封赠父母的诰敕，除了宋濂封赠父祖诰敕由明太祖亲自撰写之外①，其他诰敕皆词臣代言。获得推封父祖的官员，可以自择馆阁中专事诰敕的官员书写。② 为重父母封赠事，文官"多求善书者操笔"。③ 文官常先自作父母"行状"，再请他人写诰敕。余寅任官工部，遇皇子生，国家覃恩，余寅所后父母和本生父母都获赠典。余寅作本生父母与养父母行状，以请他人作诰敕。他说："独念立言君子实代穆清综纶悖诚，赐之一言以光泉壤，则门下鸿制与天玺并重矣。"④

诰敕是朝廷的名器，承载着朝廷对封赠个人的褒嘉之言，并代表朝廷正式将授予个人官爵的事宜写入具有权威的政府文书之中，是封赠荣誉的物质表达形式之一。通过诰敕的称述，在"文字"中介下，传扬天下。诰敕具有公开性，加上印玺之后，赋予其朝廷信誉，具有公信力。

（三）诰敕的颁赐

诰敕书写完毕之后，颁给受封赠者或其家属。只有将诰敕颁发给个人后，整个封赠过程才算结束，父祖才在真正意义上获得封赠。诰敕书写、用宝完毕，吏部收藏，请旨颁给。诰敕的制作书写过程至为严密，以防疏漏，以免给不法之人假公济私的机会。诰敕的颁赐同样十分慎重。诰敕到达受诰者手中的途径多样：

---

① 黄佐、廖道南：《殿阁词林记》卷十八《眈恩》，第358页。

② 汪由敦：《松泉集·文集》卷十六《跋董文敏书都御史陈公诰命》，《文渊阁四库全书》第1328册，第857页。

③ 陈继儒：《见闻录》卷七，《四库全书存目丛书》子部第244册，第217页。

④ 余寅：《农丈人文集》卷二十《乞撰敕小状》，第401页。

题请各项诰敕，候中书科关轴写完，行移本部转行尚宝司用宝完备，具题定日。见在者，本部堂上官引赴御前，面奏颁给。如遇免朝日，照前颁给其王诰。并南京公差外任者，俱本部领出，遇有公差人役告领，顺赍其王诰。关领不尽者，令该省朝觐进表官顺赍取。长史印信领状类缴查考。①

在外官员的诰敕，多由官员趁公务之便而顺带领回。海瑞封赠父祖的诰敕，"腊月初，陈确庵自北而归，赍到封诰四轴，举家光荣"②。从诰敕书写完毕到颁发给个人，有时并不顺畅，甚至有积压现象。万历十三年（1585）七月，吏科给事中卢逵奏请："重纶音。如壬午（万历十年）覃恩，迄今四阅岁，京官之文犹有未发者矣，请谕撰文诸臣如期进呈。至于王诰，亦宜追万历七年题准例，责二司入贺官按季带赍给散。"③ 遂令"在京、在外应给官员诰敕，及各王府诰轴给发过数目，该衙门一月一报，听内阁查理，毋得留滞"④。查考颁领情况，保证诰敕及时颁赐给受封赠者，促使封赠发挥应有的褒善旌能作用。

诰敕具体的授受并不是一个简单的交接动作，而是有着特

①　李默等编：《吏部职掌》不分卷《验封清吏司·诰敕科·颁给诰敕》，第209页。

②　陈义钟编校：《海瑞集》下编《书牍类·复梁浮山中书舍人》，中华书局1962年，第432页。

③　《明神宗实录》卷一百六十三，万历十三年七月癸酉。

④　王圻辑：《续文献通考》卷一百一《诰制》，现代出版社1986年，第1532页。

定的仪式，至为隆重。洪武八年（1375）二月，定："官员祖父母、父母受封赠迎诰至家，祖父母、父母则与子孙各具服拜受。男子受于正厅，妇人受于中堂。如不存者，则子孙拜受，择日焚黄。"①

洪武八年（1375）后，又续定官员受诰封赠、颁领诰敕的具体仪式：

> 凡受诰前一日，本家设诰案于正厅中，设香案于诰案之南。其日，彩亭鼓乐送（如无彩亭，用盘袱，一人捧，前行），受诰官前行。诰将至，受封者即出大门外迎接。命妇服冠服迎于门内，候诰舆（即彩亭）入门。随至厅前，各就拜位。执事者于舆内捧诰置于案，赞礼者赞鞠躬，五拜三叩头（如命妇，则不必叩头）。捧诰入，受封赠并受诰官，具香烛等物，诣家庙或祠堂告知。四拜讫，受诰官并命妇，于父母前行四拜礼。②

诰敕的授受须按仪式进行，否则将视为冒犯皇权而获罪。吏部员外庄一俊，"当颁给文官诰轴，失设香案，将具疏认罪，白尚书汪鋐。鋐怒笞之二十。俊愧愤自劾，乞休，下诏狱。会赦，改南京用"。③ 任何不端正的态度，都不被容许。万历五年（1577）二月，"大理寺少卿李己求改父诰命，日暮迫门官封入，又不亲赍，上切责之。降□□右布政使"④。尽

---

① 《明太祖实录》卷九十七，洪武八年二月壬寅。
② 万历《明会典》卷七十四《颁诰敕（官员受诰封赠并焚黄仪）》，第435页。
③ 黄景昉：《国史唯疑》卷六，第173页。
④ 谈迁：《国榷》卷七十，第4306页。

管李已以病为由，但难逃降二级、调外任的惩罚。[①]

（四）诰敕的补给与改给

诰敕是获得封赠的凭证，申请补给诰敕，实质是文官申请补给应得的封赠荣誉。补给诰敕的情况多样，比较常见的有下列几种：

第一，时值覃恩，但因养病、丁忧、给假等原因不在京城而错过陈乞封赠的，可以申请补给。例如正德十五年（1520）四月，南京刑部山西清吏司郎中钱琦因患病不胜职事，回籍调治。嘉靖二年（1523）四月内病痊，赴部除授，钱氏援引嘉靖元年（1522）覃恩诏书，并参照刑部河南清吏司郎中朱衮历俸未及三年养病起复而获封赠例，乞请补给诰命。[②] 丁忧是明代以孝致忠的另一项文官制度，官员如因在家丁忧而错失封赠父祖的机会，可在丁忧复职后陈乞，国家补给应得诰命，获得在京、在任相同的待遇。弘治十一年（1498）十二月，覃恩诏书有"两京文职官员历任未及考满者，与应得诰敕"。是时，太仆寺少卿储巏丁继母忧在家。弘治十五年（1502）十月内起复到部，于本月二十四日复除前职。储巏援引诏令，并查得"太常寺少卿黄宝先年奉诏乞以本身诰命移封父母，及查得太仆寺少卿王质丁忧复除之后，亦行比例乞恩封赠父母"，储巏援例陈乞，使其父母、继母再膺恩典。[③] 大约从天

---

① 《明神宗实录》卷五十九，万历五年二月乙亥。

② 钱琦：《钱临江先生集》卷七《请给诰命疏》，《四库全书存目丛书》集部第64册，第270页。

③ 储巏：《柴墟文集》卷十二《奏乞恩驰封》，《四库全书存目丛书》集部第42册，第542页。

顺时开始，丁忧服除之后补给诰敕已是惯例。①

第二，试职、署职官员，实授之日补给诰敕。从一些实例可以知道，试职人员仍然适用于两京文职官员的诏书条款，即试职、署职在颁诏之前，实授后补给诰敕推封父祖。只是延迟了覃恩荣亲的时间，而不是失去推封父祖的机会。世宗因皇嗣诞，降恩诏书："两京文武署职试职者，俱与实授，仍与应得诰敕。"由进士入选庶吉士的李玑因未受职而不得蒙恩。李玑遂引前例，如"嘉靖元年试御史张恂等二十人遇诏乞恩封赠父母。钦蒙圣旨：既试职在未颁诏之先，待实受后给与他。又嘉靖七年试御史邓显麒等蒙诏乞恩封赠父母，亦蒙圣旨俞允"等事例，陈乞推封父母。

第三，蒙冤昭雪者可以补给。父祖原有官，蒙冤获罪，失去获得封赠的资格；以及文官自身蒙冤获罪，父祖被追夺诰敕，沉冤昭雪之后，皆可奏请补给诰敕。周镛原袭定边卫正千户，先年被陆炳诬陷。其子周维藩先任中书舍人，两遇覃恩，后任带俸尚宝司少卿又经考满，皆未能推封周镛。后经刑部招勘，枉陷明实。隆庆五年（1571）奏请，得以复职进阶，补给诰命。②

第四，已颁诰敕焚毁、丢失，可以申请补发。不过，朝廷对此类诰敕补发，控制相当严格，"若非地方失事，止收藏不密者"不得妄援事例陈乞补给。③ 即只有在不可抗拒的情况下

① 《明世宗实录》卷九十一，嘉靖七年八月癸丑。

② 李默等编：《吏部职掌》不分卷《验封清吏司·诰敕科·补给诰敕》，第207页。

③ 李默等编：《吏部职掌》不分卷《验封清吏司·诰敕科·补给诰敕》，第207页。

焚毁、丢失，才能补给诰敕，纯属个人原因不得补给。正德十六年（1521）九月，补给原任工部尚书谢一夔并祖父母诰敕，其诰敕因"宸濠之变"，毁于兵火。[①] 嘉靖时，东南倭患严重。三十八年（1559）五月，原任南京户部江西司员外郎安如山奏称，原所得诰敕被倭贼烧毁，乞要比照延平府知府廖纪等事例补给诰命二轴。经查所奏是实，又查与廖纪等原给诰命被宁贼入城烧毁之事体相同，故得以补发。[②]

补给诰敕是争取应得而未得的封赠荣誉或补发焚毁、丢失的诰敕。那么，改给诰敕的情况有哪些呢？

第一，最常见的是文官候领诰敕间，升任他职，品高于前职，陈乞改给今职诰敕。常例封赠资格的获得，以考核称职或政绩卓越而得，其流程从考满政绩的奏报，到复核，再到诰敕的颁发，历时较长。覃恩封赠从按令奏请，到获准封赠，也需要一段时间。在这一期间，官员极有可能未领诰敕而改授他职。嘉靖三十二年（1553）闰二月，广西道监察御史霍冀先任推官，考满已蒙准封父母并本身妻室，诰命未领。又历御史俸三年考满复职，霍冀陈乞比例照御史职衔改给。吏部查得推官霍冀原请敕命未曾撰写，又有先例可查，准许以现职改给。[③] 文官考满，因前后两职品同，前职诰敕未领改给后职诰敕，两职同品考满实际仅授予了一次诰敕。

第二，改给诰敕的另一个原因还在于官职有中外之分，时

---

① 《明世宗实录》卷六，正德十六年九月辛亥。

② 李默等编：《吏部职掌》不分卷《验封清吏司·诰敕科·补给诰敕》，第206—207页。

③ 李默等编：《吏部职掌》不分卷《验封清吏司·诰敕科·改给诰敕》，第208页。

人以任京官为荣。先任福建按察司按察使、后升刑部右侍郎喻茂坚，先任江西布政使司右参政、后升吏部左侍郎潘璜，俱先给外官诰命，后各乞改给京官诰命。① 蔡云程先因南京兵部主事蒙覃恩，其父原任河南右布政使致仕蔡潮及母陈氏、继母洪氏俱给授从二品诰命。蔡氏历升南京都察院右都御史，再转南京刑部尚书通理，历正二品俸三年考满，乞照例改给。他说："但臣今幸叨列京衔正二品，更切觊望宠光，滋怀显扬私愿，虽正从之阶原不相远，而中外之秩实有攸分。"② 蔡氏改授之请，虽注重中外之秩，毕竟还有正从之别，后高于前。那么，平级改授京秩，更是时人所望。甚至更有京职低于外职，仍陈乞改给，故万历元年（1573）题准："京堂官先任方面二品，已颁诰命，后历京官三品考满者，许以京衔改给。"③

第三，遇覃恩，无论品同，还是先前诰敕有未领取，皆照现任职衔封赠。隆庆元年（1567）二月覃恩诏："品同而职衔不同者，照见任改给。"④ 其后覃恩诏中皆有此款。隆庆六年（1572），郭应聘先任都察院右副都御史，遇神宗登极大庆覃恩，祖父郭伯玉、父郭湍俱累赠通议大夫都察院右副都御史，祖母吴氏加赠淑人，母卓氏加封太淑人。郭应聘后升任兵部右侍郎兼都察院右佥都御史，六年考满，遇皇子降生覃恩，诏"两京文官一品至九品未及三年考满者各给与应得诰敕，先已

---

① 张时彻：《芝园别集》卷五《乞改给诰命疏》，《四库全书存目丛书》集部第 82 册，第 457—458 册。
② 蔡云程：《鹤田草堂集》卷六《比例请给诰命疏》，《四库全书存目丛书》集部第 91 册，第 461—462 页。
③ 万历《明会典》卷六《验封清吏司·诰敕》，第 131 页。
④ 《明穆宗实录》卷四，隆庆元年二月癸卯。

给领者与进本等勋阶，如品同而职衔不同，准见任改给"，郭应聘遂请给父祖今衔诰命。因此，郭应聘的父祖两次荣膺同品而职不同的恩典。①

总的说来，不同原因的改给诰敕，其目标都是一样的，通过改给而争取最为体面的封赠荣誉。

（五）诰敕的追夺与义务约束

诰敕旌尽职之官、忠顺之民。如有不法行为，诰敕与冠服都将被追夺，以示惩罚。较之普通民众，国家对封赠官的要求更高，如果违背规定，封赠官的身份将被剥夺。"其有追夺为事官员诰敕，具本奏缴内府，会同吏科给事中、中书舍人，于勘合底簿内附写为事缘由，眼同烧毁。"②

有明一朝，追夺事一直都严格执行。洪武十六年（1383）颁布的封赠条例中，已有追夺条款："凡职官曾有赃私者不许申请。其封赠之后但犯赃私者，并追夺。"③ 此后明朝就追夺诰敕事宜不断颁布诏令。宣德四年（1429）六月，宣宗下旨，文官给与诰敕，本是劝他为善。旧例，犯赃的便追夺，由吏部与三法司查，但有犯贪污罪的将原授诰命追夺。今后只依这例，若有容隐不追的，该管官吏治罪不饶。④ 法令渐严，甚至有司官员监察不力的，要承担相应责任。万历八年（1580）题准："文官犯该充军以上重罪，及以贪酷除名者，原给诰

---

① 郭应聘：《郭襄靖公遗集》卷六《遵诏改给诰命疏》，《续修四库全书》第 1349 册，第 162—163 页。

② 万历《明会典》卷六《验封清吏司·诰敕》，第 132 页。

③ 《明太祖实录》卷一百五十四，洪武十六年五月庚申。

④ 李默等编：《吏部职掌》不分卷《验封清吏司·诰敕科·追夺诰敕》，第 209 页。

敕，吏部每年两次类题追夺。"① 显然，万历八年的追夺例比之前颁布的诏令涵盖追夺的类型更加广泛、尺度更加严格。

诰敕追夺之制在宋元即有，明朝律例更严，为官者必加敬戒。在官员们看来，失去官职事小，追夺诰敕有关父母荣誉事大。副都御史郭子章言：

> 明例甚严，其执有不得不尔。昔也，贪酷不过褫职，比者一经论列，贪夫追赃如数，甚谪戍；酷吏死无辜民者，谪戍，甚抵死。其已经荐剡封赠者，追夺。夫戍与死，至不令也；追夺制敕，至不孝也。纵不身之爱，独无爱父母乎。昔也不及，止议调降，今一概报罢不叙用，敢自婾乎！②

品官犯罪，亲人因连带关系而被追夺诰敕。如果被封之人自身违背封赠条款，也将被追夺诰敕，"凡妇人因夫、子得封者，不许再嫁。如不遵守，将所受诰敕追夺，断罪离异"。③ 景泰四年（1453）三月，山东鳌山卫经历司知事刘凯奏："本卫副千户宋成娶千户戴茂长女为妻，已蒙给诰封戴为宜人。未几，成卒。戴改适莱州卫指挥佥事姚雄，上负封赠之恩，下失夫妇之道，乞敕山东按察司执问，追夺改正，仍移文各处晓谕，命妇不得再醮。"④ 再醮之妇不封，既封之妇更不许再嫁。

---

① 万历《明会典》卷六《验封清吏司·诰敕》，第132页。
② 郭子章：《蠙衣生·粤草》卷九《公移·诸有司教四条》，《四库全书存目丛书》集部第154册，第589页。
③ 万历《明会典》卷六《验封清吏司·诰敕》，第132页。
④ 《明英宗实录》卷二百二十七，景泰四年三月癸酉。

文官尽职效忠，国家封赠其父祖；文官犯罪，剥夺其父祖的封赠荣誉。文官与父祖荣辱相连，国家通过这种连带关系，激劝官员，同时对文官的职操形成法律外的道德情感约束。封赠的权利与义务的统一，也将忠与孝融于一体。

三、明代文官父祖封赠荣誉的传播

明代文官父祖封赠制度通过诰敕、冠服等建立起受封赠者特殊的荣誉，赋予其区别于一般平民百姓的权利，初步实现了文官们荣亲、显亲的愿望。而显亲扬名、光宗耀祖目标的完成，还有赖于封赠声誉的广泛传播。这种彰显封赠荣誉的活动以迎接诰敕为起点依次展开，使封赠荣誉由核心家庭推及乡里社会，并通过文字书写跨越时空，实现更为广泛的传播。

（一）封赠荣誉在家族内的传承。一旦获得封赠，明代文官或派人或利用省亲展墓的机会，把受封父祖的诰敕、冠服尽快送回原籍老家，让健在的父祖感受朝廷的恩荣。这样的场合通常是高朋满座，子孙毕集，庆祝和分享父祖获得的荣耀。若父祖亡故，则"修其告祀之礼，以荣其亲于既没之后"。① 告祀之礼，即焚黄礼。这种礼俗起于宋时，官员居官晋秩，以封赠诰词别誊于黄纸而焚之家庙（祠堂）中父祖神主之前，以荣其亲。焚黄具有将诰敕中的褒奖之言送达冥界的意思。焚黄的时候，还焚烧仿制的冠服。为了扩大影响，明人的焚黄地点逐渐从家庙、祠堂转移到墓地。家庙或祠堂终归是私人领域，而焚黄于坟墓，其实就是将荣誉的彰显从私人空间扩展至公共

---

① 王直：《抑庵文后集》卷十《送刘中书序》，《文渊阁四库全书》第1241册，第554页。

领域。焚黄之日，鼓乐喧天，爆竹与铳声齐鸣。如此热闹的场面其实是将家族的封赠作一次隆重的展示。焚黄之外，还有"改题"活动。受赠之后，获得封号的父祖，社会身份改变了，神主、墓志铭上书写的称谓、官阶等内容需要重新刻写。文官对改题神主之事至为看重，一位家在江南的官员写信给他的儿子说，改题神主要请县令、儒学教官，为光显祖宗，不必计较区区钱财，务要办得风光体面。①

以家庙、墓地为中心的显扬封赠声誉的活动，还包括将诰敕的内容刻之于石碑。碑或立于父祖的墓前，或立于祭祀场所（如祠堂）之旁。太子太保礼部尚书殷士儋"焚黄祭告曾祖考、考妣墓次，爰刻诰词于碑首，揭二敕其上，昭庆源所自，垂示永久"。② 大学士李东阳将其父、母、继母诰命共六首，刻石于墓地飨堂之右，与祖父母诰命、诰敕碑相对。③ 坟墓、祠堂是家族开展各种宗族集体活动的地方，家族成员流动往来比较频繁，最适合传承家族的光荣历史。

有些家庭获得诰敕数量大，为保存诰敕，修建诰敕楼。如大学士高拱历官至一品，领过诰命敕书共 17 道，于是在原籍河南新郑建楼，皇帝赐名曰"忠敬楼"。当时人喜欢给诰敕楼取名"云章楼"，"云章"即"云汉之章"，取喻诰敕乃君命，

---

① 陆深：《俨山集》卷九十九《京中家书二十四首》，《文渊阁四库全书》第 1268 册，第 641 页。

② 殷士儋：《金舆山房稿》卷八《诰命碑阴记》，《四库全书存目丛书》集部第 115 册，第 759—760 页。

③ 李东阳：《怀麓堂集》卷六十八《先考赠少傅府君诰命碑阴记》，《文渊阁四库全书》第 1250 册，第 722 页。

君命犹天命，以示尊崇。① 父祖在世，文官又多用诰敕文命名父祖所居之堂。有一位文官摘取诰敕语中"服此茂恩，益绵寿祉"之句，给他父亲居所取曰"茂恩"。② 其他流行的堂名有显庆堂、具庆堂、恩寿堂、锡荣堂、光乐堂等，这些堂名都具有昭示父祖受封赠的作用。

诰敕作为父祖封赠荣誉的凭据，须小心秘藏。若诰敕秘藏，不易达到彰显荣誉的目的。为解决秘藏与外显这一对矛盾，通常采取保管诰敕原件而呈现抄件的办法，使父祖受封赠的事实易被他人知晓。有人特意将诰敕文誊录、翻刻，以示他人。杨荣，仁、宣之际的著名文臣，父祖三代受封赠，诰命不少。杨荣将众多诰命缮写，辑为一卷。杨氏不仅退朝之暇时常展阅，且出示他人。另一位文官也说，翻刻诰敕，用以垂世。③

诰敕作为家族荣誉的象征，属于家族公共财产。在分家析产的时候，诰敕作为共同财产具有特殊性，不能平均分割。一般是把誊写本或刻印本的诰敕，分发给庶子，用以传世。诰敕的原轴则由长子继承。如陕西人王恕历官至吏部尚书，他将所得诰敕原轴俱付长子王承祜收检。通誊数轴交付另一子王承禄，并交待承禄要好好珍藏。④ 有些文官将整个家族历代所受

---

① 王直：《抑庵文后集》卷二《云章楼记》，第 348 页。

② 马廷用：《茂恩堂记》，载钱谷：《吴都文粹续集》，《文渊阁四库全书》第 1385 册，第 469 页。

③ 祝以豳：《诒美堂集》卷十三《题重光录》，《四库禁毁书丛刊》第 101 册，北京出版社 1997 年，第 582 页。

④ 王恕：《王端毅公文集》卷三《恭题誊黄诰敕后》，《四库全书存目丛书》别集第 36 册，第 190 页。

的诰敕誊录在一起，分发给众子孙。如太子太傅王直家族，洪武以来有多人为官，所受诰敕达 20 多通，王氏将这些诰敕通录五个副本以授五子。① 这样做，既保持了原诰敕的完整性，同时拓展了诰敕传播的范围。

封赠之事是家族历史的重要部分，家谱不可不记。一般情况下，家谱对封赠的记载既录诰敕文，又记祖先封赠之事。如徽州《婺源桃溪潘氏宗谱》，不仅详细叙述受封赠祖先的懿德善行，还把家族众多诰敕汇集在一起，"非徒侈阀阅之盛，实彰君赐而励来兹也"。② 家谱的记载实际上是利用谱牒建立起家族关于祖先荣恩的集体记忆，在家族内部传递本族的光荣历史，昭示祖宗潜德，激励后人读书入仕、光宗耀祖，可以劝孝、劝忠。

（二）封赠荣誉在乡里社会的传播。出家而入乡，封赠荣誉很容易扩展到地方。乡里每逢封赠，父老、子弟会参与迎接诰敕的礼仪活动，聚观礼典，竞相转告。这样的仪式给人们一个很直观的感受：获得封赠是无比荣耀的事情。而人们谈论的中心思想是文官父母如何"善教子"③，文官祖辈如何"积善名"④。因人际间的血缘、地缘等联系，获得封赠的故事也将传得更远，引发更多的人讨论，所谓"风谣之美，无胫而驰"。文官异地为官，与父祖一道归家，因受封而用传符、乘

---

① 王直：《抑庵文集》卷十三《恭题四朝所授敕符诰命后》，第 290 页。

② 潘文炳、潘傅：《婺源桃溪潘氏宗谱·凡例》，中国国家图书馆藏。

③ 孙瑴：《岁寒集》卷二《浙江道监察御史高公墓志铭》，《四库全书存目丛书》别集部第 31 册，第 36 页。

④ 王弘海：《天池草》卷二十五《尚书考满蒙恩赋归三世俱拜二品诰命焚黄先垅感而有述》，《四库全书存目丛书》别集第 138 册，第 379 页。

鹢舟，亦将引起民众的注意。

封赠是国家盛典，受封赠是一邦之荣，地方政府一般都会积极响应并参与相关活动。诰敕到达自己管理范围内，地方官须行宾主之礼，先期报知受封赠家庭。地方官有被邀请参加焚黄、改题神主等活动。在浙江嘉兴等地区，地方官员参与封赠官的焚黄仪，是当时普遍现象。① 地方官员参与封赠的具体活动，是对封赠父祖既有社会地位的承认。

父祖封赠荣誉以及社会名声的显扬与抬升，还借助于地方社会一些道德品质评价体系。首先，地方政府给本地区的封赠家庭立碑树坊，加以旌表，所谓"表之宅里，树之风声"。这种行为实际上是对封赠官的再次表扬，与国家的奖励措施形成上下两级的褒奖，是对封赠荣誉的强化。其次，在地方社会的乡饮酒礼等活动中，受封赠的父祖得到足够的尊重。乡饮酒礼是地方儒学每年举行的礼仪活动，以尊老、尚德为目标。乡饮酒礼中的宾、僎角色常以乡里才能、德行卓著的人担当。通常，主持者要邀请封赠官担当宾、僎角色。这表明在地方社会的乡饮酒礼等集体活动中，父祖封赠官的身份得到充分认可，成为地方上德高望重之人，这种敬重也进一步扩大了封赠声誉的现实影响。

方志乃一方之史书，举凡地方重大事务都会载诸方志，这其中就包括封赠之事。各地方志体例有别，或于"人物""选举"门收录封赠人物，记述某人因子（孙）某而获封赠某官；或于"艺文""文章"门收录封赠的诰敕；或于"建置·坊

---

① 李乐：《见闻杂记》卷八，《四库全书存目丛书》子部第 242 册，第 332 页。

表"门收录因封赠而建立的坊碑。也有的方志兼设"选举""艺文""建置·坊表"三部分，分别记录封赠人物和封赠诰敕，嘉靖时期撰修的《三原志》对吏部尚书王恕家族封赠之事的记载就是一个典型的例子。从地方志如此反复的记述，可以看出地方对于封赠之事的重视。当封赠进入地方志之时，封赠就成为地方历史的一部分，二者之间具有一种互荣的关系。一方面，方志借封赠增添了荣光和意义；另一方面，方志的备录使受封赠家庭的荣誉公开化、扩大化、永久化。经过方志的记载，受封赠者成了地方上众人瞩目的榜样、地方荣誉的具体象征，原本是一家一姓之荣的封赠，具有了特殊的社会价值。

（三）封赠事件的跨地域流传。文官个人在争取推恩父祖以及彰显封赠荣誉的时候，往往要牵动他所处的仕宦网络。今天之所以能够了解到为数众多的封赠事件，除官方文件的记载外，就是明代士人有关封赠的大量文字书写。士人关于封赠事件的叙述与方志的书写不同，士人的书写是跨地域的，这扩大了封赠事件流传的范围。

文官获得封赠，缙绅大夫通常"循故事举贺"，采用文人化的形式，撰写歌颂受封赠者德行的诗文。如，嘉靖七年（1528），寇天叙父亲寿登 80 而受封"通议大夫都察院右副都御史"。寇天叙此时在陕西任职，陕西省"自藩王而下以及缙绅大夫士各为诗文相贺"①。在一般的封赠贺言中，大致包含三部分内容：封赠制度所体现的浩荡君恩；文官个人的卓越政

_____

① 寇天叙：《涂水先生集》卷三《先中丞毅庵府君并先母赵淑人事略》，《四库全书存目丛书》集部第 65 册，第 517 页。

绩；父祖成功的家庭教育。封赠贺言与诰敕一样，成为阐扬亲德、彰显封赠荣誉的重要文字。

在明代，封赠书写成为一种普遍的社会礼俗，封赠声誉借由士人文字进入社会公共空间，进一步显扬了亲德。为了更好地显亲扬名，封赠文字的书写应当由名人担当。因此，除社交网络中的朋友、同僚，有时文官自己也为父祖封赠事征文（求文）于他人，这些人或为高官、或为硕学。总之，这些人在当时具有很大的影响，他们个人的社会声望附加到被书写者之上，使他们的书写内容具有公信力，被书写的封赠声誉由此得以显扬。

四、作为激励机制的明代文官父祖封赠制度

显然，以上的叙述主要集中于制度的一些外在内容，而理解其内在机理和运行逻辑则更为重要。现从一则普通的明代文官父母封赠文书开始下一步的讨论，这则文书就是成化二年（1466）敕封南京户部贵州清吏司主事纪振父母的敕文①：

> 奉天承运，皇帝敕曰：朕惟为人子者孰不欲显扬其亲，故朝廷于人臣效职者必推恩以报之，所以遂其显扬之心而劝天下之为孝者也。尔纪浩乃南京户部贵州清吏司主事纪振之父，善积厥躬，训式令子；推原其本，恩典宜须。兹特封为承德郎南京户部贵州清吏司主事。服此隆恩，益绵寿祉。

----

① 嘉靖《内黄县志》卷九《文章·国朝敕命》，《天一阁藏明代地方志选刊》第52册，第12—14页。

> 敕曰：朕惟亲之训其子，与子爱其亲，莫不欲贵之。
> 欲襃宠群臣而及其亲者，所以示劝也。尔李氏乃南京户部
> 贵州清吏司主事纪振之母，慈惠之善，著于闺门；训子有
> 式，宜推襃典。兹特封为安人。服此茂恩，永绥禄养。
>
> 成化二年三月十三日

这则敕文可以让我们直观地感受明代诰敕的基本要素，有利于
理解上文提到的一些封赠规则。同时，它揭示了明朝政府对于
文官父祖封赠制度设计的基本理念。此制度建立在文臣群体具
有的一种基于忠孝伦理之上的"显亲扬名"的荣誉感，文臣
要实现这种荣誉，必须尽忠于王朝政府，具体体现为尽职尽
责、为国分忧、为国献身等方面。故敕文说，朝廷对效职者推
恩以报，得以实现文臣们的显扬之心愿。朝廷对文臣心里那份
荣亲的愿望把握得相当准确。一位并不有名的明代文臣在申请
封赠父祖的奏疏中曾说，作为一名孝子，其情莫切于荣亲。得
到朝廷的封赠，相对于其他方面的褒奖，无疑是最重要的荣亲
方式，他自幼便知"忠君显亲"的道理。[①]

　　不过，明朝政府与文臣群体对父祖封赠体现的"忠孝合
一"精神各有不同的关注，朝廷以封赠为手段，激励文臣效
力尽忠，目的在于一个"忠"字；而文臣以尽职效忠为手段，
目的在于封赠父祖、显亲扬名，亦即一个"孝"字。在父祖
封赠的制度框架内，双方互惠互用，制度得以运行。朝廷与文
臣之间的互惠互用不是一次性的博弈，而是持续的互动。父祖

---

　　① 李玑：《西野先生遗稿》卷一《乞恩疏》，《四库全书存目丛书》集部第
100 册，第 37 页。

封赠制度规定，文官在不同品级都可获得封赠，如某人为正四品官，考满合格后获封父母；当他升为从三品，再经考满合格，便可获得封赠父母、祖父母，原先的封赠并不收回。只要文官在仕途上一直尽职尽责，效忠朝廷，他就能多次获得封赠荣亲的机会。因此，朝廷的"以孝致忠"和文臣们的"以忠达孝"始终能够通畅转换。

朝廷颁发诰敕的同时赐予冠服。冠服体现受封者有"官"的身份和地位，受封者遇节庆日，可以穿戴冠服出入公共场合，甚至参加宫廷大典。冠服锦装使受封者享受到生前之荣，丧祭恤典则使受封者得到死后的风光。受封者有官的身份，他们在去世后享受国家祭葬，主要包括自初丧至除服的遣官致祭，造办冥器、棺椁，选择坟地，造坟安葬，奏议封谥等。官宦之家完全可以依靠自己的经济实力安葬、祭奠父祖，但国家祭葬所象征的荣誉则是家族行为不能给予的。

明代文官父祖封赠制度在家可以劝孝，在国可以劝忠。它对文官群体和其他社会群体的劝导、激励，实际上维持了"忠孝"政治文化的社会再生产。关于父祖封赠制度对文官群体的激励作用，明宣宗曾有过简洁的表述："国家封赠之典，所以劝励百官，苟能尽职，苟显亲扬名，岂不忠孝兼尽？若纵恣贪婪、旷废职业，上负朝廷，下负父母，非朕所望也。"①终明一朝，政府积极推行封赠制度，其用意正在此。相对于宣宗，孙曰良、王直等人从文官自身的角度肯定了封赠对文官的激劝作用。正统元年（1436）夏四月，四川重庆府知府孙曰良曾奏："伏睹《诸司职掌》，在外官员三年考满称者颁赐诰

---

① 《明宣宗实录》卷五，洪熙元年闰七月丙午。

敕，再考称职者听请封赠。窃惟守令生民休戚所系，朝廷尝敕
大臣荐举，又岁遣御史询察臧否，及考满课最，乃不蒙颁给诰
敕，激劝之道有缺。乞仍遵旧制颁给，则人人感激尽职，而及
民之泽博矣。"① 英宗因此命行在吏部行封赠。差不多同时，
翰林学士王直也说：

> 封赠之典，所以劝忠与孝也。何谓劝忠？盖能尽心夙
> 夜而不愧于是官，然后得以荣亲，由是人皆思尽其职焉，
> 此之谓劝忠。何谓劝孝？曾子曰："事君不忠，非孝也。"
> 居官而忠不立，则祸其身。祸其身，斯辱其亲矣。勉于为
> 忠，是即所以为孝也，此之谓劝孝。②

为何封赠父祖能起到激劝文臣尽职尽忠的作用？首先是封
赠满足了人们光宗耀祖、显亲扬名的孝亲需要。显亲扬名是文
官任职追求的目标之一。养亲为下，尊亲为上。使父祖得到国
家的封赠荣誉，乃是尊亲的至高境界，文官群体莫不以此作为
奋进仕途的一大愿望。

> 致身于科第，膺百里之命，母当享有禄养。异时祂封
> 之，及行且得之，则所以悦亲、顺亲、荣亲，以为亲寿者
> 不有余地哉？诚由是而益勉进焉。崇志励行，远大自期，

---

① 《明英宗实录》卷十六，正统元年夏四月庚戌。
② 王直：《抑庵文后集》卷十四《赠陈编修归省诗序》，《文渊阁四库全书》
第 1241 册，第 663 页。

卓立于天地间，益致厚母之寿，非子事耶？①

封赠应和了文官这种荣亲、尊亲的情感需要，它使父祖
"不出里閈而藉列朝贵，不履国门而身被青紫"②。随后而来的
封赠荣誉的广泛传播，更提高了文官家族在地方社会和其他社
会网络中的声望，这种声望类似于布迪厄所谓的"文化资
本"，给文官本人和家族带来社会收益。这是隐藏于"光宗耀
祖"背后的另一种追求。故凡为官者无不孜孜以求一纸诰敕。

不过，文官们尊显父祖之心，必须以尽忠为途径。封赠制
度与考课制度相关联，封赠施行的前提是须文官政绩有声。以
日月计资格的三年、六年考满而封赠，需要文臣兢兢业业，谨
慎行事，不能因私情忘公而旷职废业。因为特殊功绩而获封
赠，更需要建立特殊之功业。一定程度上看，封赠乃是根据文
臣与王朝政府（或者是皇帝）之间的一种交易，是臣下以劳
绩换得国家的荣誉。但是，这种交易不是一次性的，否则父祖
封赠制度就不能起到持续的激励作用。

为了使封赠制度持续发挥作用，明代文官父祖封赠制度紧
紧围绕满足文官群体"光宗耀祖"的需要，突出封赠制度的
递进设计原理。礼部尚书刘春《贺侍御方君文晔考绩受敕命
序》曰：

今御史而上，凡部台、卿寺其为阶也有几，而其名之

---

① 孙承恩：《文简集》卷二十九《龚母蒋孺人寿文》，《文渊阁四库全书》
第1271册，第383页。

② 来俨然：《自愉堂集》卷一《送大邑侯张公以考最荣受封命序》，《四库
全书存目丛书》集部第177册，第332页。

递尊亦如之。为臣者果能效忠竭智于职所当为，则可以计岁而迭进焉。苟进一级，则亲获一级之尊，惟自画而不求进者，则终于此矣。文晔德器温雅，遇事无难易恒以身任之，则其将来秩之进也当无涯，而其所以傲宠于吾君而尊其亲者，岂但今日而已哉。①

从以上方文晔父母获封赠的事例可以看出，官进一级，亲尊一级，而且原先的封赠并不收回。由此，我们也发现封赠递进设计的精妙所在：官职的等级化，恰恰成为持续激励的动因，文官不满足于一次封赠，于是会不断努力，追求官阶不断的升迁和更高阶段封赠的取得。

父祖封赠制度本身蕴含的义务约束构成了另一种强制性的持续激励。父祖行为凡有违法者，皆不能获得封赠。同时国家诰敕的追夺权的保留，对臣子及其家属也是一种警诫。正统三年（1438）二月，行在吏部验封清吏司主事李贤曾言：

臣闻诰敕者，劝善惩恶之良法，激励名节之美事。……凡大小官员有私过者，终身不得；无私过者，方许请给。既与之后，少有私过辄行追夺，于是为官者未得之前兢兢小心，既得之后益加谨慎。驭士之方，惟此为要。②

封赠无疑配合了法律的施行，故封赠不仅是道德教化手

---

① 刘春：《东川刘文简公集》卷四《贺侍御方君文晔考绩受敕命序》，《续修四库全书》第 1332 册，第 61 页。

② 《明英宗实录》卷三十九，正统三年二月癸未。

段，也是法律的辅助工具。这就使文官及其受封父祖以至其子孙都必须继续保持原先的操行、品德，绝不能违法犯罪，否则会被追夺已给的封赠荣誉。总之，封赠之下，人们时刻不能忘了"忠孝"二字。明人曾言："夫人情靡不有初，迨至宦成，则志满。志满则意倦，意倦则业隳，业隳则忠替，忠替则孝衰。"① 看来这种约束性激励是必要的。

　　封赠制度的施行，产生了一批批"孝子忠臣"，再经由士人的书写、地方社会的褒崇旌扬，极大地传播了封赠制度牵带出的关于孝、忠的话题。当这些话题落实到具体的人物或事件上，"忠孝"概念原有的抽象性被具体、切实的认识所取代。封赠荣誉使文官及其父祖变成一个个民众羡慕和学习的榜样，也就是说，父祖封赠制度发挥了强烈的示范引导作用，这种示范引导构成一种社会性激励，它使关于忠孝的教化不仅仅限定在文官群体内部，而使教化的范围从文官之家扩大到乡族、地方甚至一种跨地域的更大范围。

　　概言之，明代文官父祖封赠制度运作依赖于文官群体与国家之间的互动：一方面，文官必须竭智尽忠、勤于王事，才有资格为父祖申请封赠，亦即因忠而致孝；另一方面，国家以封赠的方式满足文官"光宗耀祖、显亲扬名"的孝道要求，因而可以激励文官尽职尽责，亦即因孝以致忠。由于封赠制度运行的递进累加和封赠之后的约束机制，国家与文官群体之间的互动始终处于持续的状态。同时，封赠荣誉的广泛传播也使制度本身具有了对社会其他民众的激励与教化功能。

---

　　①　王庭：《松门稿》卷一《赠河间令连城赵侯考绩荣膺锡典序》，《四库全书存目丛书》集部第 167 册，第 413 页。

下编

明人的礼仪实践

与

阅读经验

第四章　习仪与纠仪：
明代朝仪的秩序追求

　　《史记·叔孙通传》记载，汉初无朝仪，"群臣饮酒争功，醉或妄呼，拔剑击柱"，汉高帝刘邦很是头疼。叔孙通与儒士"共起朝仪"，制定一套简明易学的朝会礼仪，得到高帝认可，"乃令群臣习肄"。汉高祖七年（前200），元旦朝会，实行新礼，仪式隆重；百官进退，井然有序。"御史执法举不如仪者辄引去。竟朝置酒，无敢喧哗失礼者。于是，高帝曰：'吾乃今日知为皇帝之贵也。'"①

　　这则颇为后世言礼者关注的汉家故事确实是解读政治典礼的绝好史料。一方面，它揭示了礼仪以象征方式塑造权威，在政治社会中担当高度建构性功能，故新朝仪以致敬皇帝、尊君卑臣的方式，使汉高帝感受到身为皇帝的尊贵。另一方面，它是帝制时代关于百官习仪、御史纠仪的较早记载，透视了汉初对礼仪秩序的构建与保障。合起来看，礼仪改变了汉初朝会的混乱，赋予朝会以秩序，礼仪的建构性其实是以礼仪秩序能否得到较好保障为前提。

　　自汉以降，习仪与纠仪逐渐制度化，需要演习与纠察的典礼种类不断增多。至明代，郊庙、元会、冬至、万寿圣节、册封、皇室冠礼、经筵等典礼皆须习仪；举行这些典礼以及常

---

　　①　《史记》卷九十九《叔孙通传》，中华书局1959年，第2722—2723页。

朝、朔望朝等无不纠仪。习仪与纠仪成为明代朝仪、典礼不可分割的一部分。然而，既有的中国礼制史研究大多把礼仪的制定、举行及其象征意义作为研究的落脚点，对于礼仪之外的习仪、纠仪等相关活动很少给予关注。[①] 事实上，盛大典礼、朝仪的圆满举行，离不开习仪和纠仪，二者旨在保障礼仪秩序的井然、威严，从而使礼仪能够表达政治的诉求，构建政治的秩序。职是之故，笔者主要聚焦于明代朝仪（包括常朝、朔望朝和以元会、冬至、万寿圣节"三大节"为主的朝仪），考察明代两京文武官吏的习仪与朝廷对于朝会礼仪过程的纠察、管理，从一个新的角度来透视礼仪与政治的关系。

一、习　仪

两京朝会往往场面宏大，人员众多，朝仪繁文缛节。若要朝会有序举行，达到敬谨、无误、肃然的理想效果，上朝官吏预先习仪将是不可或缺的环节。洪武六年（1373）九月，太祖谕中书省，令百官习朝仪：

---

① 代表性研究成果有：渡边信一郎对于汉代元会仪的研究，金子修一、妹尾达彦等人关于汉唐时期皇帝祭祀、礼仪空间等研究，收入［日］沟口雄三、小岛毅主编，孙歌等译：《中国的思维世界》（江苏人民出版社 2006 年）；康乐：《从西郊到南郊：国家祭典与北魏政治》（台北稻禾出版社 1995 年）；黄进兴：《优入圣域：权力、信仰与正当性》（陕西师范大学出版社 1998 年）；［日］岩井茂树著，伍跃译：《明代中国的礼制霸权主义与东亚的国际秩序》，载《日本中国史研究年刊（2006 年度）》（上海古籍出版社 2008 年）；赵克生：《明朝嘉靖时期国家祭礼改制》（社会科学文献出版社 2006 年）等。与本章相关研究仅见吴羽：《唐宋国家礼仪的习学与演练研究——以朝仪与亲郊的习仪为例》，《首都师范大学学报（社会科学版）》2017 年第 2 期。

　　朝廷之礼，所以辨上下，正名分，不以贱加贵，不以卑逾尊。百官在列，班序有伦，奏对雍容，不失其度，非惟朝廷之尊，抑亦天下四方瞻仰所在也。今文武百官朝参奏事有未闲礼仪者，是礼法不严于殿陛，何以肃朝廷乎？自今凡新任官及诸武臣于礼仪有不闲习者，令侍仪司官日于午门外演习之。①

　　习仪，主要有两层意思。一是官吏接受礼部、鸿胪寺（洪武三十年前称侍仪司）等相关部门的礼仪培训，学习、熟悉朝廷礼仪。鸿胪寺负责入京朝觐的地方官吏与外国朝贡之使的礼仪教习，"司仪典陈设、引奏，外吏来朝，必先演仪于寺。司宾典外国朝贡之使，辨其等而教其拜跪仪节"②。新科状元与进士在上朝谢恩之前也要由鸿胪寺进行礼仪培训。万历初，张居正主政，注重对那些从来未睹朝廷之礼的"远方外吏"进行礼仪培训，"先示以仪节，使之演习，恐一旦震怖天威，仓皇失错（措）"，张居正甚至提出为他们另外制定一套简便朝仪，方便他们演习。③ 二是集体预演礼仪，一般是在模拟的场景中演练礼仪，包括进退次序、排班位置以及正确的礼仪动作等。参加集体预演的有朝参官、外国使节、地方朝觐官、引赞等执事官与御史等纠仪官。即使个人熟悉了朝廷礼仪，也要参加类似彩排性质的礼仪演习。其中道理正如明人丘濬所言："苟群聚于一时，而不豫习于先日，则不免临期参差

---

　　① 《明太祖实录》卷八十五，洪武六年九月丙午，台北"中央"研究院历史语言研究所1962年校印本，第1510页。本章以下所引《明实录》均为此版本。

　　② 《明史》卷七十四，中华书局1974年，第1802页。

　　③ 《明神宗实录》卷二十一，万历二年正月戊子，第561页。

失误，故凡遇三大朝，若内若外，先期二日于寺观演习者，谨之至也。谨之至，以其礼之大。"① 概言之，习仪的意义在于防止个人行礼错误与典礼场面混乱，保障礼仪秩序得以圆满呈现，达致构建政治秩序、维护政治权威等目标。否则，渎神慢君，冒犯朝廷，绝非细事。

正是由于习仪的重要性，明朝要求官员必须参加相关朝廷典礼的习仪活动，不得无故缺席。② 洪武二十二年（1389）规定，已习仪及具服官员才可以随班行礼。③ 自永乐、宣德以来，翰林院官免习仪，相沿成例，但成化十四年（1478）十一月令内阁办事者免习仪，其余人都要参加习仪。④ 嘉靖四十二年（1563）礼部申饬："其习仪之日，常朝官不得无故不至，违者俱论如法。"⑤ 所谓论如法，主要以赎杖、罚俸等方式给予处罚。

需要注意的是，明朝南北两京的文武官吏与入京的朝觐官员必须习仪，但并不意味两京官员要参加每一种典礼的习仪活动，而是人随礼定，每个典礼的习仪队伍由这种典礼的性质或内容决定，不尽相同。如经筵礼，是翰林词臣给皇帝讲授经史的仪式，参加习仪者包括司礼监、翰林词臣及相关执事官等。

---

① 丘濬：《大学衍义补》卷四十六，《文渊阁四库全书》第 712 册，台湾商务印书馆 1986 年，第 547 页。

② 明朝也有因为某些特殊原因取消或简办典礼的情况，官员习仪亦随之取消。如《明世宗实录》卷十七"嘉靖元年八月壬午"条载，本月初十日为万寿圣节，因为武宗皇帝服制未满，是日又遇孝慈高皇后忌辰，暂免习仪；《明神宗实录》卷九"万历元年正月壬午"条载，元旦以隆庆皇帝未及小祥，免朝贺习仪。

③ 《明太祖实录》卷一百九十五，洪武二十二年春正月壬申，第 2923 页。

④ 《明宪宗实录》卷一百八十四，成化十四年十一月己未，第 3307—3308 页。

⑤ 《明世宗实录》卷五百二十一，嘉靖四十二年五月乙巳，第 8538 页。

按照正统初的定仪，司礼监之外，包括知经筵的勋臣一员，侍班的内阁学士、六部尚书、左右都御史、通政使、大理寺卿等官，进讲的翰林院、春坊等官及国子监祭酒二员，展书的翰林、春坊等官二员，给事中、御史各二员，鸿胪寺、锦衣卫堂上官各一员，鸿胪寺鸣赞一员，序班四员，勋臣或驸马一员领将军侍卫，整个习礼官员大概在数十人。[①] 而元旦、冬至和万寿圣节等大朝会习仪，京城文武百官皆参与其中，上自公侯，下至生员、吏典，中间杂有僧道、外国使节，人数有数百人之多，甚至千余人，号称"千官习仪"。南京的大小文武衙门官员、监生、吏典于南京朝天宫习仪，规模亦不小。朝贺皇后、皇太后的元旦、千秋圣节等内廷典礼则是一定品级命妇的事，参加朝贺的命妇先三日赴诸王馆习仪。[②]

对于许多两京官吏来说，习仪与衙门公座一样，构成他们日常政务的一部分。为规范官吏习仪，明朝有系列的制度安排，基本做到了习仪有定所，习仪有定时，习仪有定规。这里以著名的朝天宫习仪为例，具体展现明代京城官吏习仪的历史图景。朝天宫本为道观，南北两京皆有。北京朝天宫仿南都之制，宣德八年（1433）建于皇城西北，其规模比南京朝天宫更加恢宏，明宪宗有诗曰"禁城西北名朝天，重檐巨栋三千

---

① 俞汝辑：《礼部志稿》卷十四《经筵讲仪》，《文渊阁四库全书》第597册，第196—197册。

② 沈德符《万历野获编》卷二十三《命妇朝贺》曰："明制，三品以上命妇遇太后、中宫大庆、元会、令节，例得朝贺……先三日，赴诸王馆习仪亦然。"中华书局1959年，第588页。

间"①。因其宽大、清净，朝天宫既是斋醮事神之所，又为官吏习仪之地。宣德之前，朝廷典礼习仪，或在庆寿寺，或在灵济宫。朝天宫建成之后，元旦、冬至的朝贺习仪之地就定在朝天宫。嘉靖中，又把万寿圣节的习仪之地由灵济宫改为朝天宫。至此，"三大节"习仪基本在朝天宫，或者说朝天宫成为"三大节"朝贺习仪的固定场所。②

　　"三大节"习仪通常在典礼正式举行之前，先三日具朝服赴朝天宫，习仪两日，黎明行礼。③ 这里涉及两个时间点和一个时间段：习仪开始时间、习仪持续时间以及每天习仪的开始时间。"三大节"习仪定时，指的是这三个时间基本固定。就拿万历时万寿圣节习仪为例，万历皇帝诞辰是八月十七日，故圣节正式典礼是八月十七日举行，那么，习仪时间定在何时？万历二年（1574）朝鲜使臣许篈记载的习仪时间与42年之后（万历四十四年）新科进士袁中道参加习仪的时间都是八月十三、十四日。④ 每天黎明（质明）朝天宫中门内槌大鼓，千官服朝服，分东西鱼贯而入，开始习仪。时间如此之早，若万历皇帝万寿圣节在秋天，天气尚好，而冬至、元旦正值北京的隆冬，让居住京城各处的文武官吏准时到达朝天宫变成了一件非常辛苦的差事。明人为此留下不少习仪诗："星垂殿阁月垂

---

　　① 于敏中等：《钦定日下旧闻考》卷五十二，《文渊阁四库全书》第 497 册，第 728 页。

　　② 成化二十一年万寿圣节，群臣皆于隆福寺习仪。天启六年，朝天宫火灾，习仪改在灵济宫。

　　③ 嘉靖九年更定郊祀，冬至习仪于先期之七日，及六日。

　　④ 许篈：《荷谷先生朝天记》，《韩国汉文燕行文献选编》第 3 册，复旦大学出版社 2011 年，第 232—234 页；袁中道：《珂雪斋集·外集》卷十一《游居柿录》，《续修四库全书》第 1376 册，上海古籍出版社 2002 年，第 377 页。

枝，又是千官拜舞时"①；"明月欲午寒星稀，云璈一曲声依微。酌酌自携千日酒，冬冬起着五更衣"。② 从中可窥见他们因习仪而起五更，冒严寒，披星戴月。为免除来回奔波之苦，写诗的郭正域带着驱寒之酒借住在朝天宫内，袁中道则在朝天宫周围的朋友家留宿一晚。

朝天宫习仪过程中还有一些具体要求：（一）文武官员服朝服，监生、吏典各穿戴本身衣巾。服饰的整齐、统一无疑会增加朝仪的威严，第一次参加圣节习仪的袁中道由此"始见冠裳佩玉之盛"。③（二）排班次序照正式朝会礼仪。依成化时申饬的明初朝仪，班次如下："公侯序于文武班首，次驸马，次伯。自一品以下各照品级，文东武西，以次序列。风宪纠仪官居下，朝北；纪事官居文武第一班之后，稍近上，以便观听。"④ 那么，此时习仪也当如是。（三）所习礼仪与真实典礼一致。以"三大节"朝仪为例，不同的是其中贺表表文的差异，其他仪节则相同。"三大节"朝仪由两部分构成，一是执事官员引导、陈奏与五拜礼，为皇帝升座的礼仪；一是皇帝升座后百官的朝贺礼，以三个"四拜礼"为段落：

　　排班，班齐。鞠躬，四拜，兴，平身。礼部堂上官宣

---

① 田一儁：《朝天宫习仪遇雪》，刘侗：《帝京景物略》卷四，《续修四库全书》第729册，第375页。

② 郭正域：《宿朝天宫》，刘侗：《帝京景物略》卷四，《续修四库全书》第729册，第375页。

③ 袁中道：《珂雪斋集·外集》卷十一《游居柿录》，《续修四库全书》第1376册，第377页。

④ 俞汝辑：《礼部志稿》卷五十九《申明朝仪八事》，《文渊阁四库全书》第598册，第5页。

表。跪，俯伏与平身。候致词，跪，俯伏，四拜，兴，平身。候传制，跪，俯伏，兴，平身。缙笏，鞠躬，三舞蹈，跪，山呼者三。出笏，俯伏，四拜，兴，平身。礼毕。①

一般的朝参官、朝觐官与外国使节所习礼仪就是后一部分，以三个"四拜礼"为主要内容。（四）虚位以像朝堂。朝天宫习仪现场是模拟朝堂的，皇帝虽不亲临，但设御座、虚席。这个虚位代表了皇帝在场，提醒习仪的文武官吏要肃敬、有序，故明人说"朝天宫习仪，虚位所当钦也"②。同时，这个虚位起到了定位习仪现场的作用，以此为坐标把即将参加典礼的文武班次、监仪官、宣表官等位置具体落实下来，与朝堂一致，习仪之人能够在正式典礼中清楚各自应该处于哪个位置，不至于窜乱、无序。习仪过程中，有监察御史、鸿胪寺官员等纠举违礼行为，可以发现一些诸如争仪、搀越班次等失仪行为并及时处理，减少正式典礼中的失仪。

　　总的来说，习仪的基本精神就是把习仪当作正式典礼来预习、演练，甚至习仪、行礼的时间都在黎明，尽量弥合习礼与典礼的差异，减少或免除官员参加典礼时的不适感，避免因这种不适而产生失仪问题，使典礼威严、整肃，礼容秩秩。明代尹襄《正旦习仪朝天宫》诗曰："元会先期戒礼容，禁城西北

---

　　① 施沛：《南京都察院志》卷二十六《仪注》，《四库全书存目丛书补编》第 74 册，齐鲁书社 2001 年，第 2 页。

　　② 《明神宗实录》卷七十三，万历六年三月丁巳，第 1579 页。

洞霄宫。"① 讲的便是朝天宫习仪的意义。

二、纠仪与处罚

所谓纠仪，即纠举习仪或朝会、典礼中的失仪行为，这些行为包括走错路、行错礼，笏、幞头落地，跪拜跌倒，吐痰偶语等。纠举如律，被纠者就可能受到法律的处罚，目的是通过强制手段威慑文武百官，以肃朝仪，保障典礼秩序。谢迁《题赵御史彤陛纠仪图后》记：

> 夫礼莫严于朝廷，故朝仪以御史纠之，惩不肃也……或有愆于仪者，盖奏对兴伏之顷，进退周旋之际，仓惶失措，故尔朝廷设御史，俾司风纪，以肃百僚，则其职之所当纠绳者，岂直仪节之末而已哉。②

明代从事纠仪的官员主要以御史为主，但不仅限于御史，锦衣卫、鸿胪寺、礼科也可能根据典礼需要而参与纠仪。洪武三年（1370）六月，明朝采纳礼部尚书崔亮等人的建议，为整肃朝仪，凡大朝会、常朝及内外官员辞谢、奏事，"殿中侍御史，职专纠劾殿廷失仪者；监察御史，职专纠举大朝会百官失仪者；知班，职专检察班行，日与侍仪司官随同朝班出入，有失仪者，以报殿中侍御史纠治"③。这里对御史的称呼有侍

---

① 尹襄：《巽峰集》卷五《正旦习仪朝天宫》，《四库全书存目丛书》集部第67册，齐鲁书社1997年，第181页。

② 谢迁：《归田稿》卷二《题赵御史丹陛纠仪图后》，《文渊阁四库全书》第1256册，第23页。

③ 《明太祖实录》卷五十三，洪武三年六月甲子，第1036—1037页。

御史和监察御史之别，根据《宪纲》可知，监察御史就是大朝会的纠仪御史，常朝纠仪御史称侍班御史或殿中侍御史。"知班"沿用元朝的官制，即后来的鸿胪寺的属官"序班"，协助御史纠仪，故《明史》载："序班典侍班、齐班、纠仪及传赞。"① 至于锦衣卫纠仪，本为明朝祖制："凡朝会，厂卫率属及校尉五百名，列侍奉天门下纠仪"②。又如庆成宴，"宴之日，纠仪御史四人，二人立于殿东西，二人各于丹墀左右。锦衣卫、鸿胪寺、礼科亦各委官纠举"③。

那么，可能被纠的官员有哪些？事实上，所有的官员都可能被纠仪。如果细分一下，首先是朝参官、朝觐官等一般行礼官员；其次是各种典礼上的执事官，如导驾官、宣表官及其他赞礼官员；最后就是纠仪官员，他们在朝堂之上失仪或纠仪失误、该纠而未纠，都要受到追究，与失仪同责。例如，成化二十一年（1485）九月，锦衣卫千户安贤公差辞朝失仪，纠仪御史俞深、刘让、序班望玘皆不举劾，被东厂官校揭发，俞深等始请罪，各杖二十后释放。④ 弘治三年（1490）二月，庆成赐宴，序班刘勋等赞礼失仪，御史李瀚等劾之；勋亦劾瀚等越过御路，复升陛观乐。命锦衣卫执瀚、勋等鞫之，俱赎杖还职。⑤ 这两个案例涉及了执事官与纠仪御史之间的互纠与被纠。因此，明代的纠仪是一种无人豁免的全覆盖。

---

① 《明史》卷七十四，第 1802 页。

② 《明史》卷九十五，第 2337 页。

③ 秦蕙田：《五礼通考》卷一百六十，《文渊阁四库全书》第 138 册，第 874 页。

④ 《明宪宗实录》卷二百七十，成化二十一年九月壬子，第 4556 页。

⑤ 《明孝宗实录》卷三十五，弘治三年二月戊子，第 754 页。

同时，这种全覆盖还体现在礼仪空间的纠控上。明代纠仪呈现分区、定员的特点。分区就是把礼仪空间划分成几个独立单元，分别进行纠仪，如"三大节"在奉天殿（皇极殿）举行，千官朝贺，人数众多，入殿者一般为四品以上官员和部分近侍官，五品以下只能于殿外的丹陛、丹墀附近行礼，故纠仪要在殿中、殿外同时进行，最外围的就是奉天门下，交由锦衣卫负责。而登极颁诏天下、上徽号颁诏天下等礼仪空间可分为殿上、殿外（丹墀）、午门外、承天门外，在这四个地方都分别安排纠仪御史等官员。只有分区，才能实现纠仪无盲区。在分区的基础上，每个单元区安排一定数量的纠仪官员，此之谓"定员"。例如，奉天殿的大朝贺，殿中有纠仪御史四员、序班二员。殿外有序班十六员，于丹陛中道左右；纠仪御史十二员，于丹墀之东西。因为御史是纠仪的主要官员，这里即以明代典礼中的纠仪御史数量列表如下，以见定员的具体情况①：

典礼名称	纠仪御史分布及数量
万寿圣节、正旦、冬至	殿上四员，丹墀十二员
皇太子千秋节	文华殿上二员，门外二员
登极颁诏天下、上徽号颁诏天下	殿上四员，丹墀二员，午门外二员，承天门外二员
驾幸太学行释奠礼	监礼四员；驾还奉天门行庆贺礼，丹墀二员；祭酒等官率诸生上表谢恩，殿上二员，丹墀二员

---

① 正德《明会典》卷一百六十六《侍班纠仪监察员数》，《文渊阁四库全书》第618册，第648—649页。

续表

典礼名称	纠仪御史分布及数量
册立东宫	传制，殿上四员，丹墀十二员，午门外二员，承天门外二员；上表称贺，殿上四员，丹墀十二员
东宫行冠礼	传制，殿上二员，丹墀二员；行庆贺礼，殿上二员，丹墀二员，文华殿上二员，门外二员
册封皇后	颁诏天下，殿上四员，丹墀二员，午门外二员，承天门外二员；行庆贺礼，殿上二员，丹墀二员
册封亲王	殿上二员，丹墀二员
皇子行冠礼	殿上二员，丹墀二员
经筵	二员
大祀天地	誓戒，殿上二员，丹墀二员，监礼二员，五府六部等衙门点斋二十四员；大祀礼成，圣驾回，行庆贺礼，殿上二员，丹墀二员，侍宴二员，纠仪四员
进实录	殿上四员，丹墀十二员
太庙时享祫祭、春秋祭太社、太稷、太岁、风云雷雨等神并祭诸陵	监礼各二员
祭岳镇海渎、历代帝王	传制，殿上二员，丹墀二员
祭先师孔子	传制，殿上二员，丹墀二员，监礼二员
日月食	纠仪六员

明代纠仪还呈现疏纠与面纠相结合的特点。天启二年（1622）五月初九日早朝，缴敕主事莫在声行礼张皇违错，引起天启帝的注意，而御史没有及时纠举，天启帝要都察院给予解释。左都御史邹元标奉旨回话，说缴敕官原不在面纠之列，御史对莫在声早朝失仪行为记录在册，业已疏纠，故没有在朝堂之上面纠。经此解释，天启皇帝明白事情始末，谕示曰："知道了，缴敕等官既系本纠，照旧行。"[①] 由这则史料可知，手持小册子的纠仪御史需要及时记录官员的失仪行为，对失仪的纠举主要有两种方式，一是疏纠，一是面纠。

所谓疏纠，又称本纠，就是把官员的失仪行为具疏（本）上奏，由皇帝给予宽宥或处罚，这种处理是非即时性的，往往在典礼之后。但面纠则是在朝堂之上、皇帝面前对失仪官员即时纠劾，这种纠劾就在典礼过程之中，颇似汉高祖当年的朝会纠仪，"御史执法，举不如仪者辄引去"。相对于疏纠，面纠是一种更直接、更激烈的纠劾方式，它给失仪官员的冲击或震慑也更大，因为明代的面纠，一般为"拿送御前请处""即时拿奏"，"拿"乃"擒拿"之意，"凡面纠，失仪的一概都着锦衣卫拿了，俟该卫本上，或究问，或从宽，俱临期取旨，此系先朝旧规"。[②] 粗鲁的面纠常常让被纠官员衣冠落地，体面尽丧。《治世余闻》记载了一个面纠的故事：

给事中张维新，己未（按，弘治十二年）进士，京

---

① 邹元标：《邹忠介公奏疏》卷四《奉旨回话疏》，《续修四库全书》第481册，第123页。

② 周永春辑：《丝纶录》卷三，《四库禁毁书丛刊》史部第74册，北京出版社1998年，第625页。

> 师人。考满受封，以其父未仕，请具冠服，同入朝谢恩
> ……其父夜不睡，在廊下假寐，偶闻钟响，促入班，叩头
> 毕，慌忙走过御街西，因忆前事，复横过东。为序班所执
> 面纠，奉旨："拿！"就于丹陛下揪絷，出午门外跪候，
> 冠服皆褫于地。①

对于在职官员或封赠官员，面纠皆为不堪回首的梦魇。按
照福柯（Michel Foucault）的惩罚理论，面纠就是一场公开的
惩罚，以修补被失仪损害的朝廷威严，其烈度足以让官员们体
会到朝廷法度的严厉。正因为面纠是以损失官员尊严为代价的
纠劾方式，它针对的是品级较低的官员，对于勋贵、高级大臣
以及某些特殊官员，即便失仪，并不面纠，而行疏纠。以常朝
为例，嘉靖十一年（1532）令朝参官不遵礼法者，三品以上，
具奏处治，其余实时拿奏。万历十一年（1583）规定京堂四
品以上、翰林院学士及领敕官，俱不面纠。面纠与否，不仅取
决于官员品级，还取决于典礼场合。以上以品级为标准的面纠
主要存在于常朝，在"三大节"、郊庙祭祀等大朝会上，为了
确保典礼的喜庆气氛，暂略烦琐之务，一般是具本参奏而不
面纠。

失仪被纠，处理结果有二。一是皇帝宽宥，免于处罚或从
轻处罚。宪宗对鸿胪寺官员失仪的宽宥、神宗对朝觐官员失仪
的不究是特殊的恩典。② 崇祯时，都给事冯元飙，积劳善病，

① 陈洪谟：《治世余闻》，中华书局1985年，第57页。
② 《明宪宗实录》卷二百九十二，成化二十三年秋七月甲辰，第4938页；
《明神宗实录》卷二十一，万历二年正月己亥，第571页。

"尝侍文华殿，忽踏仆折齿，上恻然，命纠仪者勿问也"。① 皇帝对臣下的偶尔体恤，使得失仪成为可以忽略的过失。

二是依照当时的法律、惯例给予处罚。《大明律·失仪》规定，凡祭祀及谒拜园陵，若朝会行礼差错及失仪者，罚俸钱半月。实际上，明代很少见到如此轻的处罚，更多的是下诏狱、受杖责、罚俸、降调、去职等，体现律外行罚、多罚并用的特点。大致说来，隆庆、万历之前以下狱、杖责、降调为主要处罚方式，罚俸间有之。即便是罚俸，未曾见只罚半月者，通常罚俸为一月二月者，有四月五月者。代表性例子如下：

> （天顺元年二月）监察御史伍善早朝失仪，下锦衣卫狱，坐杖，赎毕，调山东武城县知县。②
>
> （正德三年十一月）吏科给事中何绍正、户科给事中卢纶颁历导驾，俱以失仪为侍班御史所纠，下锦衣卫狱。绍正，杖二十，调海州判官。纶，杖二十，释之。③
>
> （嘉靖）二十二年正月朔，上御奉天殿受朝。时郎中林廷琛、主事周卿、御史蔡瑗、司正李天然等俱以失误朝贺，为鸿胪寺所纠。上怒其不恪，下锦衣卫狱，因各降调外任。其日，纠奏御史来聘以纠奏不时，夺俸三月。时当启蛰，行祈谷礼于玄极宝殿，命成国公朱希忠代。是日，光禄少卿陈叔颐等十四人陪祀不至，上怒其不恪，各降三级外调。以御史来聘、郑光溥职纠仪失于查纠，廷杖之。

---

① 陈鼎：《东林列传》卷二十四《冯元飙传》，《文渊阁四库全书》第458册，第471页。

② 《明英宗实录》卷二百七十五，天顺元年二月己未，第5859页。

③ 《明武宗实录》卷四十四，正德三年十一月庚子，第1010—1011页。

调聘丹陵知县，光溥澄城知县。①

隆庆、万历之后，则以罚俸、降调、去职为主要处罚方式。

（隆庆六年二月）勒福建布政司右布政熊琦致仕，山西行太仆寺寺丞何凌霄闲住，二臣皆以圣节入贺失仪。②

（万历元年十月）镇守湖广总兵官平蛮将军隆平侯张恫缴敕失仪，罚住禄米一月。③

（万历十三年）岁暮大袷，太常卿严大纪失仪，蒙旨责问，至是认罪。有旨，夺俸三月。④

由上观之，明朝对失仪的处罚是综合运用了刑罚、经济与行政的手段，这些手段在继承唐之笞、宋元之罚俸的基础上又叠加了新的处罚方式，故明朝对失仪的处罚具有史无前例的烈度。虽然隆万之后很少诏狱、杖责，但在"重内轻外"选任官员风气形成之后，京官降调地方无疑是严重的处罚，对于官员自身来说，一次小失仪带来的是人生仕途的大逆转。

三、纠不胜纠

纠仪及其对失仪行为的严厉处罚之下，有明一代的朝仪秩

① 《国朝典汇》卷一百九《朝仪》，《四库全书存目丛书》史部第 265 册，第 731 页。

② 《明穆宗实录》卷六十六，隆庆六年二月甲辰，第 1593 页。

③ 《明神宗实录》卷十八，万历元年十月己酉，第 517 页。

④ 《明神宗实录》卷一百七十，万历十四年正月戊戌，第 3063 页。

序到底如何？透过明朝礼臣和皇帝的观察，发现朝廷礼仪秩序始终不尽如人意。早在洪武时，礼部就指出文武官入朝往往争趋竞进，品级紊乱，高下失伦。① 正统元年（1436），御史李铬等言：

> 文武百官每日朝参及遇节行礼，多有不循礼法，纵横往来，嬉笑自若。或嘱托公事，议论是非；或于外朝见辞官员班内亲识，讲说事情，及至立班多不依品级，挽班次。②

正统十四年（1449），刚刚即位的景泰皇帝发现群臣入朝多行私揖跪拜礼，甚者三五成群，高谈嬉笑，略无忌惮。③ 成化时，南京朝会的情况与北京一样混乱，"每岁正旦、冬至等节行大礼，大臣仅见遵守，其部属或越于近侍、佐贰，或先于正官，或常服以取自便，或历阶互为谈谑，亵慢不恭，难以悉数"④。据邱仲麟的研究，自英宗以后，明代的朝仪就渐渐出现混乱无序的情况，随着时间的推移，越发杂乱无章。⑤ 万历初，年幼的神宗帝临朝发现，百官穿杂色衣服，系杂色带，都不按品级；又行礼之际，咳嗽、吐痰。差不多同时，礼科都给

① 俞汝楫：《礼部志稿》卷五十九《肃文武朝参》，《文渊阁四库全书》第598 册，第 4 页。

② 《明英宗实录》卷十七，正统元年五月丁亥，第 338 页。

③ 《明英宗实录》卷一百八十五，正统十四年十一月庚辰，第 3668 页。

④ 俞汝楫：《礼部志稿》卷五十九《饬南京官仪》，《文渊阁四库全书》第598 册，第 10 页。

⑤ 邱仲麟：《点名与签到——明代京官朝参、公座文化的探索》，《新史学》（台北）第 9 卷第 2 期（1998 年 6 月）。

事中林景旸疏陈：

> 近日以来，朝仪不肃，人心滋玩。入掖则互叙寒暄，声闻上彻。及至丹墀，则转相回顾，嘻笑自如。侍班而唾涕不已，序立而倾跌失容，甚至称疾偷安，任情高卧。序班顾惜而不纠，御史容隐而不举，是可欺也，孰不可欺也。①

以上材料表明，失仪其实在明朝一直存在，有时弥漫为一种群体性行为，成了纠不胜纠的痼疾。这种现象的出现，是因为明朝纠仪及其处罚机制不能震慑百官、没有起到遏制失仪的效果，抑或失仪在一定程度上不可避免？要回答这个问题，先让我们梳理一下常见的几种失仪行为。

（一）吐唾、咳嗽。明朝从洪武时就规定，朝堂之上吐唾不敬，若吐唾在地，即行纠劾。对于朝参时咳嗽，虽有准许退班的方便，但奏对时咳嗽，仍被当做失仪的行为而要纠举的。嘉靖九年（1530）十一月，太常寺卿陈道瀛奏祭祀，咳嗽失仪。② 万历元年（1573），谭纶因咳嗽被夺俸一月。③ 但另一方面，吐唾、咳嗽又是明代官员常见的卫生问题，尤以秋冬时节，京城寒冷，偶感风寒，即有此疾，故朝堂之上咳、吐之声常常不绝于耳。明人曾记：

---

① 《明神宗实录》卷七十三，万历六年三月丁巳，第1579页。

② 《明世宗实录》卷一百十九，嘉靖九年十一月辛卯，第2822页。

③ 《明神宗实录》卷十，万历元年二月戊辰，第353页。

今制，早朝班定，鸿胪宣赞谢恩、见辞，行礼毕，各官将奏事，皆预咳一声，文武班中不约而同，声震如雷，俗私谓之打扫。其有痰嗽不可忍者，许引退自便……成化中，文华殿经筵，户部尚书马昂以咳退出殿门外，俟讲毕仍同行礼，此予所亲见。余未见有敢先退者，盖昂初尝为序班，故尚习此例，在他见此不以为异，则以为失仪矣。①

当咳嗽、吐唾成为明代官员普遍、不可根除的常见卫生问题时，仍将之视为失仪，责备臣下之不敬，则这种失仪将不是纠劾、处罚而能有效解决的。

（二）偶发性失仪。诸如行礼时不慎掉落笏版、年老体弱者跪拜之际跌倒等失仪一般是偶发性的，不同于有意的失朝、肆无忌惮的嬉笑，既非故违，更非不敬。前文所引给事中张维新的父亲受封赠，心情激动，彻夜难眠，结果谢恩行礼时走错了路，就是如此。对于此类失仪，明人有客观的分析："臣以为臣子之微，或失仪于君父之前，断非敬之不至，乃以敬之过甚所致耳。是过也，非故也"，主张应予宽宥。② 从目的看，纠仪是针对那些故违、怠惰、不谨的官员，通过严厉的处罚起到震慑的效果，以减少失仪行为。但偶发性的失仪难以预料，纠仪与否，它都可能发生。

（三）搀越班次与争班。朝会排班，以品序立，这是洪武

---

① 李默：《孤树裒谈》卷八，《续修四库全书》第1170册，第739页。

② 韦商臣：《应诏陈言平大狱以图治安事》，张卤辑：《皇明嘉隆疏钞》卷十八，《续修四库全书》第467册，第27页。

时确立的礼仪原则。为规范百官朝班次序，当时制百官侍朝班序牌，大书品级，列丹墀左右木栅之上，令文武百官照品序立，违越者罚之。① 成化时，重申洪武朝班旧制，公侯序于文武班首，次驸马，次伯。自一品以下，各照品级，文东武西，以次序列。然而，这个看似明晰的朝班礼仪原则并未很好地起到规范朝班秩序的作用，从洪武朝开始关于朝班品级混乱、搀越班次等批评之声就屡见于章疏。

究其原因，一是以品级为序的礼仪原则大而化之，缺少执行之细则，比如同为公、侯、伯者，品级一样，如何序立？细则不明，难免纷争，公与公争，伯与伯争。前者有正德九年（1514）九月万寿圣节，文武百官例赴灵济宫习仪，太子太傅成国公朱辅与太傅定国公徐光祚争为班首②；后者有嘉靖四年（1525）二月南京元会习仪，靖远伯王瑾与南和伯方寿祥争班次。③ 又如，参将是外官还是京官？是京官，即随班行礼；是外官，要由礼官引导行礼。直到万历时这个问题还未有定论，因涉及参将失仪被纠，礼部与兵部才开始讨论参将的归属问题。④

二是明代朝班在品级之外，随时调整，变动不小，使朝班的礼仪原则变得复杂。如隆庆时都给事中辛自修等所说：

> 国家初制，（朝仪）百官以品序列，故今皇极殿前所列品山，表识森然。其后更定制度，又有不拘于品者。如

① 《明太祖实录》卷二百八，洪武二十四年夏四月甲戌，第3101页。
② 《明武宗实录》卷一百十六，正德九年九月甲申，第2353页。
③ 《明世宗实录》卷四十八，嘉靖四年二月乙未，第1220页。
④ 《明神宗实录》卷一百五十五，万历十二年十一月辛丑，第2870—2871页。

内阁官、锦衣卫升立宝位之东西，翰林学士列于佥都御史之上。其他翰林官不论品级，叙于京堂之内；科道官自为一等，列于部属之先……虽若次序参错，班行混淆，然或以顾问、纠察，或以奏事、承旨，莫不有因，难以轻改。①

从根源上看，这种愈变愈复杂的朝班次序其实反映了明朝权力结构的变动，亦即"品级为序"的原则被打破，代之以"论官不论品"潜规则的流行。② 朝班混乱，加之周期性停朝，如正德荒戏、世宗玄修、万历静摄，导致朝会无常，朝仪多废。百官对朝班次序更加生疏，结果是官员经常性的怠惰失朝、搀越班次与争班。换言之，搀越班次与争班这类失仪很大程度上根基于明朝的朝仪制度与政治形势，纠仪的遏制作用被大大削弱。

总之，纠仪对于朝仪秩序的整饬具有一定的意义，但不可能消除各种各样的失仪行为，因为有些失仪不可避免，时常出现于朝仪、典礼之中。

四、结　语

朝会的中心是皇帝，群臣以拜、跪、山呼等礼仪表达对皇帝的敬畏与尊崇，构建以尊君为取向的君臣关系，这是传统政治秩序的核心。明代不断重复举行的朝仪和其他类似的典礼就

---

① 《明穆宗实录》卷四，隆庆元年二月癸巳，第104页。

② 赵克生：《明代中后期官礼变动与官礼之争》，《社会科学辑刊》2009年第6期。

是要强化这种君臣身份的认同和政治秩序。因此，在朝仪与典礼中，任何有损这种礼仪秩序的行为都会被看作失仪而要加以禁止。习仪是以习学、演练的方式使文武百官掌握、熟悉正确的朝仪、典礼，尽量避免失仪，可视为销之于未萌；而纠仪则以纠劾、处罚的方式禁之于已发。二者在形式上不同，但目标是一致的，皆是保障朝仪的敬谨、有序，以权力生产权力、以权力维护权力。只不过，这一再生产过程并不那么顺畅、成功，其中缘由既有明朝官员的消极、怠惰，也因为朝仪制度及其他政治、社会状况衍生出的阻滞和耗散，导致朝仪秩序时有混乱，虽有纠仪，仍纠不胜纠。

尽管如此，仍不能否定习仪、纠仪对于保障礼仪秩序的意义。习仪、纠仪不仅作为朝廷制度，历代沿用不辍。实际上，明代朝廷的习仪与纠仪亦为地方政府所援用，每当"三大节"，府州县、王府等衙门机构都要仿照朝廷而在各地分别进行习仪、纠仪活动；而且士庶宗族也会模仿朝廷、官府，年节祭祖之际会先期习仪，设置纠仪人员，以期保障家礼活动中的礼仪秩序。也就是说，习仪、纠仪对于整饬礼仪秩序的意义得到了朝野上下的一致认同。

第五章　明代乡贤专祠的礼仪逻辑与实践样貌

　　中国古代社会往往通过祠祀、传记等形式来表彰乡贤，昭往劝来，激励后进，从而形成历史悠久的乡贤文化。明代是乡贤文化繁荣与定型时期，特别是明朝政府对地方乡贤祠祀进行了较为彻底的儒家化改造，使之由地方之私祭而被纳入国家政教系统，形成了由乡贤祠和乡贤专祠构成的双轨制体系。乡贤祠，通常指府、州、县等地方儒学里的乡贤祠，它以同堂合祀的形式集中祭祀某地的乡贤群体，故亦称乡贤总祠、乡贤合祠。乡贤专祠，又称乡贤特祠，是为奉祀某个或某几个乡贤而建立的专门祠宇，乡贤专祠大多不在地方儒学内。

　　近年来，学界主要关注明代的乡贤祠，梳理了乡贤祠的形成、规制与功能，探讨了乡贤冒滥、乡贤祠与基层社会的关系等问题。① 对于乡贤专祠，仍难见到可资参考的相关研究。不

---

① 代表性的成果，参见赵克生：《明代地方庙学中的乡贤祠与名宦祠》，《中国社会科学院研究生院学报》2005 年第 1 期；林丽月：《俎豆宫墙——乡贤祠与明清的基层社会》，载黄宽重主编：《中国史新论·基层社会分册》，台北联经出版事业股份有限公司 2009 年；牛建强：《地方先贤祭祀的展开与明清国家权力的基层渗透》，《史学月刊》2013 年第 4 期；［日］奥崎裕司：《蘇州府郷賢祠の人々一郷紳の地域性について》，《明代史研究》（东京）第 10 号特集号，明代史研究会 1982 年。

过，由于乡贤专祠与宋元以来先贤祠的渊源关系以及二者都属于非神异性祠庙，学界关于宋元先贤祠的相关研究成果应当予以重视。特别是包弼德（Peter K. Bol）、魏峰、郑丞良等探讨了两宋以降一些地方出现了不同于先贤祠的乡先生祠及其向州县儒学转移的趋势，认为这是源于以士绅为主的地方社会势力的成熟、地方认同的彰显与士人重建乡里文化传统的努力。[①] 这些成果虽然不是直接研究明代乡贤专祠，但对笔者思考明代乡贤专祠的历史演变、运转模式等问题无疑具有启发性。

乡贤专祠既然是明代乡贤祠祀体系的"另一半"，忽视乡贤专祠而仅仅关注地方儒学中的乡贤祠，显然难窥明代乡贤祠祀系统的全貌。故本章用地方志、乡贤专祠志、族谱等文献，勾勒明代乡贤专祠的礼仪逻辑、主要类型、运转模式，从多重视角分析乡贤专祠的社会意义，从而为呈现清晰、完整的明代乡贤祭祀体系、构建明代乡贤文化史的整体框架提供坚实的基础。

一、明代乡贤祠祀双轨制下的乡贤专祠

要了解明代乡贤祠祀体系的形成，须回顾中国古代先贤祠祀的传统，特别是宋元以来先贤祭祀的历史演变。

---

① ［美］包弼德：《地方传统的重建——以明代的金华府为例（1480—1758）》，载李伯重、周生春主编：《江南的城市工业与地方文化（960—1850）》，清华大学出版社 2004 年；魏峰：《从先贤祠到乡贤祠——从先贤祭祀看宋明地方认同》，《浙江社会科学》2008 年第 9 期；郑丞良：《南宋明州先贤祠研究》，上海古籍出版社 2013 年。

中国古代先贤祠祀的传统可以追溯到《周礼》"祭于瞽宗"①和韩愈所说"乡先生殁而祭于社"②。乡先生附祭于学，配食于社，非如后世建立专门祠庙进行祭祀。图形立庙、专门而祭，或于墓所，或居一邑之中，是汉以后才流行的专祠祭祀模式。③历经唐宋，以至明代，这种专祠祭祀模式一直延续下来，先贤故里、府县儒学、城市通衢、书院、寺院等地方都有先贤（乡贤）专祠存在。然而，传统的延续中，转变也悄然成型，其大者有两点值得注意：一是长期以来人们对"乡"的概念并不深究，是乡贤、名宦或是寓贤也不细分，故多称先贤，祭祀的祠庙也多称先贤祠。但明人对先贤进行了"乡与非乡"的严格区分，按照地域的限定，乡贤必须是本县、本府之人，"乡贤必产于其乡之贤达也"④。这种对乡贤地域身份的严格化，不仅有助于辨识先贤群体中的乡贤、名宦、寓贤，使乡贤祠从原先统称的先贤祠中分化出来，而且使某地乡贤群体因为有了同一地方身份而被集合起来，为乡贤合祠的形成打下了基础。二是乡贤祭祀开始向学校转移、集中。据清人考证，乡贤（先贤）祠祀向学校转移的时间起自北宋。《宋史·

---

①　《周礼注疏》卷二十二，《文渊阁四库全书》第90册，上海古籍出版社1987年，第404页。

②　韩愈著，马其昶校注，马茂元整理：《韩昌黎文集校注》卷四《送杨少尹序》，上海古籍出版社1986年，第275页。

③　《宋书》载，步兵校尉习隆、中书侍郎向充等为立庙祭祀诸葛亮而向刘禅建言，曰："昔周人怀邵伯之美，甘棠为之不伐；越王思范蠡之功，铸金以存其象。自汉兴以来，小善小德，而图形立庙者多矣。"沈约：《宋书》卷十七《礼志四》，中华书局1974年，第486页。

④　唐诰修，齐柯、刘铤纂：嘉靖《和州志》卷四《乡贤列传》，《原国立北平图书馆甲库善本丛书》第326册，国家图书馆出版社2013年，第344页。

郑侠传》载，宣和元年（1119）郑氏卒，州县皆祀之于学。①元人许有壬也说："（乡贤）祭于社之制不可考，附庙学、作屋而祭之者，则间有之矣。"② 宋元时期附学的先贤（乡贤）祠亦是专祠，其中有些可能发展为集中祭祀数人的祠堂，如南宋理宗时明州州学的五先生祠，但这种现象并不普遍，且仍作专祠看待，与其他先贤专祠并处。

与此不同，明朝开始在府州县儒学里建立一个乡贤祠，集中奉祀本地的乡贤，开启了乡贤祭祀的新模式。据载：

> 昔朱邑为桐乡令，既没，桐乡人祠之，此名宦祠之权舆矣。张良食采于留，后人于留城为子房立庙，此乡贤祠之权舆矣。自是以后，见于史册者甚夥，然皆专祠，而非总祠也。明代始令府、州、县学立名宦、乡贤总祠，有司春秋致祭。国朝亦因其制。③

这种附于各地儒学的乡贤祠自洪武初开始推行，到嘉靖时其规制基本定型，并为清朝所继承。一般情况下，各地儒学的乡贤祠与名宦祠分立学宫门外之左右，二祠分布的常制是左为名宦祠，右为乡贤祠，体现名宦与乡贤的宾主关系。此外，乡贤祠

---

① 苏勒通阿等修，王巡泰等纂：乾隆《兴业县志》卷三《学校第五》，《故宫珍本丛刊》第 202 册，海南出版社 2001 年，第 302 页。

② 许有壬：《至正集》卷四十一《晋宁路乡贤祠堂记》，《北京图书馆古籍珍本丛刊》第 95 册，书目文献出版社 1988 年，第 215 页。

③ 李璋煜：《厘正木主记》，载洪汝奎等修，徐成敂等纂：光绪《增修甘泉县志》卷六，《中国方志丛书》华中地方第 408 号，台北成文出版社 1983 年，第 1079—1080 页。

有立于孔庙之侧，有立于启圣祠前、后，有立于儒学之侧等。在庙学一体的明清时期，附学的乡贤祠其实融入了孔庙祭祀系统，成为孔庙的附祭，每年春秋祭祀的时间也是在祭孔之后。

乡贤祠是在同一空间奉祀某地历史上的乡贤群体，这些乡贤之间可能的联系就是他们共同的乡土身份，正是由于这一身份，不同历史时期的乡贤被集合在一起。相较于乡贤专祠的独立、分散，乡贤祠集约的容纳空间能够奉祀众多的乡贤，祭祀的地点集中，且具有开放性。从制度设计的本意看，明朝似有以乡贤祠这种简单易行的祭祀模式代替乡贤专祀。但另一方面，当乡贤祠把乡贤作为一个整体进行集中奉祀时，学行、功业卓著者泯然若众，大贤与众贤之间的差别消失了。加之，一些地方乡贤祠祀存在冒滥之弊，入祀者良莠混杂，如莆田人刑部尚书彭韶批评他家乡的儒学乡贤祠"所祀之人颇失之泛"[1]。这就使得乡贤祠在旌贤褒异方面的功能严重削弱，引起时人的质疑与不满，反对以乡贤祠代替乡贤专祠。弘治时，彭韶以疾卒于家，入祀原籍乡贤祠。莆田籍在朝官员以为："惠安公一代之伟人，宜有专祠，俾后学有所矜式。"[2] 福建晋江人陈琛为明代名儒，死后祀之儒学乡贤祠，"然景行私淑之士犹谓不满崇尚之意，始议特祠"[3]。晚明大学士赵志皋为前首辅李春

---

[1] 彭韶：《彭惠安集》卷八《与郡守岳公书》，《文渊阁四库全书》第1247册，第90页。

[2] 何乔新：《椒邱文集》卷二十八《赠太子少保彭惠安公祠堂碑》，《文渊阁四库全书》第1249册，第426页。

[3] 吴之镖修，周学曾、尤逊恭等纂：道光《晋江县志》卷十四《附乡贤专祠之祭》，《中国地方志集成·福建府县志辑》第25册，上海书店出版社2000年，第229页。

芳专祠撰写祠堂记时说："乡贤祠祀，国之常典。凡孝友、廉节，其行谊有一节足以表正闾俗者，例得祀。"然而，以乡贤祠奉祀李春芳这样道德、勋业懋隆朝野者，是让大贤"涸以常典"[①]。郭子章《大学士陈文端公祠堂碑》借物喻人，说出同样的道理：

> 日月不并出，狐不二雄，神龙不匹，猛兽不群。公道绳圣贤，功施社稷，其行纯矣，恶得无专祀。[②]

相对于总祀，专祠乃常典之外的特典，大贤应用专祠，亦即乡贤专祠可以弥补乡贤祠在旌贤褒异方面的功能缺失。故乡贤祠成为乡贤祭祀的主流模式之后，明代之前长期流行的专祠并没有废止。

明朝乡贤专祠得以延续不辍，除了旌表乡贤的历史传统，还与当时的恤典制度有关。恤典是古代王朝政府对已故官员的褒奖、对其家属的抚恤，包括赐祭葬、祠祀、荫子入监、赐给谥号等。祠祀是恤典中非常重要的一项内容，明人曾说："恤典以谥、祠为重。祭、葬，特常格耳。"[③] 其中赐祠于乡，朝廷敕建祠宇表彰忠烈、名臣、名儒，这些表彰功德的祠宇虽不

---

① 赵志皋：《赵文懿公文集》卷二《太师李文定公祠堂记》，《四库禁毁书丛刊》集部第 180 册，北京出版社 1997 年，第 682 页。

② 郭子章：《蠙衣生蜀草》卷五《明光禄大夫柱国少傅兼太子太师吏部尚书武英殿大学士赠太保谥文端陈公祠堂碑并序》，《四库全书存目丛书》集部第 154 册，齐鲁书社 1997 年，第 651 页。

③ 《明熹宗实录》卷四十二，天启三年十二月庚戌，台北"中央"研究院历史语言研究所 1962 年校印本，第 2216 页。本章以下所引《明实录》均为此版本。

以乡贤祠称之，但从地方看来，这些祠宇建在本乡、奉祀的是乡之先达，自然属于乡贤专祠，是常典之外的特典，属于一份特殊的荣耀。有明一代，能够在死后获得赐祭葬、赐谥等恤典的同时获得"赐祠于乡"者，或出于特恩，如仁宗追念故宫僚少詹事邹济、左春坊左赞徐善，赠官赐谥之外，命有司立祠墓侧；或"节义激烈者"，可专祠于乡。[①] 其他则是在其恤典之后若干年，通过单独的建祠申请，获得"祠于乡"，这种情况可视为恤典之后的一种"补恤"。

基于乡贤祠祀的自身演化与明代恤典的制度支撑，乡贤专祠得以与乡贤祠并行同处，两种模式并存，呈现明代乡贤祠祀的双轨制。这种双轨制下，乡贤一般先入祀乡贤祠，再以专祠奉祀。这种专、总兼祭，看似重复，其实乃"标典刑（型），重文献，春秋与贤之义，不嫌于复也"[②]。这里以晋江的蔡文庄祠为例，具体考察专祠与总祠并祀的关系。蔡文庄祠是蔡清专祠，蔡氏一生著述、讲学，阐扬朱子学术，被誉为一代儒宗师表。蔡清死后，从祀孔庙未果，但立祠乡郡，春秋祭祀。当然，蔡氏也附祭乡贤祠。为何并祀两处？明人曾有解释："我国家既设乡贤祠，以祀其一乡之贤者，此外又有专祠之举，盖以其人之贤特出于众贤之上而祀之者，亦不以众贤待之，所以

---

① 《明穆宗实录》卷四十"隆庆三年十二月癸亥"条载："有祭葬、赠谥兼给而复立祠以表之者。所谓死事，如抗节不屈身死纲常者，犯颜谏诤身死国是者，执锐先登身死战阵、危城固守身死封疆者，如此而立祠祀之，乃足以劝人心，维世教……至于立祠一节，合应慎重，必须节义激烈、真心死事者，抚按从实奏来，容本部酌议、奏请，建立祠庙；其非此类者，并从覆寝。议上，俱从之。"第1000页。

② 张天复：《鸣玉堂稿》卷四《茶陵三学士祠记》，《续修四库全书》第1348册，上海古籍出版社2002年，第520页。

旌异名儒，风励后学，甚盛典也。"①

概言之，明代保留、新建一些乡贤专祠，祭祀地方杰出人物，表达乡邦一份特别的敬意，弥补乡贤祠在旌扬杰出乡贤方面的功能缺失。二者在处理众贤与名贤、一般与特殊的关系上互为补充：有总祠，众乡贤能享春秋祠祀；有专祠，卓异者得以尊崇。二者结合，乡贤祠祀的激励风示意义方能够全面彰显。②

二、明代乡贤专祠的地区分布、立祠模式与祀典规制

在明代乡贤祠祀的双轨制下，每个府、州、县只建立一所乡贤祠，位于孔庙之旁，规制统一，地区分布均衡。而乡贤专祠则不同，不仅有当朝新建、重建的专祠，还有少数前朝遗存的专祠，乡贤专祠不仅分布存在较大的地区差异，其立祠模式也不尽相同。

明代乡贤专祠地区分布的差异性首先表现为专祠分布的地区不平衡，或多或少，因地而异。

明代六府乡贤专祠分布情况对比简表③

地区	专祠数量（座）	资料来源
苏州府	43	乾隆《苏州府志》卷二十一至二十三
泉州府	26	乾隆《泉州府志》卷十三至十五

---

① 李熙：《礼部覆本》，收于蔡清：《蔡文庄公集》卷七，《四库全书存目丛书》集部第43册，第15页。

② 赵克生：《明清乡贤祠祀的演化逻辑》，《古代文明》2018年第4期。

③ 本表统计的乡贤专祠包括前代留存至明代的专祠和明代新建的专祠，但排除了一些神异性的祠庙。

续表

地区	专祠数量（座）	资料来源
松江府	11	崇祯《松江府志》卷二十
永州府	1	康熙《永州府志》卷九
廉州府	0	崇祯《廉州府志》卷十
大理府	0	康熙《大理府志》卷十七

　　表中显示，苏、泉、松江三府属于文化、科举发达地区，乡贤专祠数量较多；永、廉、大理三府属于文化、科举落后的边鄙之地，乡贤专祠数量很少，两类不同地区拥有的乡贤专祠数量相差悬殊。乡贤专祠的不均衡分布看似无规律，其背后还是有可寻的线索：一个地区乡贤专祠的数量与这个地区的文化传统、科举兴盛等状况最为相关。因为专祀的多是名儒、名臣，这些人的出现是文化、科举发展的结果，一个地区文化、科举越发达，这个地区人文荟萃，乡贤的总数就会越多。而乡贤总数越多，出现名儒、名臣的概率就会越大，乡贤专祠就会越多。

　　乡贤专祠的地区分布与该地区的经济状况也应有一定的关系，但地区经济是通过影响地方文化发展而影响地方乡贤数量，进而影响乡贤专祠的地区分布，并非直接表现为有无经费建祠等问题。相较于富庶的东南沿海，廉州、大理等边地之贫瘠自不待言，不过，两地无乡贤专祠，却有很多其他祠庙，包括不少的名宦专祠、名将专祠，这说明这些地方不缺建祠的经费，而是缺少乡贤；不缺外来的名宦、名将，而缺生于斯、长于斯的本土名儒、名臣。归根结底，该地区人文不昌，科举不发达，乡贤专祠才十分罕见。

其次，明代乡贤专祠分布的地区差异性还表现在同一地区内部的不平衡。这种情况在泉州府表现得很明显，泉州府辖晋江、惠安、南安、同安、安溪、永春、德化等县，其中晋江有16座乡贤专祠，安溪一座，惠安、南安、同安各三座。苏州府乡贤专祠数量多，但大多集中在吴县、长洲县，而昆山、常熟、吴江等县较少。通过比较，可以发现晋江县、吴县和长洲县具有某些共同的特点：都是府治所在的附郭县，为该府的政治、文化中心；都是科举大县。也就是说，附郭县的中心地位及其文化、科举的发达是影响地区内部乡贤专祠分布不平衡的重要因素。

对于这些分布各地的乡贤专祠，根据不同的标准进行分类研究可能是一个行之有效的方法。本章从探讨明代乡贤专祠的实践样貌着眼，主要根据立祠模式，将明代乡贤专祠分为两个类型：

（一）敕建的乡贤专祠。即朝廷钦准、由地方政府奉敕建立的专祠，这类专祠列入地方祀典，有的还能蒙赐祠额。明代敕建的专祠除少数崇祀前朝先贤（如宋代的真德秀、刘安世等）外，绝大多数专祀当朝人物，或是大臣，如杨士奇、顾鼎臣，两人专祠分别赐额"褒功""崇功"；或是名儒，如薛瑄、吴与弼、蔡清，其中薛瑄专祠赐额"正学"，吴与弼专祠额曰"崇儒"；或为忠烈，如在安南死难的兵部尚书陈洽、弹劾严嵩的杨继盛，所立专祠分别赐额"忠节""旌忠"。这些专祠皆立于所祀之人的家乡故里，敕建与赐额使朝廷给予的荣耀泽及桑梓，代表了乡贤祠祀的最高层级。

敕建乡贤专祠，恩命出自朝廷。如系恤典赐祠，即按照请恤程序，祠祀与赐祭葬、赠官等一道给予。否则，就需要在朝官员或地方官员向朝廷具疏，代为申请，这上、下两种途径在明代很常用。一般来说，在朝以给事中、御史等言官为主，他们上疏题请，经礼部覆议，最后请皇帝批准；如果乡贤后裔中有上疏之权的官员，也可私家上请建祠。地方则以巡抚、巡按、知府等官员具疏呈请，经礼部而达御前。二者相较，地方的申请程序繁多、严格，相关细节可从顾鼎臣专祠的申请过程中得以一窥。顾鼎臣，南直隶苏州府昆山（今属江苏）人，官至礼部尚书兼文渊阁大学士，嘉靖十九年（1540）卒于官，谥文康。顾氏曾敦促昆山县建城池以防倭寇，后倭寇猖獗，而昆山依赖城池得以保全。昆山人感恩顾氏，在他死后十多年，题请修祠专祀。昆山士民的建祠请求先由昆山县学生员陶子鸣等具呈总理粮道提督军务兼巡抚应天等府地方都察院右金都御史张景贤。张景贤先将呈请建祠事状责令府、县勘查复核，经昆山县学训导会集通学生员复查，所呈事情真实，与祭法吻合；接下来，由学校到昆山县，由县到苏州府，层层勘查，写立结状。最后，张景贤将专祠顾鼎臣之事上报朝廷，礼部祠祭清吏司拟议"似应俯从所请"，嘉靖皇帝钦准。官为建祠，春秋致祭，赐给祠额、祭文。[1]

赐额对于敕建的专祠来说，不仅仅是一个祠额，而且是一种特殊的荣誉。祠额出自翰林院拟名，经皇帝钦定，是在祠主一生功业、行事的基础上抽绎出的道德评价，是对祠主的崇高褒奖，并非所有的敕建专祠都能得到赐额的恩宠。赐额与建祠的时间也并非像顾鼎臣专祠、陈洽专祠那样总是同一的。杨士

---

① 徐学谟：《徐氏海隅集》卷二《题专祀辅臣顾鼎臣疏》，《四库全书存目丛书》集部第 125 册，第 246—247 页。

奇专祠建于弘治十二年（1499），赐额在嘉靖三十二年（1553），前后相隔半个多世纪，这也从一个侧面表明赐额对于专祠的难能可贵。为了郑重其事，礼部可能对制作、悬挂匾额也有一些要求，如嘉靖时礼部移文江西地方：杨士奇祠额"褒功"是皇上根据翰林院初拟的"崇功""褒德"御批钦定的，"制扁务求浑坚，书额须极端楷"；分守道官员亲诣悬挂，方面官员致祭（以后交由泰和县祭祀）。①

需要补充的是，敕建专祠并非都是官为建立，事实上顾鼎臣专祠建立之前，顾氏孙子尚宝司丞顾谦亨曾奏称，顾家欲自备工料建造祠堂。只是当时主拟题疏的徐学谟可能因为同乡之谊，没有采纳顾家自建的请求，仍给予官建的待遇。早在成化初，工部尚书、大学士杨荣的专祠虽曰敕建，实际是杨氏嫡孙杨泰自建的。② 故而，敕建与否，不在于官府建祠还是私家建祠，而在于是否获得朝廷的批准，是否被列入祀典。

（二）檄建的乡贤专祠。"檄"是官府间的下行文书，"檄建"可理解为"檄令府县建立"或"府县奉檄而建"。明代建立地方乡贤专祠，需巡抚、巡按、提学的批准，得到令函，开始建祠，这就是所谓檄建的乡贤专祠。相对于敕建的乡贤专祠，檄建的乡贤专祠虽少了赐额等恩荣，但在祀典规制方面，二者仍是相同的。

明代檄建乡贤专祠的申请程序与儒学乡贤入祀申请程序类同，也与地方申请敕建专祠的前半段（从儒学生员呈请到巡

---

① 欧阳德：《欧阳南野先生文集》卷十五《大学士杨士奇祠额祭文》，《四库全书存目丛书》集部第80册，第588页。

② 陈道监修，黄仲昭编纂：弘治《八闽通志》卷五十九《杨文敏公祠》，《四库全书存目丛书》史部第178册，第398页。

抚、巡按准许）相同，兹不赘述。需要特别指出的是，檄建乡贤专祠的建设方式多样。大致存在三种方式：

（1）官给建祠。府、州、县地方政府负责建祠，经费、经办等相关事宜操之于官。何孟春，郴州人。郴州原有何孟春专祠，后何氏门祚中衰，祠事废弛。隆庆时，巡抚赵某为孟春重新建祠，“檄郴州，发筦库，新其祠……岁编守者一人，供洒扫”[1]。轩輗，河南鹿邑人，是大学士沈鲤敬重的同乡前辈。归德府欲用府库结余经费为沈氏修坊，沈鲤辞谢，让鹿邑县用这笔钱为轩輗建立了一座乡贤专祠。[2] 山东德平葛端肃专祠祭祀葛守礼，“时山东巡抚为汝泉赵公，直指使者为次山王君，以士民之请，檄邑令何君，创公祠于东门之外”[3]。

（2）乡贤后裔、门人自建。由乡贤后裔等人自费新建祠堂，或就原有的屋宇改建而成，不劳官府，不耗公帑，避免劳民伤财起民怨，以损乡贤令德，是明代常见的乡贤专祠建立方式。刘龙，山西襄垣人，官至南京兵部尚书。其子刘承恩、孙刘珙追崇父祖之德，欲建祠于乡：

> 请于督学宪使宋君泊巡抚都御史杨公，专祠祀公。而又虑勤父老子弟，或生仇訾，于是议即公生存所建紫岩书院改为之，费不烦乎公室，劳弗逮乎齐民。两公并加奖

---

① 汪道昆：《太函集》卷七十三《何文简公祠堂记》，《续修四库全书》第1347册，第607页。

② 吕坤：《去伪斋集》卷八《都察院左都御史静斋轩公祠堂碑》，王国轩、王秀梅整理：《吕坤全集》上册，中华书局2008年，第453页。

③ 郑洛：《葛公祠堂碑记》，载凌锡祺、李敬熙总纂：光绪《德平县志》卷十一，《中国方志丛书》华北地方第356号，台北成文出版社1976年，第565页。

赞，檄有司以时致祭如仪。[①]

类似的还有万历时四川南充人大学士陈以勤专祠，先请于巡抚等官，初议由地方建祠，但陈家谢绝官建，最终拓建旧居而成，"下无烦里旅，上无损于公帑，以终先公志，以徽诸大夫之惠于百世"。官府仅以祠祀载入祀典。[②]

乡贤专祠的自建与官建的区别主要在于经办、经费来源的不同，建祠程序则一样，自建不是私建，必须向巡抚、巡按、督学等官员呈请，获准而后建，这样的专祠才可能被纳入地方祀典。否则，私建祠庙就不能获得官祠的公共身份。崇祯时，理学家张信民专祠就是由他的学生们私建的，"专祠未经上文，终属私典"。后补办了呈请手续，专祠才得到官方表彰，入了祀典。[③]

（3）官绅捐建。崇祀乡贤、建立专祠，一定程度上反映了地方各阶层的民意，官员、士绅、乡民会不同程度参与其中，由此，明代出现了许多官、绅、民捐建乡贤专祠的现象。有官捐，如巡按御史王应鹏、聂豹前后捐助 170 余金建陈茂烈专祠。[④] 有民捐，福建崇武百姓"醵金创祠"，祭祀已故兵备

---

① 胡松：《胡庄肃公文集》卷四《文庵刘公祠堂记》，《四库全书存目丛书》集部第 91 册，第 171 页。按，"泊"通"及"。

② 郭子章：《蠙衣生蜀草》卷五《明光禄大夫柱国少傅兼太子太师吏部尚书武英殿大学士赠太保谥文端陈公祠堂碑并序》，《四库全书存目丛书》集部第 154 册，第 652 页。

③ 冯奋庸：《理学张抱初先生年谱》，崇祯八年春正月，《北京图书馆藏珍本年谱丛刊》第 54 册，北京图书馆出版社 1999 年，第 724 页。

④ 郑岳：《山斋文集》卷十三《孝廉陈先生祠堂碑铭》，《文渊阁四库全书》第 1263 册，第 78 页。

按察副使戴一俊。^① 而崔铣专祠比较典型地体现了官、民共同捐建的复合形态。崔铣，河南安阳人，因弹劾权监刘瑾而名闻天下。他死后，其门人与旧友拟捐资修祠，安阳知府高某遂请于巡抚都御史、巡按，两官同意，檄府建祠，闻知此事的藩王也慷慨解囊：

> 以公门人所寓六十金易地一区，官给建宇费。或有闻之赵国王者，王雅重公，乃曰："固知文敏当祀，然即为宇不称，亦非所以祠也。"与弟江宁郡王各助资若干……董工者为郡贰隆文良氏。^②

敕建、檄建的乡贤专祠都是明朝政府控制下建立的乡贤祠祀体系的一个部分。敕建的乡贤专祠可能有皇帝赐额，檄建的乡贤专祠也可能有巡抚、巡按的题额。^③ 乡贤专祠虽有敕建与檄建之别，有官修与自建之分，但其祭祀空间设置则大致相近，纳入祀典的乡贤专祠春秋祭祀安排也是相同的。

乡贤专祠祭祀空间的设置都是在"正堂祭神"的基础上略有繁简之别。如章懋专祠：

---

① 怀荫布修，黄任、郭赓武同纂：乾隆《泉州府志》卷十四《乡贤专祠附》，《中国地方志集成·福建府县志辑》第22册，第344页。

② 葛守礼：《葛端肃公文集》卷三《崔文敏公祠堂记》，《四库全书存目丛书》集部第93册，第291页。

③ 张天复《鸣玉堂稿》卷四《茶陵三学士祠记》曰："请御史台吴公书额。"《续修四库全书》第1348册，第520页；皇甫汸《皇甫司勋集》卷四十七《徐文敏公祠碑》曰："题其额者，按院洛阳董公尧封。"《文渊阁四库全书》第1275册，第812页。

中为堂四楹，前为门，如堂之数。两序傍翼，缭以周垣。中位神主，而颜其门曰"枫山先生祠堂"。①

徐缙专祠：

为堂三楹，肖像其中。旁为斋室，翼以廊庑，前乂亭树碑，凡制诰、御祭诸文及题咏诗词具勒焉。闶而为门，缭而为垣，浚而为池，邃而为道。②

张信民专祠：

祠宇正堂三楹，享堂三楹，耳房各三楹，内立神龛，肖先生像。③

以上三祠，章懋专祠用神主，另二祠设像而祭。事实上，明代乡贤专祠设像而祭的情况更加普遍，即使是在嘉靖礼制改革之后，也是多设像而少置主。这种设像而祭的模式既受汉代"图形立庙"祭祀先贤传统的影响，也源于后世佛、道等宗教的偶像崇拜的流行。从观感上讲，图像直接简易，"盖欲使观

---

① 邵宝：《容春堂续集》卷十一《枫山先生祠堂记》，《文渊阁四库全书》第 1258 册，第 571 页。

② 皇甫汸：《皇甫司勋集》卷四十七《徐文敏公祠碑》，《文渊阁四库全书》第 1275 册，第 812 页。

③ 冯奋庸：《理学张抱初先生年谱》，崇祯七年十二月初三日，《北京图书馆藏珍本年谱丛刊》第 54 册，第 723 页。

者形感而得之深"①。因而，明代乡贤专祠多设像而祭，但统属于庙学祭祀系统的乡贤祠，须与孔庙一致，嘉靖礼制改革之后乡贤祠皆用木主。

乡贤专祠只要纳入地方祀典，地方官就会定期致祭，即在每年阴历二月、八月祭祀孔子（称丁祭）之后一二日举行。由府、县正官或正印官（掌印官）主持，飨以少牢之礼。至于是知县还是知府主祭，看专祠坐落何处。如杨士奇"褒功祠"位于江西泰和县，故由该县掌印官按时举祭②；陈洽专祠坐落的武进县城，是常州府府治所在，祀典就由常州知府主祭。少牢之礼是以猪、羊为主要仪物的祭祀，如陈洽专祠的祭品：猪一口，羊一只，鱼醢、肉醢、菹菜共五品，米、面食共五品，果子五品，香一炷，烛一对，帛一段，酒二瓶。主祭者行三献礼。③

府、县正官主祭之外，还有府、县其他官员和儒学生员参加祭祀活动。如陈琛专祠"丁后二日，府县正印官率僚属、师生临祭"④。真德秀专祠"春秋丁期，支动额编。祀典，邑侯、学师、僚属官员同致祭焉"⑤。乡贤后裔中有功名的族人

---

① 张梯修，葛臣纂：嘉靖《固始县志》卷一，《天一阁藏明代方志选刊》，上海书店1963年，第3页。

② 欧阳德：《欧阳南野先生文集》卷十五《大学士杨士奇祠额祭文》，《四库全书存目丛书》集部第80册，第588页。

③ 陈懋和：《毗陵双桂里陈氏宗谱》卷一《忠节录》，《中华族谱集成》陈氏谱卷第1册，巴蜀书社1995年，第96页。

④ 陈敦履：《陈紫峰先生年谱》卷二，万历二年甲戌，《北京图书馆藏珍本年谱丛刊》第44册，第410页。

⑤ 真采：《西山真文忠公年谱》（不分卷），成化三年丁亥，《北京图书馆藏珍本年谱丛刊》第33册，第329页。

一般作为陪祭参加典礼。平湖陆氏甚至把参加这样的活动作为一项任务写进家规："（景贤）祠中春秋二祭，有司修祀孔严。子孙既列章缝，当从骏奔之列。凡遇祭日……合族衣冠皆宜陪祭，每位给与盘费银一钱，无故不到者议罚。"①

总之，通过不同途径建立的乡贤专祠为享祀的乡贤提供了独立祭祀空间，并在专有空间独享少牢之礼。明代乡贤专祠实践再一次显示，乡贤专祠乃是在乡贤合祀之外对大贤、名贤的特别表彰，正所谓"优出常典"。

三、明代乡贤专祠的运转模式

乡贤专祠无论在市镇通衢还是在乡野僻邑，都是地方的公共祠庙。只有祭祀以时，启闭有常，维持祠庙正常运转，让观者登祠瞻拜，睹祠而思，才能发挥其风示激励的功能。那么，明人是如何维持乡贤专祠运转的？这里先从平湖陆氏景贤祠谈起。

平湖陆氏为世家望族，名人辈出。先是，平湖有忠宣庙，祭祀唐宰相忠宣公陆贽；有靖献祠，祀宋儒靖献先生陆正。嘉靖中，倭寇侵扰平湖，遂合祠忠宣、靖献于平湖城内，祠名"景贤"。"祠虽建于陆氏子孙，缘系申详学道，春秋二祭，有司主之，故子姓不敢自专。"② 在陆氏后裔的努力下，景贤祠先后配祀宣德间布衣陆宗秀、弘治间岁贡陆铱；万历三十三年（1605），陆光祖入祠配飨。于是，景贤祠中祀忠宣公，侧侍

---

① 陆基忠：《平湖陆氏景贤祠志》卷四《陆氏家训》，《中国祠墓志丛刊》第59册，广陵书社2004年，第292页。

② 陆基忠：《平湖陆氏景贤祠志》卷四《嘉兴府平湖县为恩批配飨本邑宗祠以隆祀典以光先德事》，《中国祠墓志丛刊》第59册，第324页。

陆正、陆宗秀、陆铢、陆光祖，为四配。景贤祠实际上兼有陆氏大宗祠与平湖乡贤专祠的双重性质。景贤祠建立不久，官给奉祀生二名，负责典守祠事，后以为常。景贤祠有祠田千亩，为陆氏后裔捐立，在陆氏家族的周旋下，以祭祀名贤的名义，援例获得优免，只需完纳正粮，豁免一切杂泛差徭，这不仅使景贤祠祭祀、修缮之费得到保障，也使陆氏祠田能够赡族济困。朝廷在批准优免的同时，要求陆氏宗族订立规制，完善管理，《陆氏家训》《景贤祠族田规则》相继议立。

从景贤祠的情况看，除了陆氏宗族的影响力及其对景贤祠管理的深度介入，要维持乡贤祠的正常运转，必须守祠有人，祭祀有费，管理有制。

所谓守祠有人，即乡贤专祠需要实际的管理者来负责日常洒扫、上香、修葺、祠田租种等事务。就所见文献而论，明代乡贤专祠守祠人大致可分三类，或者说有三种来源。一是由地方政府佥派。如同官给祭祀一样，作为地方徭役编排，佥派"门子"之类，负责看护某个乡贤专祠。正德时，河南河内县修复了元代大儒许衡的专祠，官给祭祀、立祀田之外，还为之安排守祠人："庙无典守之人，非惟易致倾坏，而市井之徒、鸡犬之类不免杂入，践秽亵渎，不敬孰甚。"遂取附近人户，"审编门子一名，责令看守本庙，司其启闭，时其洒扫"[1]。隆庆时，郴州何孟春专祠由于何氏子嗣不振，无人看守，亦由地方政府"岁编守者一人，供洒扫"[2]。二是僧、道守祠。把乡

---

① 何瑭：《柏斋集》卷七《元魏国许文正公庙祀记》，《文渊阁四库全书》第1266册，第561—562页。

② 汪道昆：《太函集》卷七十三《何文简公祠堂记》，《续修四库全书》第1347册，第607页。

贤祠这样的公共祠庙交给黄冠缁徒看守，通常出自官方的委命，陈洽专祠比较典型地体现了这一官方委托模式。嘉靖八年（1529）敕建陈洽专祠"忠节祠"，礼部在给常州府的勘合中批准了地方的题请，将专祠委托给常州府武进县正觉寺僧圆仁等看守。因为忠节祠与圆仁的精舍接连，圆仁与其徒明洁、性恺等朴实雅静，清规无玷，情愿看守，礼部和常州府一致认为是看守忠节祠的合适人选，并给予委命文书。[①] 三是选任乡贤后裔为奉祀生（或称守祠生），负责典守乡贤专祠。佥派门子，委命僧道，通常是在乡贤子孙断绝或贫弱无力等后嗣不振情况下的无奈之举。只要乡贤后继有人，他们子孙有能力看守祖先的乡贤祠庙，给乡贤后裔一个奉祀生的身份，这些后裔就成为世袭的合法的乡贤祠守护人。从制度渊源讲，明代的乡贤奉祀生脱胎于孔、孟、颜氏等圣裔奉祀，近代地方史志名家王葆心说："奉祀生之制，始于明太祖。洪武中，改颜池为三氏学教授，以奉祀事。至武宗正德二年，命衍圣公次子袭五经博士，主子恩书院祀事……明英宗正统十一年，令颜希仁主颜子庙祀事。孝宗弘治元年，抚按给周公之裔东野禄奉祀生，此给衣巾以奉祀者，即奉祀生之始。以后渐推及各府县名宦、乡贤祠，每代择适裔一人，由督抚、提学咨部给照，充奉祀生。"[②]王氏所论明朝推行乡贤奉祀生制度，虽不甚准确，大致可证明

---

① 陈懋和：《毗陵双桂里陈氏宗谱》卷一《忠节录》，《中华族谱集成》陈氏谱卷第 1 册，第 94 页。

② 王葆心：《湖北罗田东安王氏庚申宗谱》卷六之一，1930 年铅印本。按，王氏所论不确者有二：一是乡贤祠奉祀生并非在弘治之后才有，如陆宣公庙于景泰四年（1453）给守祠生；二是奉祀生一般是一人，但也有两人者，如景贤祠、高拱专祠。

代中期之后乡贤奉祀成为一种惯例，故嘉靖时有人说："凡先贤祠宇，例有生员守祠。"① 这里的守祠生员即奉祀生，他们拥有生员的身份，但不同于府、州、县学的廪、增、附学生员，其职事在守祠，属于生员中的另类名色。奉祀生可世代接任，永久守祠。如况钟祠，"子孙世续奉祀生"②；平湖陆氏景贤祠、吴县王鏊专祠等皆是乡贤后裔世代守祠，自明至清，相传数百年。相较于前两种守祠人，乡贤后裔守祠奉祀，往往有一种与乡贤祠荣辱与共、息息相关的责任感与使命感，也就更能尽心尽力。

所谓祭祀有费，首先是春秋二季的祭祀经费。敕建或檄建的乡贤专祠列入地方祀典，春秋两祭经费出自地方，用银一二两到七八两不等，主要购买祭祀物品等。如陈紫峰祠每祭需"猪壹只，重壹百斤；羊壹只，重贰拾斤；糖饼壹桌，油糇壹桌，果伍色，粉伍碗，果酒贰事，大金壹架。共银贰两叁钱"③。春秋二祭经费就是四两六钱。这笔钱只是用于春秋办祭，不可他用。乡贤祠平时的香烛、修缮、守祠等开支需另外措办，因此，祭祀有费还包括这部分经费支持，其数量远大于春秋办祭的费用，恐非地方财政所能承担。《定山庄先生祠田记》载：

---

① 陆基忠：《平湖陆氏景贤祠志》卷四《嘉兴府帖·激励忠良事》，《中国祠墓志丛刊》第 59 册，第 353 页。

② 况廷秀：《况太守年谱》，正统七年壬戌，《北京图书馆藏珍本年谱丛刊》第 38 册，第 355 页。

③ 陈敦履：《陈紫峰先生年谱》卷二，万历二年甲戌，《北京图书馆藏珍本年谱丛刊》第 44 册，第 409 页。

> 定山庄先生祠在江浦之涯……岁时春秋二祭，其祭
> 仪、修葺之费皆取诸里甲，然不奉额设，故公私皆称未
> 便。嘉靖乙巳秋，侍御史午山冯公奉命提督南畿学正，倡
> 明正学，殚精竭思，乃谒先生祠，诹祀事，顾张尹峰曰，
> 此有司责也……孝义里民奚瀔有定山北麓田若地，凡八十
> 八亩，时将他售。尹乃以俸资二十三金贸之，盖不欲重烦
> 民也。田去先生故居北三里而近，酌肥硗、丰歉之常，岁
> 得租约凡五十石。岁会所得，料理二祭、公输之外，稍存
> 羡余，以备荒歉、修葺。于是，尊崇先生始有成典矣。①

庄昶祠的经费解决方案其实是明代乡贤专祠普遍采取的方案：
买田置地，以租息为祭祀、修缮等费。此举被认为是那个时代
最为可靠的长远之策，各地纷纷仿效，于是祠田成为乡贤祠运
转的经济基础。至于祠田的来源则途径多样，常见的有官员捐
俸购置，上述庄昶祠就是如此。在同治《江山县志》保留的
一份明代祭祀乡贤的文件中，比较详细记载了从正德十六年
（1521）到万历十三年（1585）间，地方官员先后五次为江山
县的两座乡贤祠捐俸，不仅购置了祠田，还为乡贤后裔娶妻成
家。② 有乡绅富民捐献，如陈洽专祠的 26 亩祠田。也有乡贤
后裔捐献，如平湖陆氏捐献千余亩，德平葛氏捐献二顷③。只

---

① 庄昶：《定山集·补遗》，《文渊阁四库全书》第 1254 册，第 358 页。
② 易仿之：《崇祀乡贤文案》，载王彬等修，朱宝慈等纂：同治《江山县
志》卷十一，《中国方志丛书》华北地方第 67 号，台北成文出版社 1970 年，第
1277—1278 页。
③ 郑洛：《葛公祠堂碑记》，载凌锡祺、李敬熙总纂：光绪《德平县志》卷
十一，《中国方志丛书》华北地方第 356 号，第 565 页。

要乡贤后继有人，或其宗族势力强大，就会有后裔捐献田产作为祠田，维持先祖的祠祀，毕竟这些后裔分享了先辈的荣耀与声名，他们会通过自己的建祠、捐产等方式维护这种家族声望。捐献的祠田单独立籍，可以申请优免杂泛差徭的待遇，就像平湖陆氏的千余亩祠田直接以"陆景贤"名字另行登记，只纳正粮即可。

所谓管理有制，即关于乡贤专祠的一套规章制度，是保障乡贤专祠正常运转的规矩。这些规章制度一般来自公、私两方面，也就是由政府制定和参与乡贤祠管理的乡贤宗族制定。政府制定有关祀典安排、奉祀生选任、祠田优免等内容。宗族制定的规矩表现为家训、族规对于祠宇、祠产的保护，以防侵占、盗卖等行为。

国法、家规相资为用。陆氏把千余亩祠田登记在官，单独立籍，也是借用国法保护祠田。经办此事的陆光祖长子陆基忠就说过："族田原以赡乏，而非册籍在官，则久后不无湮没；赡族虽有家规，而非仰赖国法，则人众易至纷更。"[①] 守祠人与乡贤祠兴废密切相关，为规范守祠人，官府予之以帖文，上载祀典、祠产（田）等详情，既为守祠人应对外来侵占之保障，也是守祠人谨守之规条、官府稽查之根据。

当然，守祠有人、祭祀有费与管理有制只是乡贤专祠运转的必要条件。一个乡贤祠能不能垂之久远，还与其他多种因素相关。因为蔡清的名儒声望，建于隆庆四年（1570）的蔡文庄祠到清代先后有康熙年间李光地等人募众修建、乾隆十八年

---

① 陆基忠：《平湖陆氏景贤祠志》卷四《奏请遵守义田疏》，《中国祠墓志丛刊》第 59 册，第 275 页。

（1753）教授唐山倡修，"苗裔之贤、后学之好义者咸量力捐资"①，旧祠焕然一新。顾鼎臣专祠"崇功祠"，也持续得到家族、官方的支持，专祠自明至清运转良好，不断发展、完善，但咸丰时毁于兵火。这些表明，乡贤宗族强弱、乡贤本身影响，甚至社会秩序都会影响到乡贤专祠的运转与存废。

四、官方话语之下的地方诉求与家族策略

明代乡贤祠祀作为一种政治伦理信仰，借由表彰乡贤、激励后人，传导儒家政治伦理，必然承载着政治教化的使命，因此，乡贤专祠与乡贤总祠一样，总是关涉世道人心。祠之所立，旨在"表扬忠义以激劝风化""表名臣以端风化""崇功德而为世道劝""表章贤哲以扬励世风"等。②这是明朝朝野上下关于乡贤专祠意义的普遍认识，明代乡贤专祠就是在这样的话语环境下展开，并获得其存在的正当性。

需要注意的是，熟稔这套话语的地方士绅、乡贤后裔往往在乡贤专祠的政治教化意义之外赋予其另外的意义，表达他们各自的诉求，实现他们各自的目标。

经由祠祀、传记等形式把乡贤集合在一起，形成一个乡里

---

① 吴之錤修，周学曾、尤逊恭等纂：道光《晋江县志》卷十四《附乡贤专祠之祭》，《中国地方志集成·福建府县志辑》第25册，第229页。

② 分别见陈懋和：《毗陵双桂里陈氏宗谱》卷一《忠节录》，《中华族谱集成》陈氏谱卷第1册，第94页；郑洛：《葛公祠堂碑记》，载凌锡祺、李敬熙总纂：光绪《德平县志》卷十一，第565页；王恕：《王端毅公文集》卷一《刑部尚书彭公祠堂记》，《四库全书存目丛书》集部第36册，第174页；黄凤翔：《田亭草》卷七《陈紫峰先生黉宫特祠记》，《四库禁毁书丛刊》集部第44册，第459页。

文化传统，并通过这种传统来定位个人。① 这样的策略揭示了表彰乡贤对于当时士人的意义。明代有类似的例子，如闽籍士人表彰蔡清，为其建立乡贤专祠。闽籍士人并不仅仅是在政治教化的目标下表彰蔡清，更是因为蔡清乃闽学之关键人物，与地方文化传统密切相关。身为闽人的李光地曾说：

> 吾闽僻在天末，然自朱子以来，道学之正，为海内宗。至于明兴，科名与吴越争雄焉。暨成、弘间，虚斋先生崛起温陵，首以穷经析理为事，非孔孟之书不读，非程朱之说不讲……故前辈遵岩王氏谓，自明兴以来，尽心于朱子之学者，虚斋先生一人而已。②

明代八闽人文蔚起，俨然东南邹鲁，闽人引以自豪。他们为蔡清建立专祠，是要借助对乡贤的表彰来标识这种地方儒学传统，表彰蔡清便是表彰闽学。蔡氏代表的闽学既为明代儒学之正统，推崇、服膺蔡氏之学的闽籍士人无疑就置身于这种儒学正统的谱系中。亦即表彰蔡清成为闽籍士人定位自身学术的一种方式。

另一个例子是地方争抢名人，无论是名臣或是名儒，只要与该地有一线联系，即便难以确考其人就是该地人，也要为之立祠祭祀，树碑立传。如平湖陆氏景贤祠所祀陆贽，华亭县在正德时也为之建祠奉祀，因为华亭人相信陆氏本来就是"生

---

① 陈雯怡：《"吾婺文献之懿"——元代一个乡里传统的建构及其意义》，《新史学》（台北）第 20 卷第 2 期（2009 年 6 月）。

② 李光地：《榕村集》卷十三《重修蔡虚斋先生祠引》，《文渊阁四库全书》第 1324 册，第 713 页。

于华亭无疑矣"①。一乡之贤乃一乡之山斗，尤其是名贤，实际上成为地方的文化坐标，地方为之立祠是标识这种文化坐标的一种方式，因此，争祀的背后其实隐藏着地域间的文化竞争。

至于乡贤后裔如何运用乡贤专祠来实现家族目标，在《平湖陆氏景贤祠志》中看得比较清楚。陆氏通过景贤祠首先获得世袭的奉祀生身份、千余亩祠田（也是族田、义庄）的差徭优免。更为重要的是，陆氏通过增加景贤祠的配飨，把陆氏有功德的祖先安放于祠内，乡贤专祠实际上具有陆氏大宗祠的意味。无独有偶，顾鼎臣专祠也有这样的发展趋势，直到清代雍正时才完成乡贤专祠宗祠化。林济曾指出，明代徽州的一些乡贤专祠也出现过类似情况。② 可见，乡贤专祠宗祠化在一些地方并不罕见。作为一种策略，乡贤专祠宗祠化实质上就是乡贤后裔得以改造公共的乡贤专祠，使之成为家族开基祖先的专祠，家贤与乡贤合而为一。乡贤专祠宗祠化既使乡贤后裔实现了"把家标识于乡"，家族直接、完整地分享了乡贤声望，又使乡贤后裔更深入地参与专祠的管理，防止乡贤专祠兴废无常。

---

① 崇祯《松江府志》卷二十《杨枢记》曰："陆宣公贽，世传嘉兴人，稽之载籍，钱起《送贽第还乡诗》：'乡路归何处？云间独擅名。华亭养仙鹄，指日再飞鸣。'则贽之生于华亭无疑矣。"《日本藏中国稀见地方志丛刊》第22册，书目文献出版社1991年，第521页。

② 参见林济：《"专祠"与宗祠——明中期前后徽州宗祠的发展》，载常建华主编：《中国社会历史评论》第10卷，天津古籍出版社2009年。

五、结　语

综观以上，本章把乡贤专祠与乡贤祠相联系，提出明代乡贤祠祀双轨制，重构完整的明代乡贤祠祀体系，一定程度上深化了学界对明代乡贤祠祀的认知。同时，在双轨制的架构中，使乡贤祠与乡贤专祠并观、互视，正是在这种互视中，我们看到乡贤专祠与乡贤祠在处理众贤与名贤的关系方面可以相互补充，乡贤专祠可以弥补乡贤祠在表彰著名乡贤方面的功能缺失，乡贤专祠特祀的礼仪逻辑得以展现，即优出常典，大贤须专祀。

乡贤专祠总是建于乡贤的桑梓故土，在明王朝政令或国家话语下，其背后交织着地方政府、士绅与乡贤后裔等多元社会力量。应和了这些社会力量的各自诉求，乡贤专祠的建立有敕建与檄建之分，乡贤专祠的守护有佥派徭役、委托僧道与乡贤后裔奉祀等多种形式，乡贤专祠的祭费出自祀典公费或祠田收入等。乡贤专祠就是在明代历史进程中被多元社会力量综合型塑，并表达了他们的目标、诉求，或标识地方文化传统，或实现专祠宗祠化。因此，乡贤专祠在承载政治教化的使命之外，还具有多元的社会意义。

第六章　明清时期的族会与宗族凝聚

　　本章所论之族会系指宗族内部举行的祭扫、会食、团拜等礼仪性聚会与联谊活动，非指宗族会、社。[①] 宗族史已有成果显示，殊少有关族会的专门研究。由于与祠、墓祭祖的密切关联，族会一直以来都是学者在讨论祭祖、祠堂等问题时附带提及的一个话题。例如，杨庆堃在《中国社会中的宗教：宗教的现代社会功能及其历史因素之研究》一书中关注了祭祖仪式及其祭拜之后的宗族聚会，认为有助于让族众"深切感受到一种群体意识""通过所有家族成员参与的仪式，家族不断地强化自豪、忠诚和团结的情感"。[②] 赵华富也提出，这种聚会模糊和冲淡了宗族成员之间的阶级对立，"使支丁（之间）蒙上一层温情脉脉的血缘亲族关系的面纱"。[③] 杨、赵二位先生对族会的功能分析显然具有相当的启发性，但在族会没有成为独立论题的情形之下，对族会的讨论也就仅止于此。笔者想追问的是：明清时期族会何以会流行？族会的种类及其运作模式有哪些？族会是如何"温情脉脉地"实现宗族的凝聚？故

---

　　① 也有学者以"族会"指称宗族会社，如刘淼：《中国传统社会的资产运作形态——关于徽州宗族"族会"的会产处置》，《中国社会经济史研究》2002年第2期。

　　② ［美］杨庆堃著，范丽珠等译：《中国社会中的宗教：宗教的现代社会功能及其历史因素之研究》，上海人民出版社2007年，第54页。

　　③ 赵华富：《徽州宗族研究》，安徽大学出版社2004年，第194页。

本章以这三个问题为中心，在前贤论述的基础上，对明清时期宗族族会的整体面貌作初步研究，并就教于方家。

一、明清时期宗族发展与族会兴起

明清时期的宗族发展，日本学者井上彻称之为"宗族形成运动"。在华中、华南地区一直存在着这样的宗族形成运动，特别是在16世纪以后，宗族形成运动在江苏、浙江、福建、广东各地大规模展开，各地区的宗族组织日趋稳定。[①]井上彻的这一论断与常建华关于江西吉安、福建兴化、安徽徽州诸府宗祠祭祖实证研究揭示出的宗族发展态势若合符节。[②]也与林济断言的"明清时期为长江流域宗族社会与宗族文化的成熟期"[③]和冯尔康等提出的明清宗族制度"民众化"、宗族群体结构性膨胀的发展特征相切近。[④]

促成明清时期宗族发展的因素比较复杂：宋明以来宗族人口的自然增长使宗支不断扩大、分析；宗族自身出于科举、水利及争夺其他社会资源等功能性需要而统宗合族，加强宗族组织建设；明清两朝政府对宗族发展的扶持及其对宗族担负地方部分治理功能的期待；明清商品经济的发展，使宗族族产增殖、宗族获得建设所需的经济支持更加容易；等等。其中一个广受关注的因素便是自明代嘉靖中期以后，王朝政府取消民间

---

① ［日］井上彻著，钱杭译，钱圣音校：《中国的宗族与国家礼制——从宗法主义角度所作的分析》，上海书店出版社2008年，第4页。

② 参见常建华：《明代宗族研究》上编第二、三、四章，上海人民出版社2005年，第34—182页。

③ 林济：《长江流域的宗族与宗族生活》，湖北教育出版社2004年，第18页。

④ 冯尔康等：《中国宗族社会》，浙江人民出版社1994年，第258页。

祭祀始祖的礼制限制，方便民间利用始祖祭祀来构建宗族。

由于祭法根本于宗法，大宗以始祖为宗，小宗以高祖为宗，即始祖祭祀属于大宗祭法，祭及高祖则是小宗祭法。① 两者在收族方面体现出的差别显著不同，小宗"服穷于五世，祀止于四代"，以五世为限，五世之外则为"服尽"，俗称"出五服"，表明血缘关系已经淡薄疏远。高祖祧迁，宗亲关系要重新确定："服者，先王所用为宗子联属族人之具也。服尽则亲尽，亲尽则庙毁，故曰高祖迁于上，宗易于下，此之谓也。"② 也就是说小宗祭法讲究血缘关系的明晰，但包容的宗族世系有限，以高祖为血缘的源头，涵盖的宗亲只是五个世代的直系和四个并存的旁系，族属关系是变动的、非永久的。而大宗祭法则是综合的、永久的，所有源于始祖的子孙都可以包容在大宗的范围之内，不设宗系世代的限制，因而是无限的。③ 归有光说：

> 夫古者有大宗而后有小宗，如木之有本而后有枝叶。继祢者、继祖者、继曾祖者、继高祖者，世世变也。而为大宗者不变，是以祖迁于上，宗易于下，而不至于散者，大宗以维之也，故曰大宗以收族也。苟大宗废，则小宗之法亦无所恃以能独施于天下。④

---

① 明清时期，始祖一般是始迁某地之祖，或是取得官职的始爵之祖。

② 罗虞臣：《罗司勋集》文集卷七《小宗辩》，《四库全书存目丛书》集部第 94 册，齐鲁书社 1997 年，第 475 页。

③ 钱杭：《中国古代世系学研究》，《历史研究》2001 年第 6 期。

④ 归有光：《震川集》卷三《谱例论》，《文渊阁四库全书》第 1289 册，上海古籍出版社 1987 年，第 39 页。

以始祖为宗族血统源头，突破小宗"五服"的限制，族众包括共同始祖之下所有的直系、旁系宗亲，弥补了小宗祭祀的不足，扩大了"敬宗收族"的范围。因此，较之于宋明以来流行的小宗祭祀，大宗祭祀更能满足明清士庶强烈的敬宗收族目标，16世纪以后成为民间祭祖的普遍形式。

依靠始祖祭祀建构的宗族世系深远悠长，有十数代者，亦有数十代者，宗族本有的血缘关系因为悠远的支分派别而变得了无痕迹，这样的宗族实际上只是一个基于始祖认同的祭祀共同体。它统合的族众人口多，居处星散，贫富分化严重，虽说是同宗同族，但很多族人之间形同陌路，觌面不相识，老死不往来，故明清士庶的"途人"之叹不绝："今夫一人之身，分而至于为途人，而喜不庆，忧不吊，甚而相凌相夺之，恬不相恤者，亦无怪其然矣。源远派别，世复一世，懵不知其有骨肉之连，而亲爱之心无自生耳。"[1] "盖族既远则势分，势分则情疏，情疏则恩离，恩离则与途人无异矣。"[2] 乾隆时任丘边氏以自家与周边宗族的实况展示了"途人"之叹不仅是宗族内部情义隔绝，还有相伴而生的争斗相仇、贵陵贱、贫忮富等宗族乱象。边氏自显祖行人公后，计14代，六大支，六支又各有支，渐积繁衍，"盖不啻户以百计，口以千计，而此百千人户中，吉凶不相庆吊者十六七，甚至觌面不识谁何，偶失意辄相诟谇，更且殴击，久之通姓氏然后已"。边氏看到当地其他宗族情况有更甚于己家者："吾见他族之中，其支派疏甚远而

---

① 蔡清：《虚斋集》卷三《仙游张氏族谱序》，《文渊阁四库全书》第1257册，第857页。

② 李龄：《宫詹遗稿》卷三《刘氏重修族谱序》，《四库未收书辑刊》第5辑第17册，北京出版社2000年，第343页。

势位悬隔者，或不论辈行，但呼其姓曰老某而已……又见他族之中，其恶荡甚或至兄弟叔侄祖孙戏谑诟詈而无所忌惮。"①这些问题表明，以始祖祭祀建构的大宗族与当时人的宗族理想有相当的距离，虽然通过修谱、建祠、置田，形成以族长、户长为核心的宗族组织，对宗族实现了组织化统辖，实际上，宗族内部是分化的，缺少族属联结的情感基础，族人之间缺乏必要的人际互动，很难做到彼此的相亲相戚、周恤互助。当然，以上的问题并不是只存在以始祖为源头的大宗族，在一些祭及高祖的小宗族也因为人丁渐盛，情意渐疏，同样存在以上的问题。因而，明清时期大小宗族都可能面临着这样的难题：在族谱、宗祠、族田等物质性因素之外，如何敬宗睦族，使族人相亲相近、情义相通？传统的经验，特别是宋儒对族会的安排，给明清士庶之家提供了历史的智慧，他们把族会视为"以礼睦族"的重要手段。

族会的历史悠久。《周礼》有"族食族燕"之制。中古时一些世家大族间有"宗会法"相传。宋儒司马光、程颐都重视族会，特别是程颐，主张祭祀始祖，积极倡导族会。他说：

> 凡人家法，须令每有族人远来，则为一会，以合族。虽无事，亦当每月一为之。古人有花树韦家宗会法，可取也。然族人每有吉凶、嫁娶之类，更须相与为礼，使骨肉之意常相通。骨肉日疏者，只为不相见，情不相接尔。②

---

① 边连宝：《劝睦族文》，转自李文治、江太新：《中国宗法宗族制和族田义庄》，社会科学文献出版社2000年，第326页。

② 程颢、程颐撰，朱熹编：《二程遗书》卷一《端伯傅师说》，《文渊阁四库全书》第698册，第12页。

程子的族会主张对明清社会影响很大。随着宗族的发展，族会开始复兴，渐成风尚。明中后期，许多族规宗约皆可见族会之法。如正（德）嘉（靖）之际的李濂著《族会仪》，规划李氏族会一年六次。① 嘉靖时，浙江鄞县张氏族约规定，不仅祭祀祖先之后合族会食，"凡冠婚，宗族毕会，燕享所不废矣"②。由明入清，族会继续发展。清初，浙江金华府士大夫家多会其族人，立大小宗祠，岁首聚拜祠内，谓之合族会。③ 方志已经把族会看作金华的民俗，其普及化程度可见一斑。据陈建华等主编的《中国家谱资料选编》，清代各地宗族多有族会或宗会，如河南光山文氏、湖南宁乡崔氏、浙江嘉兴杨氏、绍兴水澄刘氏、安徽祁门竹溪陈氏等皆举行族会。④

总之，明清士庶背靠传统，面对现实，在宗族发展、扩大的情况下，倡导族会，利用族会建立族人之间有效的交往，使之成为统宗合族的有效方式，希望能变陌生的"途人"为相亲的"家人"。

二、明清族会的种类及其运作模式

宗族有大小，族会各不同，其差异性自不待言。但以族会

---

① 李濂：《嵩渚文集》卷四十二《族会论下》，《四库全书存目丛书》集部第70册，第643—644页。

② 张时彻：《芝园定集》卷二十一《族约》，《四库全书存目丛书》集部第82册，第73页。

③ 嵇曾筠：雍正《浙江通志》卷一百，《文渊阁四库全书》第521册，第544页。

④ 分别见周秋芳、王宏整理：《中国家谱资料选编·家规族约卷》下册，上海古籍出版社2013年，第631、708页；陈秉仁整理：《中国家谱资料选编·礼仪风俗卷》，上海古籍出版社2013年，上册第473页，下册第896、913页。

的内容而言，大致可把明清时期的宗族族会分为四大类型，即祭扫之会、饮食之会、团拜会与宗族会讲。每种可单独举行，也常见与其他族会重叠、依次举行。如乾隆时湖南宁乡崔氏的族会，先是祭祀始祖，祭后集宴，行团拜礼毕，序坐，"有能申讲家规格言者，两族长扶上堂阶，堂下静坐听讲无哗，不得有厌听者反唇诋触"。① 一次聚会，实际上举行了以上四种族会。为行文方便，以下将分别论及。

（一）祭扫之会。"扫"指扫墓，墓祭之俗称。祭扫之会一般是在宗祠、祖墓（特别是在大宗祠和始祖墓）举行祭祀活动时的宗族聚会。明清士庶打破"古不墓祭"的传统，"墓与庙（祠）并重"已为当时的社会实态。故祭扫之会，或会于宗祠，如上文提及宁乡崔氏的族会就是每年重阳在族祠里进行的。歙县城东许氏，建宗祠以奉先世主，岁时会祀，元旦、腊社会食皆在其中。② 或会于墓所，如桐城毛氏对于高祖以上祖先依汉时墓祭之法，合一族之众为清明祭扫之会。③《毗陵蒋氏家规》载："其祭始祖老墓日，子姓必期咸集。不惟各展诚敬，抑亦以序昭穆尊卑。"④ 还有既会于墓又会于祠者，李濂设计的李氏族会礼仪就包含岁时祖墓拜扫之会和一年六次的祠堂聚会。明清时期，对于祠、墓两套祭祀系统都完善的宗族来说，并会于祠、墓亦属常态。

以往的研究多关注祭扫，对因祭扫而成的宗族聚会则多有

---

① 周秋芳、王宏整理：《中国家谱资料选编·家规族约卷》下册，第708—709页。

② 转引自赵华富：《徽州宗族研究》，第194页。

③ 周秋芳、王宏整理：《中国家谱资料选编·家规族约卷》上册，第234页。

④ 周秋芳、王宏整理：《中国家谱资料选编·家规族约卷》上册，第482页。

忽略。合祀死者，所以萃聚生者。祭祀祖先，表达孝思之时，祭扫还有"笃宗谊"的目标。如果把祭扫的流程做一分解，就可明白整个聚会包括族人寒暄问候、排班序立、祭祀、祭毕而燕（宴）等，祭祀活动只是其中的一部分。从族会的角度看，祭祀之外的那些活动则是本章关注的重点。这些活动为族人提供面对面认识、交流的机会，有利于促进情感沟通。《光山文氏族规》显然意识到这一点：

> 与祭时，合族会面，无论富贵贫贱，俱当亲热一番。其素日认识者，自知长幼尊卑，应当随分问候。其素日不识者，一见即询其世派、里居，问其安好，自觉蔼然可亲，有合族雍睦之态。[①]

临朐《冯氏族谱》对墓祭时族人相会的情形也有一段描写：

> 大凡世系既远，门户又多，本一脉相传，骨肉辄视为途人者，非嫌隙突生，情意中离，则以居住相远，会晤实难。惟有春秋二祭，岁以时举，群其伯叔兄弟子侄，罗拜墓前，拱手仰视，曰某墓者，吾几世远祖也；某墓者，吾高曾祖也。复环顾左右曰，某为服尽之族人也，某犹五服内之亲也。祭毕享胙，酬胙揖让间，宛然同胞一体

---

① 周秋芳、王宏整理：《中国家谱资料选编·家规族约卷》下册，第631页。

之义。①

以上两则材料主要反映的是族会中叙话寒暄的温馨场景，至于祭祀之后的宴饮，不也是雍睦温情的场面吗！

（二）饮食之会。《周礼》"族食族燕"之礼，就是根据宗亲关系的亲疏，一年之中有为数不等的会食，以饮食之礼亲宗族。族燕之礼有二，一为时燕，二为因祭而燕。尤以"因祭而燕"的影响最大。朱熹把这一传统写进《家礼》，祭日礼毕，族人咸集，设席而宴。随着《家礼》在后世的广泛传播，明清时期的饮食之会主要体现在祭后之"馂"。"馂"本"祭祀余物"，即神灵歆享后的祭品。用这些东西来设宴而会族人，是许多宗族的惯常做法。明人张时彻撰写的张氏族约规定："祭毕会食，止用祭品，毋得增加。"② 徽州人程一枝《程典》卷十九《宗法志》说："岁为燕饮之会，以洽族人，其时以春秋祀日，其物以时祀之余。"③

对于明清宗族的饮食之会，需要强调两点。第一，饮食之会是礼仪性的宗族活动，讲究亲亲之谊、尊卑有序。江阴太宁邢氏的会食场面具有代表性：

日中馂与祭者，尊卑咸在，按昭穆布席，东西相向，

---

① 临朐《冯氏世录》卷二，康熙年间手抄本。转引自王日根、张先刚：《从墓地、族谱到祠堂：明清山东栖霞宗族凝聚纽带的变迁》，《历史研究》2008年第2期。

② 张时彻：《芝园定集》卷二十一《族约》，《四库全书存目丛书》集部第82册，第73页。

③ 转引自赵华富：《徽州宗族研究》，第194页。

位别以行，行均以齿。主人揖尊者入席，诸父兄弟子孙各揖尊者，及相揖，乃坐。主人酌酒，献于尊者，尊者酬之。主人进馔于尊者，尊者饭，众皆饭。诸卑幼各酌酒献于所尊。献酬毕，尊者起，众皆起，随出。主妇馂于内，仪同。①

第二，饮食之会是节制性的宴饮，以族人欢洽为目的，丰俭有定规，饮食有定量，不可醉酒无礼。"馂之义既有燕私醉饱之文，稍加欢洽亦可，但不可欢呼、大笑、亵语与剧醉。"②盐城陆氏《祭燕规》载：

（每桌）果四碟、蔬四碟、时品十二碗。酒限十二巡，酒钟大小，因人酒量斟酌。酒三巡，吃羊汤面饭。又酒三巡，吃粉汤米食。又酒三巡，咏通俗二十四歌。又酒三巡，唱通俗八词。循此以为定礼。馔之设有余者不得加，不足者不得减。酒之饮量大者不得增，量小者不得损。尽欢而出，以成吾族礼让相先之美。③

（三）团拜会。据清人考证，"团拜"出现在宋代。原指同年、同僚在元旦或正月举行的集体贺拜活动。宗族团拜起于何时？难以查考。可以确定的是，自明迄清宗族团拜会一直存在。弘治《八闽通志》载兴化府元旦风俗说："莆世家大族各

---

① 陈秉仁整理：《中国家谱资料选编·礼仪风俗卷》上册，第403页。

② 陈秉仁整理：《中国家谱资料选编·礼仪风俗卷》下册，第600页。

③ 陈秉仁整理：《中国家谱资料选编·礼仪风俗卷》上册，第453页。

有族祠。是日，家庭序拜毕，即谒族祠，祀宗祖。已，乃与族属团拜，馂余而退，然后出拜姻党邻里。"① 嘉隆间吉水罗氏"每岁旦，合族属诣祠参谒，毕，乃序群昭穆，团拜"。② 道光时婺源武口王氏，"每岁正旦集少长以叙团拜之礼"。③

团拜的时间、地点并非都是元旦团拜于宗祠。宁乡崔氏的祭祖、团拜定期重阳节，在祠堂举行。绍兴水澄刘氏定正月二十日后，约期团拜于始祖墓下。福州郭氏的团拜礼，则透露更多的信息：

> 旧规正月朔日，支无亲疏，丁无老幼，沿门拜贺，使子姓面善，仍举岁膳。有力者设，无力者听，合族概请，使骨肉情亲。自莺迁省会以来，七十余载，并无缺典，毫无后言，都人士称睦族者，首吾宗。近兄弟见孙子蕃衍，人多莫继，建议团拜礼……递年期于正月十五日，择族中厅事宽大者，共立一神主……至期，合族毕集，祭祖团拜。即以祭品设席燕乐，六人共桌，以贺亲岁，亦以庆元宵。族人既有聚欢之会，且免各宴之烦。④

自明入清，郭氏人丁繁衍，原来元旦时"沿门拜贺"之礼难以延续，遂议行团拜，时间改在正月十五，团拜会与元宵

---

① 陈道监修，黄仲昭编撰：弘治《八闽通志》卷三《风俗》，《四库全书存目丛书》史部第 177 册，齐鲁书社 1996 年，第 412 页。

② 鲁铎：《鲁文恪公文集》卷六《罗氏重建敦本堂记》，《四库全书存目丛书》集部第 54 册，第 75—76 页。

③ 周秋芳、王宏整理：《中国家谱资料选编·家规族约卷》上册，第 291 页。

④ 周秋芳、王宏整理：《中国家谱资料选编·家规族约卷》上册，第 15 页。

节重合，地点从祠、墓变为厅事。祭祖后合族宴饮，避免了原先沿门拜贺时的家家设宴。郭氏的例子表明，团拜会因应了明清时期宗族发展的社会形势，不同于族众较少情况下的交往模式。

团拜会有两个环节不能忽视，一是祭祖；一是族人团拜，包括拜长辈和同辈互拜。

> 祭后行团拜礼，族众各请尊长立于上，以次拜揖，皆答拜。复周围环立，互相拜揖，毕，各依序向上递坐。[1]

（四）宗族会讲。明清宗族族会时，通常安排族人会坐一堂，由族长或族内有文化的子弟宣讲圣谕和家训、族规等。如金沙许氏族会："族长向南坐，举国朝《教民榜文》训族人，又申明家诫，凡十三事关风教有犯此者不得入祠。训毕，令文者书阖族一岁生卒及书别善恶及改行者，示劝惩。"[2] 清代海宁朱氏的会讲内容更加多样化：

> 或《孝经》《曲礼》，或《御制大诰》，或《御制榜训》，或《文公家礼》，或司马温公《绨略》，或《小学》内外诸篇，或《郑氏家规》，或《颜氏家训》，或《孔子家语》诸篇，或古座右箴等书内，先期一日，选录可为

---

① 周秋芳、王宏整理：《中国家谱资料选编·家规族约卷》下册，第708页。《朱子语类》云，团拜须打圈拜，若分行对拜则有拜不着处。环立拜揖，正合朱子的团拜礼。

② 雷礼：《镡墟堂摘稿》卷九《金沙许氏祠堂记》，《续修四库全书》第1342册，上海古籍出版社2002年，第309页。

法鉴者四五则，长者二三则，高声朗诵，各静听之。①

形式上，会讲是采用乡约宣讲模式举行的宗族道德训诫，是"宗族乡约化"的一种表现。时间上，会讲一般在祭祀之后，依照海宁朱氏的看法，"祭毕之后，敬心犹肃，闻一善言则不免有油然自省之心"②，最适宜宗族会讲。不过，笔者阅读史料时也见过独立的、与祭祀无关的宗族会讲，盐城陆氏的宗盟会就是一例。陆氏自明嘉靖十七年（1538）有始祖清明之祭，设族会之宴，但一年一次，族会次数太少，难以胜任人丁繁盛之下的族情联属。清光绪时议定宗盟会，每季一会，会时以三炷香为止，以"阐明五常"为会讲主旨，并记录族人善恶之行而有奖罚。一汤一饭之后，团揖而散。③

祭扫之会、饮食之会、团拜会与宗族会讲是明清时期常见的族会形式，它们多与祭祖相关，或者说祭祖活动构成族会的一部分。举办这些族会需要经费去购置祭品、香烛、酒食等物品并招待远道而来的宗亲。族会规模越大，投入越多。那么，明清宗族是通过何种方式来组织、运作各自的族会，使之持续不坠？

郑振满在研究明清福建宗族组织时曾注意到，宗族组织的运作机制由宗族组织的类型决定。对于那些以血缘为基础、继嗣关系明晰的继承式宗族，祭祖活动及相关费用只能由派下子孙共同分摊，即"按房醵金"或"亲房轮值"；而因利益关系

---

① 陈秉仁整理：《中国家谱资料选编·礼仪风俗卷》上册，第448页。

② 陈秉仁整理：《中国家谱资料选编·礼仪风俗卷》上册，第448页。

③ 陈秉仁整理：《中国家谱资料选编·礼仪风俗卷》上册，第455—456页。

结合起来的合同式宗族，则流行"集股"的方式。① 郑振满所列的三种方式在福建以外的地方同样存在，也成为明清族会最常规的运作模式，各地只是有些细节的不同。因为本章无法确定所涉及宗族的类型，故讨论仅限于族会运作模式。

第一种模式为"按丁醵金"。即按照参加祭祖、团拜的男丁收取"身丁钱"作为祭祀、宴饮等族会之费。郑振满提到的"按房醵金"实际上也是"按丁醵金"的变化形式，在他引用的文献中，可以看到"房出一丁"字样。男丁的年龄各个宗族规定不同，有的不分老幼，有的以"已冠"为标准。按丁收取的祭金数量一般不多，通常三五十钱而已，间或有百钱者，但作为宗族子孙，贡献一点金钱代表尽了一份孝心，所以，按丁醵金是子孙应尽的义务，具有一定的强制性。金城世孝堂颜氏在明代就制定了四季祭祖享亲，每人出祭金 30 文。如人到钱不到、钱到人不到，责十棍，仍罚钱 30 文，入匣公用。如人钱全不到者，照前倍罚、倍责，决不姑息。② 宁乡崔氏祭祖团拜，参加者交钱 30 文，入祠之时登记，发给祭筹，祭后集宴以筹定席位。不交钱者无祭筹，不准参与祭后的宴饮活动。③

第二种模式为"亲房轮值"。由宗族派下所属的房、户轮流承办祭祖、宴饮、团拜等族会，称为亲房轮值。此种情况下，所需经费或出于宗族公产，或由承办的宗支承担。虽总曰轮值，具体轮值的方式却不尽相同。如，海宁朱氏以清明祫祭

---

① 郑振满：《明清福建家族组织与社会变迁》，湖南教育出版社 1992 年，第77、103—110 页。

② 周秋芳、王宏整理：《中国家谱资料选编·家规族约卷》上册，第 34 页。

③ 周秋芳、王宏整理：《中国家谱资料选编·家规族约卷》下册，第 708 页。

始祖，必轮富有力者，百凡宴享之费悉以委之。其他不论远近贵贱老幼，各携祭物二品助祭。① 朱氏的轮值不是各支派依次均轮，只是由族中富贵者轮流承办族会。嘉兴杨氏祭祖、族宴的轮值方式不同于朱氏的做法：

> 我族族燕一岁一（笔者注：应为二）举行。仲春墓祭则长房乐山堂八房轮值，孟冬墓祭则次房德辉堂一房承事，祭毕燕于丙舍，不用乐，以年之丰杀为隆俭，其费则取之祭产，虽不如仪礼之详，犹有古意也。②

杨氏采用的是定值与轮值相结合的复合型模式，即两大房各有分工，属于定值；长房之下的八房则是依次均轮，负责仲春墓祭及之后的族宴。有别于朱、杨两族，丹徒开沙吕氏的祭祀族会把"亲房轮值"与"按丁醵金"相结合：

> 吾先祖于未建祠堂以前，每年以大沙居住者为一分，江以南九里街居住者为一分，吕家岸居住者为一分，轮次值祭，各分内各择主祀一人，以司其事。又因未有公产，公议分金预于三日前各分送交主祀者治备祭物。年至十六者出分金一星，年未十六愿与祭者分金五分，满甲子者免分金。今祠内公项稍裕，概不要分金，但已婚娶者，须送分金三星，以为入祠之礼。或年过十六而未婚娶愿与祭

---

① 陈秉仁整理：《中国家谱资料选编·礼仪风俗卷》上册，第447—448页。
② 陈秉仁整理：《中国家谱资料选编·礼仪风俗卷》上册，第473页。

者，仍出分金一星，预于三日前送交主祀者。[①]

第三种模式是集股立会。宗族成员通过订立合同，愿出一定数额金钱者组成一个会社组织，负责承办祭祖、族会或为之提供经费，称为集股立会。这里的"会"乃会社之意。会的名称通常有清明会、始祖会、冬至会、追远会、祀先会、亲睦会等。会产为合约性的公产，入会的资金不能随便抽出，除非允许出顶或会产充盈之后留利返本。

萃金为会之目的是解决祭祀、宴饮等族会所需经费，保证祭祀等活动的持续长久。需要注意的是，会资有限，如要取之不竭，就得让会资生息，或购置土地，佃种收租。比如绍兴刘氏宗会购买五亩七分的土地，以岁入租息作为正月祭祀始祖和新年宴会之资。[②] 江西万载唐氏亲睦会的会资运作经历60年，体现了会资运作方式的多样化：亲睦会起自道光三年（1823），入会者300余名。每名剩钱100文，共收钱30余千文。由专人管理生息。至道光二十六年（1846），置买田产数契。咸丰以后，又典当生息。到光绪九年（1883），已近千金。有亲睦会提供资金，唐氏每年祭祖，聚族人于祖堂，相与宴饮。[③]

立会模式下承办祭祀、宴饮等族会活动，基本是轮值。一是亲房轮值，所立之会只是提供经费。一是会友朋充轮值。所立之会不惟提供经费，会友还分朋负责承办族会活动。如湖南

---

① 周秋芳、王宏整理：《中国家谱资料选编·家规族约卷》上册，第266页。
② 陈秉仁整理：《中国家谱资料选编·礼仪风俗卷》下册，第896页。
③ 陈秉仁整理：《中国家谱资料选编·礼仪风俗卷》下册，第902页。

资兴胡氏有冬至会，会友 44 人，嘉庆十年（1805）订立章程，把会友编列四组，每组 11 人，从下一年起每组挨次轮办冬至会祭事宜，备办宴席五桌。①

由上可知，明清时期民间举办族会主要根据宗族的族情，采用适宜的方式，而不是局限于某种单一方式，多采用复合型。举办族会一般要有相应的宗族组织，宗子或族长之外，要有会首具体负责承办，有些宗族还成立会社组织，为族会提供经费或组织支持。

三、族会与宗族凝聚

族会的构建就是把元旦、清明、冬至等民俗节日与某些特定的时间（如始祖忌日）设定为宗族公共时间，在这些时间里族众聚集于宗祠、祖墓等宗族公共空间，祭祀共同的祖先，团拜、联谊，体验共同的宗族情感与宗族认同。因此，明清时期人们对于族会的意义有着不寻常的估量：

> 族人若聚会，则情常相联，而骨肉日亲。若不聚会，则情不相联，而骨肉日疏。是以喜不庆，忧不吊，疾病不扶，患难不恤，有由然矣，非族属之情疏，而宗会之日少也。②
>
> 盖宗族日繁，里居相远，各营事业，会面时稀，有月会以联属之，而互相劝惩，亲亲之心有不油然而生

---

① 陈秉仁整理：《中国家谱资料选编·礼仪风俗卷》下册，第 855 页。
② 陈秉仁整理：《中国家谱资料选编·礼仪风俗卷》上册，第 455 页。

者乎？①

　　族会提供了宗族互动的时间空间，化解了散居隔绝、血缘淡薄导致的人情稀疏，使"形同路人"的族众可以"面目以时相亲，情愫以时相感"，面善相亲而后有宗族归属感。故族会首先具有通情谊、联族属的作用，亦即族会可以奠定宗族凝聚的情感基础。某种程度上，族会比血缘关系更能增进宗族的和谐。

　　以饮食之会为例，明人李濂认为"岁时燕饮之会"可以使族人相互致敬、致爱、致欢，可以起到"收离而合异"的家族整合功效。② 明末毕自严曾回忆其祖父举办族会的情形："立会刲牲，每岁以良月朔日大聚族属，举祭于列祖诸父之墓。祀讫，仍设燕会食。于是，族人大浹，少长欢洽，蔼然一家骨肉之至谊。"③ 酒食不仅填饱了族人的胃，而且拉近了族人的心；不仅掩盖了族人贫富贵贱的差别，而且消弭了族人之间的许多不谐。绩溪金紫胡氏一年八次会食，"以故群聚宴会以及酬酢往来间，逾百年如一日，合一百六十人之心如一人之心。虽其中间有勃豀于一时者，不旋踵而烟消云散，各以藏怒宿怨为羞"。④ 这大概就是胡氏对于族会意义的总结。

---

　　①　林伯桐：《品官家仪考》卷四《宗会之法不可废考》，《续修四库全书》第826册，第42页。

　　②　李濂：《嵩渚文集》卷四十二《族会论上》《族会论下》，《四库全书存目丛书》集部第70册，第642—644页。

　　③　毕自严：《石隐园藏稿》卷二《淄西毕氏世谱序》，《文渊阁四库全书》第1293册，第416页。

　　④　绩溪《金紫胡氏家谱·亶然堂重订规谱序》，转引自赵华富：《徽州宗族研究》，安徽大学出版社2004年，第194页。

　　族会的另一个意义在于它有助于保持族众感受宗族的
"一体"之义，增强族人的归属感。

　　所谓"一体"之义，是在同宗共祖的宗族世次中，祖宗
与子孙的延续一体，现世族人的同类一体。明代绩溪积庆坊葛
氏所言"盖吾家自（始祖）六二公言之，夫固一人之身也；
自今言之，则十百其身矣。十百之身，夫固一人之身也"①，
便是宗族"一体"之义的简明表达。这种"一体"的思想基
础就是宋明士人所继承、发挥的中国传统"气"的理论②：气
具有多样性，每个物类的气不同。但同一祖先繁衍的人群具有
相同的气，祖先与子孙之间不过是一气之相贯，子孙在哪里，
祖先的气就会趋向哪里，即"一气相连"；父系世系的族人之
间不过是一气分形而已，即"同类同气"。这种气的思想使族
人在纵（祖孙）横（族人之间）两个维度建立了"类"的认
同感。因此，　"一体"之义的本质指向是宗族认同与宗族
凝聚。

　　"一体"之义在宗谱上有明显的体现，谱系所陈正是两个
维度上的族属关系。但宗谱是静态的，又往往收藏匣中，束之
高阁，对大多数族人来说，难得一见。故宗谱体现出的"一
体"之义难以为族人感知，未能发挥出联宗收族的应有作用。
而族会通过仪式性展演③，具体呈现了宗谱谱系的"一体"之
义。因为族会的基本礼仪秩序是"序昭穆"。祭祀，子孙咸以

---

　　① 　陈秉仁整理：《中国家谱资料选编·礼仪风俗卷》上册，第446页。

　　② 　关于这一理论，参见［日］滋贺秀三著，张建国、李力译：《中国家族
法原理》，法律出版社2003年，第29—31页。

　　③ 　"仪式性展演"的概念借用于扬·阿斯曼《文化记忆》，参见［德］扬·
阿斯曼著，金寿福等译：《文化记忆》，北京大学出版社2015年，第149页。

昭穆为序；宴饮，按昭穆布席。昭穆辨而世次明，昭穆实际上对应的是宗族世次。祖先神主（族墓墓次）也是按照昭穆排列，与族会子孙的昭穆连在一起，就构成宗族完整的世次。这个世次和宗谱的谱系是一致的。无论族会在宗祠还是墓地，族会时的昭穆展演其实是复活了宗谱的谱系。"于斯时也，赫赫在上，明明在下，而祖宗子孙噩然一气，融通于一堂之上焉。幽明之涣于兹萃矣。"① 置身其中的族人都能够感知自己在宗族谱系中的位置以及与他人之间的行辈、尊卑，也能够感知自己是从属于这个宗族群体的，培养和强化了宗族认同。更进一步，族会是定期重复，这种重复保证了巩固宗族谱系以及宗族历史与传统的认知，并由此保证了宗族认同的再生产。族会成为族人的记忆之场，重复和回忆可以经常性地使族人在宗族空间和时间上感知群体归属与认同，有助于族人的凝聚。

综上，明清时期族会兴起于宗族发展的大背景之下，各地宗族对族会的经营、维护乃是实践"亲亲"之道，旨在通过沟通宗族情感、强化宗族认同，从文化心理上改善宗族关系，以期淡薄、疏离的宗亲关系变得浓烈、温情，从而，原本存在贫富贵贱的宗族内部的差异和矛盾就可能被掩盖在温情之下。

---

① 陈秉仁整理：《中国家谱资料选编·礼仪风俗卷》上册，第446页。

第七章　童声琅琅读《小学》

——明清时期儿童阅读史的一个侧面

引　言

朱熹主编的《小学》是一部儒学基础读本，它以洒扫应对、爱亲敬长立教，实现明伦、敬身的目标，宋以后多用于儿童的蒙养教育，尤其是道德教育和礼仪规训。

元儒尊崇朱子学，认为《小学》具体切实，简浅易入，故倡明德之教，每以《小学》居先。[①] 经许衡、熊朋来、刘因等人的表彰，《小学》逐渐与《孝经》、"四书"并列，成为儒学传承的主要文本，其经典地位初步奠定。明清社会继承前朝重视朱子《小学》的文化传统，《小学》一书流布更加广泛，从庠序私塾到士民之家，儿童吟诵《小学》之声随处可闻。明儒吴与弼《即事》诗曰："借得禅房久寓居，闲中转觉日舒舒。二三童冠相与好，卧听琅琅《小学》书。"[②] 清初政治家、理学家魏裔介也有一诗："万姓劳劳未得庐，白云深处

---

① 陈荣捷：《元代之朱子学》，载《陈荣捷朱子学论著丛刊·朱学论集》，华东师范大学出版社 2007 年，第 205 页。

② 吴与弼：《康斋文集》卷四《即事》，《文渊阁四库全书》第 1251 册，台湾商务印书馆 1986 年，第 439 页。

可容居。耕田凿井无多事，闲课儿童《小学》书。"① 吴、魏两人描述儿童读《小学》的情境从一个侧面再现了朱子小学之教在明清社会的生动展开。

长期以来学界对朱子《小学》的研究主要从儿童教育史、儒学史的角度，聚焦于它的教育思想、小学与大学关系等方面。② 显然，既有的研究没有回答明清时期儿童如何阅读《小学》、朱子学是如何借助《小学》而展开的。因此，本章从阅读史的视角，探讨明清时期儿童阅读朱子《小学》的意义、场所、方法以及《小学》文本的多样化，从而理解朱子学"下达"的路径问题。

一、训子与训俗

明清时期儿童阅读《小学》很少出于自己的兴趣，多由师长的安排，反映了人们对儿童接受《小学》教育的期待与共识。这种建立在中国传统"蒙养以正、及早施教、以豫为

---

① 魏裔介：《兼济堂文集》卷十七《和邑人耿尔瞻》，《文渊阁四库全书》第 1312 册，第 954 页。

② 对于《小学》教育思想研究的代表性论著有王传贵《朱熹〈小学〉中的童蒙教育思想》（《道德与文明》1983 年第 6 期）、冯达文《简论朱熹之"小学"教育理念》（《中国哲学史》1999 年第 4 期）、姚郁卉《朱熹〈小学〉的蒙养教育思想》（《齐鲁学刊》2005 年第 4 期）、黄婉瑜《朱熹〈小学〉研究》（台湾华梵大学东方人文思想研究所 1998 年）、鄢建江《朱熹道德教育理论研究》（华龄出版社 2006 年）等。近年来，束景南、郭晓东、牟坚等学者开始关注朱子小学与大学的关系，详见朱人求《下学而上达——朱子小学与大学的贯通》[《江南大学学报（人文社科版）》2013 年第 2 期]。此外，蔡雁彬《朱子〈小学〉流衍海东考》（《南京大学学报》2002 年第 4 期）讨论了《小学》在朝鲜流传以及对朝鲜政教、文化等方面的影响。

先等教育理论之上的期待与共识主要表现为两个方面：一是训子，即对儿童进行道德教育和儒学传承；一是训俗，即基于儿童教育而化民成俗，期盼社会风气的改良。从训子到训俗，儿童阅读《小学》的活动空间从家庭扩展到社会，从私的领域扩展到公的领域。①

《小学》训子，首在明德之教。朱子编辑《小学》的本意就是要在儿童心智初开、纯洁无瑕的时候，先入为主，导之以伦常，规之以礼仪，"必使其讲而习之于幼稚之时，欲其习与智长、化与心成，而无扞格不胜之患也"②。儒家伦常、礼仪一旦熔铸进儿童身心，内化为德性，就会成为将来立身处世的根本。明清士人颇识朱子的用心，薛瑄躬行实践，尊《小学》为入德之门。胡居仁认为，《小学》成就德性，在于洒扫应对、事亲敬长都是一种存养功夫，保持人心内在的仁义礼智等本然之善长存不失。③ 雍正九年（1731），乐亭人李兰借着给张伯行《小学集解》写序，表达了对朱子《小学》的认识：

> 盖朱子是书辑于晚年，其为幼学计者至深且远。诚以童稚之年天性未漓，一切嗜欲纷华之感无自而入，乘此时而诏以小学，自立教、明伦、敬身、稽古以及嘉言、善行诸大端一一讲贯习复，养其德性，正其学术，然后教以格致诚正、修齐治平之学，因其已知已能而究极之，则步趋

---

① 熊秉真：《童年忆往》，广西师范大学出版社 2008 年，第 164 页。

② 朱熹：《小学原序》，《朱子全书》，上海古籍出版社、安徽教育出版社2002 年，第 393 页。

③ 胡居仁：《居业录》卷八，《文渊阁四库全书》第 714 册，第 92 页。

圣贤无难矣。故《易》曰:"蒙以养正,圣功也。"①

由于朱子《小学》重在涵育儿童德性,儿童读《小学》,可以修其孝悌忠信,谨其动作威仪,有助于塑造良好的家风。因而,明清时期一些家族便把儿童诵读《小学》作为一种家族文化传承不绝。例如,温州项氏家训规定子弟"不通《孝经》《小学》、"四书"及家训、家谱者不许入祠陪祭"②。福建林浦林氏教育子孙"居恒率以《家礼》《小学》训诲子弟,故子弟出,鲜仆从,衣惟布素"。林家的朴雅之风相继百有余年,为世人称羡。③福建人蔡世远是理学名家,对朱子《小学》推崇备至,指示长子要督促家人讲读《小学》:

> 晚间方点灯时,先生为小子说《小学》数条。汝与从叔父、诸群从同在坐,要义各为提撕,小子传集,不可缺一。将来子弟重伦轻利,不染习尚,庶可不坠家风,且或可成人物。④

《小学》训子,次在儒学传承。明清时期,程朱理学成为官方哲学,也是科举考试的内容,朱子地位尊崇。其《小学》

---

① 张伯行:《小学集解》卷首《李序》,《四库全书存目丛书》子部第3册,齐鲁书社1996年,第781页。

② 《项瓯东乔项氏家训(录十五则)》,载张宝琳等:光绪《永嘉县志》卷六《风土志》,《续修四库全书》第708册,上海古籍出版社2002年,第142页。

③ 李清馥:《闽中理学渊源考》卷四十四《林浦林氏家世学派》,《文渊阁四库全书》第460册,第502页。

④ 蔡世远:《二希堂文集》卷八《壬子九月寄示长儿》,《文渊阁四库全书》第1325册,第764页。

一书"采十三经之要义，摘十七史之精华"①，成为儒学启蒙教育的经典。在那些究心程朱理学的士人看来，儿童诵读《小学》，然后进阶大学，这样的安排是相当正确的。明儒章懋就说过，看书先自《小学》，而后及"四书"，以驯致六经，此正古人为学次第。② 恪守朱子学的胡居仁对《小学》之于儒学传承的意义也有阐发："读书务以《小学》为先，次'四书'，以及六经与周、程、张、朱、司马、邵之书，非理之书不得妄读。"③ 清初的吕留良尊信朱子学，精治"四书"，又是八股时文的名家。他认为："程朱之要，必以《小学》《近思录》二书为本，从此入手以求四书五经之指归，于圣贤路脉必无差处。"④ 以上诸贤论断不仅仅因为朱子权威或政治正确，而有其学术自身的逻辑。小学、大学为儒学教育两个不同层次，《小学》立明伦敬身之教，教以洒扫应对之事，具体切实，适合小学之教；大学推究修齐治平，教之以理，抽象精微，乃"四书""五经"的内容。从小学进于大学，由《小学》而"四书""五经"，实为儒学教育的循序渐进。清人小说《歧路灯》中有一段关于朱子《小学》的议论，可视作当时社会的一般性看法：

---

① 张元勋：《清麓年谱》下，《北京图书馆藏珍本年谱丛刊》第 167 册，北京图书馆出版社 1999 年，第 448 页。

② 章懋：《枫山集》卷二《与张冬官用载》，《文渊阁四库全书》第 1254 册，第 60 页。

③ 胡居仁《胡文敬集》卷二《明泽堂学约并序》，《文渊阁四库全书》第 1260 册，第 61 页。

④ 吕留良：《吕晚村先生文集》卷四《与柯寓匏》，《四库禁毁丛刊》集部第 148 册，北京出版社 2000 年，第 548 页。

　　至于子弟初读书时，先教他读《孝经》及朱子《小学》，此是幼学入门跟脚，非末学所能创见。王伯厚《三字经》上说的明白："《小学》终，至四书；《孝经》通，四书熟；如六经，始可读。"是万世养蒙之基。如此读去，到做秀才时便是端方醇儒，做官时便是经济良臣，最次的也还得个博雅文士。①

　　最后，明清时期以朱子《小学》训俗，蔚然成风。《小学》一书能够培育儿童德性、传承儒学知识，可以训子，同样可以成为社会教育的重要读本，用于社学、书院、义学等。陈献章以社学为例，论《小学》训俗：

　　今之社学，犹古之小学也。天下风俗美恶存乎人，人之贤否存乎教……以小学言之，朱子《小学》书，教之之具也；社学，教之之地也。其皆不可无也。天下之事无本不立。小学，学之本也。保自然之和，禁未萌之欲，日就月将，以驯致乎大学，教之序也。然则社学之兴，在今日正淑人心、正风俗、扶世教之第一义也，胡可少哉。②

　　有"清朝理学儒臣第一人"之称的陆陇其对《小学》训俗充满信心："《小学》一书乃世道升降之本，《小学》行而天

---

　　① 李海观：《歧路灯》卷三第十回《盲医生乱投药剂，王妗奶巧请觋婆》，《古本小说集成》，上海古籍出版社1994年，第241页。
　　② 陈献章：《陈白沙集》卷一《程乡县社学记》，《文渊阁四库全书》第1246册，第20页。

下人才范围于规矩准绳之中，然后学术一而风俗同。"① 按照明清时人们的看法，所谓好风俗，就是自小培育德性，知礼仪，士成好秀才，农、工、商成为好百姓，社会风气醇正，天下太平和乐。一定意义上，童子诵读《小学》，立德教，正学术，就是塑造好风俗的开始。

《小学》兼有训子与训俗的实用主义特征使之在公、私领域广泛传播，逐渐改变了明清蒙学教育用书的原有格局。《三字经》《百家姓》《千字文》（俗称"三百千"）是民间常用的启蒙书，如清人曾说："时甫就塾者，师例授以《三字经》《百家姓》及周兴嗣之《千字文》，名之曰小书。讫，乃口授《大学章句》，渐及《论语》《孟子》。"② 然而，相较于朱子《小学》，"寻常塾本如《三字经》《千字文》等过于疏浅"③，尤其是伦理道德教育的缺失，令那些心存训俗意识的地方官员、师儒感到不安。道光时四川总督戴三锡用《小学》《孝经》取代"三百千"时曾说：

> 民间子弟力能读书者少，不能读书者多。其有仅求粗识文字者，蒙师不过以《百家姓》《千字文》等书教之，以致孝亲敬长、立身行事之要全不闻知，无怪其长而悖慢也。今责成地方官谕令民间，于保甲内就子弟之多寡，或十余家，或二三十家，公共延一老成笃实蒙师，先教子弟

---

① 陆陇其：《三鱼堂集》卷八《王学考序》，《文渊阁四库全书》第 1325 册，第 131 页。

② 卞宗谟：《卞征君年谱》卷一，《北京图书馆藏珍本年谱丛刊》第 130 册，第 566 页。

③ 陈春瀛：《回帆日记》，清光绪二十一年铅印本。

诵读《孝经》《小学》诸书，为之讲解大意，且教以礼貌
揖让、明尊卑长幼之序，俾子弟知所效法。①

实际上，明代以降"三百千"固有的地位就不断受到
《小学》的挑战。叶春及、黄佐在福建、广东等地规定社学教
育用朱子《小学》，不许用《千字文》《百家姓》《幼学诗》
等书。② 明末清初学者陈瑚认为"《三字经》《日记故事》驳
杂不纯，有乖养正之义"，乃改编朱子《小学》用于儿童初
学。③ 而《小学》与科举相结合以后，《小学》一书在蒙学教
育中的经典地位更非"三百千"所能比拟。

二、诵读于家与诵读于学

儿童诵读《小学》主要在家庭（包括家塾）和以社学、
义学与私塾为主的地方小学校。家与学、公与私，明清时期儿
童的《小学》阅读史就是在这两个领域展开的。

（一）诵读于家。家庭是儿童生活的第一社会单元，他们
接受的蒙养教育最初来自父母、尊长或聘请的家塾先生。所谓
幼承庭训，即指儿童接受的这种家庭教育。明清时期一些家庭
把授读《小学》作为"庭训"的重要内容。那么，儿童如何
在家读《小学》？笔者找到一些记载，兹列如下：

----

① 戴肇辰：《学仕录》卷十六《饬属四则》，《四库未收书辑刊》第 2 辑第
26 册，北京出版社 2000 年，第 728 页。

② 叶春及：《石洞集》卷七《社学篇》，《文渊阁四库全书》第 1286 册，第
509 页；黄佐：《泰泉乡礼》卷三《乡校》，《文渊阁四库全书》第 142 册，第 617 页。

③ 陈溥：《安道公年谱》卷下，顺治十年癸巳，《北京图书馆藏珍本年谱丛
刊》第 71 册，第 344 页。

崔铣《洹词》卷十六《赵崄南先生墓志铭》载："公幼而异特。六岁，父置膝上，口授《孝经》《小学》。"①

朱国祯《涌幢小品》卷十九《丹台记》载："蒋焘……父原用，娶武功伯徐有贞女而生公。原用登进士，出知乐亭，殁于官……少颖悟。五岁，母口授《小学》，即成诵。"②

黄汝亨《寓林集》卷十八《先母王孺人行略》载："不孝汝亨七岁读书，不能从余父出游，亦未尝再受塾师诫，一切《小学》、《孝经》、《论语》、学庸、孟氏书，母句之而不孝汝亨句读之。丙夜焚膏相向，不孝汝亨或病懒，津津向睡，母辄疾呼曰：'儿抑闻古人锥刺者乎而……'"③

张瀚《奚囊蠹余》卷十六《仲姊墓志铭》载："吾姊生慧婉，先大夫爱逾诸男。里有纽媪，通《小学》《孝经》《女史》，先大夫延之家，以书授姊，尽得其指，卒用以自淑。"④

杨爵《杨忠介集》卷二《明故韩安人屈氏墓志铭》载："安人秉性贞淑，多颖异。年十余岁，都宪公以《小学》、'四书'教诸子，安人从傍听之，即能默记，晓其大义。"⑤

尹会一《尹太夫人年谱》载："康熙十二年癸丑，太夫人

① 崔铣：《洹词》卷十六《赵崄南先生墓志铭》，《四库全书存目丛书》集部第56册，第462页。

② 朱国祯：《涌幢小品》卷十九《丹台记》，《续修四库全书》第1173册，第224页。

③ 黄汝亨：《寓林集》卷十八《先母王孺人行略》，《续修四库全书》第1369册，第290页。

④ 张瀚：《奚囊蠹余》卷十六《仲姊墓志铭》，《四库全书存目丛书》集部第101册，第136页。

⑤ 杨爵：《杨忠介集》卷二《明故韩安人屈氏墓志铭》，《文渊阁四库全书》第1276册，第22页。

七岁。从父受《小学》、'四书'。父夜读书，闻之辄成诵。遂授以《小学》、'四书'，数年通晓大义。"[1]

余香祖《黼山府君年谱》载："嘉庆十二年丁卯，五岁。先大父仍馆篁邨，始携府君随读。先大父尝于枕上讲示《小学》大意及古来忠孝节义事……嘉庆十三年戊辰，六岁。先大父仍馆篁邨，府君随读……冬读《孝经》《小学》毕。"[2]

综合以上七则史料，可以发现明清时期儿童的《小学》阅读史的诸多面相。第一，儿童阅读《小学》的年龄大多在五至七岁，特别是男童的阅读年龄集中在这一时间段，少有例外。初学的低龄儿童读《小学》，不是从文本入手，而是先由师长口语授读，然后复述记诵。年岁渐长，再接触《小学》文本，关注句读。前者可能是节略大意，后者则比较系统。上述黄汝亨、余香祖父亲等人幼时读《小学》的经验可以为证。

第二，儿童阅读《小学》的环境主要在父母膝上、枕边、母亲的纺车声里、父兄读书的窗下或家塾先生的教读声中……总之，都是在家庭日常生活的场景中。儿童阅读《小学》活动的本身已经构成日常生活的温馨场景。即便是有些人宦游、设馆于外，孩子随往，接受《小学》之教，阅读的环境虽在官邸、客栈，仍可视为家的延伸。阅读地点不仅是给阅读提供一个物理环境，而且它与书页上的环境并置，两者有相同的诠释特质。[3] 也就是说，家庭作为儿童阅读《小学》的场景，它

---

[1]　尹会一：《尹太夫人年谱》，《北京图书馆藏珍本年谱丛刊》第 89 册，第 420 页。

[2]　余香祖：《黼山府君年谱》，《北京图书馆藏珍本年谱丛刊》第 151 册，第 384 页。

[3]　阿尔维托·曼古埃尔：《阅读史》，商务印书馆 2002 年，第 204 页。

与《小学》的日常伦理环境是高度契合的，可以提供给儿童体认《小学》意义的具体、熟悉的情境。明代宁波的一位母亲听到幼子在家诵读《小学》至"崔玄暐母卢氏教戒之辞"，于是对他说："汝曹他日幸有官职，愿使我闻好消息也。"[①] 这样的训勉实际上是卢氏教子为官清廉、不惜贫穷的再现。一方面，《小学》故事为儿童诠释了母亲训勉的意思与用心；另一方面，母亲的训勉也使儿童在文字之外懂得《小学》故事的内涵与价值。

第三，女童阅读《小学》的现象较为普遍。修身齐家，女德至重。明清时期人们重视女子的教育，各种女教书名目繁多。随着朱子《小学》影响日益扩大，人们不仅以《小学》训子，而且以《小学》训女，朱子《小学》成为一种有影响的女教书。明人王直就说过："女德之隆污，家之兴废系焉。教之不可不豫也。晦庵先生《小学》之书取古昔圣贤嘉言善行，以为立教之本，其训女子亦备矣。"[②] 清代的汪绂认为："以朱子《小学》与女子读，最好。"[③] 贺瑞麟也曾就《小学》中言妇女者，分女道、妻道、妇道、母道、姑道五类，编为

---

① 杨守阯：《碧川文选》卷四《叔妣张孺人墓志》，《四库全书存目丛书》集部第 42 册，第 104 页。崔玄暐母卢氏教诫之辞，见于《小学·善行》："崔玄暐母卢氏尝诫玄暐曰，吾见姨兄屯田郎中辛玄驭。曰，儿子从宦者，有人来云贫乏不能存，此是好消息。若闻货货充足衣马轻肥，此恶消息。吾尝以为确论……玄暐遵奉教诫，以清谨见称。"

② 程敏政编：《明文衡》卷四十三《女教续编序》，《文渊阁四库全书》第 1374 册，第 174 页。

③ 汪绂：《理学逢源》卷六《内篇》，《续修四库全书》第 947 册，第 412 页。

《女小学》一书，用于女德教育。① 明清传记类文献中存有大量的女童阅读《小学》的记载，难以枚举。需要注意的是，因为男女社会角色的差异，二者的阅读活动也存在一定的差别：（1）女童阅读《小学》的年龄从五至七岁到十几岁，跨度较大。她们不必为考试而汲汲用功，早一年、晚一年并无大碍，修养女德的《小学》之教在出嫁前完成都不为迟。（2）男童启蒙读《小学》，多源自家庭的刻意安排，而生活在士人之家的女童往往耳濡目染，无意中在父兄朗读《小学》的时候默记心诵，学会了诵读《小学》，领略其大义。（3）家庭对男童、女童阅读《小学》的要求不同。女童将来无需参加竞争性的科举考试，阅读《小学》只是用于涵养德性，修身自淑，能够了解大义即可，无需像男童那样严督苛责，务必成诵。② （4）教授女童阅读《小学》除了父母家人，还有专门的女性塾师（闺塾师），当时人称之为"姆师"，如杨士奇《何母周孺人墓志铭》："孺人生而淑慧，幼从姆师通《小学》《孝经》《论语》《列女传》诸书。"③ 上文张瀚家延请的纽媪即是姆师。

女童读《小学》，接受蒙养教育，不仅提高了明清社会女性的识字率，还培养了大批知识母亲，她们以自己所学教育后

① 贺瑞麟：《清麓日记》卷四，《清代诗文集汇编》第697册，上海古籍出版社2010年，第638页。

② 黄沄等编：《湖南善化经铿黄氏家谱》卷八载："（熊氏）课子尤严，口授《小学》及唐人诗必令熟复，少不率辄予杖，或竟日不使食。"清光绪十八年木活字本。

③ 杨士奇：《东里续集》卷四十《何母周孺人墓志铭》，《文渊阁四库全书》第1239册，第199页。

代，正如清人王次山诗中所言："辛勤籯火夜灯明，绕膝书声和纺声。手执女工听句读，须知慈母是先生。"① 明清时期许多人幼承母教，学会阅读《小学》等书，其中不乏著名的学者，例如明代的罗汝芳，五岁从母授《孝经》《小学》诸书；清代的汪中，幼孤家贫，无力上学，由母亲授以《小学》、四子书。②

第四，儿童在家中阅读《小学》并不都是"形单影只"，有时会形成一个家庭阅读的小团体。上述材料中杨爵笔下的那个都宪公以《小学》、"四书"教诸子，他的诸子就是阅读团体的成员。明代安福人罗善"朔望必正衣冠，率子姓，会中堂，讲《小学》数条"③；上节所述清代蔡世远请塾师在晚间点灯时"为小子说《小学》数条"，家中"从叔父、诸群从同在坐"，罗、蔡两家这种家族聚会营造出儿童与成人一体授读《小学》的场景。这样的时刻，阅读《小学》获得了仪式感，就如同读家谱、家规、家训，《小学》也就成为家学的一部分，有些人家甚至"世受此书"④。

无论男童、女童，如果能够在家诵读《小学》，一般都出身士人之家，他们的父母受过相当程度的教育，有较高的知识

---

① 王峻：《题钱修亭〈夜纺授经图〉》，载袁枚：《随园诗话》卷二，《续修四库全书》第 1701 册，第 271 页。

② 分别见李贽：《续藏书》卷二十二《参政罗公》，《续修四库全书》第 303 册，第 532 页；江藩：《国朝汉学师承记》卷七《汪中》，《续修四库全书》第 179 册，第 332 页。

③ 康熙《江西通志》卷七十八，《文渊阁四库全书》第 515 册，第 687 页。

④ 鲁九皋：《山木居士外集》卷四《皇清赐同进士出身候选知县在籍终养覃恩诰赠中宪大夫浙江分巡金衢严道加三级晋资政大夫陈公行状》，《续修四库全书》第 1452 册，第 687 页。

水平；或者他们的家庭比较富有，有能力聘请塾师。而朴实无文的贫家子弟只能到义塾、社学接受启蒙教育，他们诵读《小学》的声音只能回响在那些地方。

（二）诵读于学。这里的学校主要指社学、义学、里塾等。洪武八年（1375），明太祖继承前朝传统，命天下立社学，延师儒教民间子弟，以期导民善俗。此后，明代社学兴兴废废，延至清代。清代历朝都重视推广社学、义学，建学聘师，三令五申，时兴时废，绵延不绝。

就其特性而言，社学基本可以看作由地方政府、乡里组织或个人创办的社区小学。明朝有人说："所谓小学，则闾巷之学是也。古人闾巷之学，即今之社学也。"① 社学的学生多为平民子弟，年龄一般在八至 15 岁②，通过对广大平民子弟的启蒙教育，实现"导民善俗"的目标。陈献章说："此（社学）小子之学也……社学之兴，在今日正淑人心、正风俗、扶世教之第一义也。"正德时钦州督学林希元谈及社学的定位："在坊隅里巷曰社学，社学之教，主于明伦敬身。"③ 清代陈弘谋的看法也基本与明人一致："社学之设，最有关于教化……乡间社学以广教化，子弟读书务在明理，非必令农民子弟人人考取科第也。"④ 可见，社学最重要的任务是明伦、化俗。

---

① 郑纪：《东园文集》卷五《漳州府社学记》，《文渊阁四库全书》第 1249 册，第 767 页。

② 清朝雍正时甚至把年龄延至 20 岁，一部分社学生就不是儿童了。见黄沄等编：《湖南善化经铿黄氏家谱》卷八。

③ 林希元：《林次崖先生文集》卷十《钦州十八社学记》，《四库全书存目丛书》集部第 75 册，第 629 页。

④ 陈弘谋：《五种遗规·养正遗规补编》，《续修四库全书》第 951 册，第 51 页。

明朝前期，这种教化功能经由"读法"来完成，大明律诰始终受到强调。弘治八年（1495），明朝批准了太子太保兵部尚书马文升整饬社学的建议："凡民子弟俱令入社学，读《孝经》《小学》并《大诰》，俾知孝弟之道与当代之法。"① 也就是说，明代中期以后"读法"的同时，注重人伦道德的教育，朱子《小学》被列为社学课程，甚至是最主要的课程。例如，兴建于正德时的沔阳县义学"所以教而学者，《小学》一书。其要在于明伦，其本在于敬身。先之诵说以开其端，责之践履以究其实"② 。江宁县社学的学生"悉令通《孝经》《小学》诸书，诵读之声相闻"③ 。嘉靖初，四川安岳人汤绍恩任绍兴知府，"广设社学，镌朱子《小学》书，礼蒙师训之。朔望，师率童子进谒，则亲为讲授"④ 。

明清两代涌现了许多像汤绍恩这样的官员、士绅，他们以教民化俗为己任，在社学、义学推广《小学》，其中著名者有桂萼、叶春及、黄佐、汤斌、尹会一等人。

嘉靖初，大学士桂萼上《修明学政疏》，请求朝廷令天下提学官勿以科举自限，推行《小学》之教，以朱熹《小学》

---

① 《明孝宗实录》卷一百五，弘治八年十月庚午，台北"中央"研究院历史语言研究所 1962 年校印本，第 1920 页。

② 童承叙：嘉靖《沔阳志》卷十一《儒学》，《天一阁藏明代方志选刊》第 54 册，上海古籍书店 1982 年，第 14a 页。

③ 顾炎武：《天下郡国利病书》原编第八册，《四库全书存目丛书》史部第 171 册，第 359 页。

④ 万斯同：《明史》卷三百九十一《循吏传》，《续修四库全书》第 331 册，第 222 页。

熟读精讲，"庶几不为屋厚基薄，而其人品始可观矣"①。桂萼提出在社学中推行"四堂分习法"，规制如下：社学中设习礼堂、句读堂、书算堂、听乐堂。即把一日功课分成四个部分，每一部分相当于一科，每科在专门的场所学习。其中，学习《小学》在句读堂中，"教之句读，令其粗熟，仍为讲说大义，约之心身"。桂萼的建议得到嘉靖皇帝的赞同，随后作为定制颁布全国。桂氏"四堂分习法"把诵读《小学》作为社学的日课，构成社学课程体系不可或缺的一部分。它的推广，使《小学》成为更多儿童的启蒙经典。

叶春及，惠州归善人，隆庆四年（1570）任惠安知县。他先后建立社学219所，广延社师，刻《小学》书，让儿童诵读于各社。叶氏吸收了桂萼"四堂分习法"和广东魏校、黄佐等人关于社学的课程设计，把儿童朗读《小学》主要放在所谓的"晚学之教"，十人一组，轮流到老师面前授读《小学》。老师让儿童随其诵读，直到能朗朗上口，才命其回归座位。诵读贵熟不贵多，多者数百字，年幼者只教一二句而止。叶春及还以"都"为单位，设立社学大馆，每月朔望所属各里的社学学生集中于社学大馆，讲读《小学》，把乡约会讲的形式引入《小学》讲读之中，并发展出一套礼仪：

> 唱进书，一生捧《小学》置于案上。唱诸生皆上，由两阶上，重班立先生左右；北上，毋越毋哗。唱请益，先生讲《立教》一章。唱歌诗。唱进茶。唱请益，先生

---

① 张瀚：《皇明疏议辑略》卷二十一《修明学政疏》，《续修四库全书》第463册，第11页。

讲《明伦》一章。唱歌诗。唱进茶。唱请益，先生讲
《敬身》一章。唱歌诗。唱进茶。唱谢教，诸生以次降
阶。唱四拜。唱撤案。少休，或令诸生讲书。①

汤斌抚吴，以"养蒙育德莫切于《小学》"，在苏州等地
推广《小学》之教。他在苏州城内外及乡区村镇大约 200 家
设社学一处，本乡子弟年八岁以上、20 岁以下入学，若家贫
者，府州县量为相助。选取府州县学的学生为社学老师，授之
《孝经》《小学》，教之歌诗习礼。每月十一日，在府州县学明
伦堂讲《孝经》《小学》，长洲、吴县各社学的生徒俱要赴学
听讲。②

尹会一，号健余，直隶博野（今属河北）人。尹会一母
亲幼承《小学》之教，受其影响，尹氏推崇朱子之学，尤重
朱子《小学》，他说"养正之功莫重《小学》"。尹会一曾奉
母命在家乡开设义学，推广《小学》。乾隆时先后任江苏、安
徽学政，一如既往以《小学》训生童；刊刻《小学》，散布各
地，要求地方各类学校的生童熟诵《小学》。清代著名学者段
玉裁是尹氏的门生，他清楚记得自己 13 岁时参加童子试，能
背诵《小学》等书，尹氏大加奖赏，赠给《小学集注》一部。

相对于以上四位，劳乃宣可能是一个不知名的小人物。光
绪十九年（1893），劳氏任吴桥县（属河北沧州）教谕。他劝
设里塾，在每街、每村各设一塾或数塾，每年秋收后十月初开

---

① 叶春及：《石洞集》卷七《惠安政书十一·社学篇》，《文渊阁四库全书》
第 1286 册，第 511—512 页。

② 同治《苏州府志》卷三附录《汤文正公抚吴告谕》，《中国方志丛书》华
中地方第 5 号，台北成文出版社 1970 年，第 146 页。

学，岁底散学。里塾属于冬学，它在"耰锄已藏，新谷已入，岁事已毕"的冬月农闲时节开学，针对的是里中农家子弟。里塾专授《圣谕广训》及《弟子规》《小学》等书，意在教授为人之道，以期化民成俗。劳氏要求学生能熟读讲解《小学》内篇，《小学》外篇但须讲解不必熟读，并教以跪拜习礼。[①]

综上，就儿童阅读《小学》而言，"诵读于学"具有不同于"诵读于家"的一些特点。阅读的主体皆为男童，年龄差距较大，知识水平参差不齐；阅读的场所皆为公共空间，大多是集体性的阅读；《小学》阅读往往伴有歌诗习礼，《小学》的义理精神与礼仪规范相结合，有利于人伦道德在基层民众中的落实与践行，实现化俗的目标。

（三）读《小学》之法。明清时期，儿童不管在哪里阅读《小学》，他们的阅读方法都有共同之处，高声诵读便是最主要的相同点。

高声诵读首先是诵读，即通过朗读、熟记以能够背诵，这需要好的记忆力。宋明以来，人们对儿童的心智已经有比较深入的认识。清人陆世仪说："凡人有记性、有悟性。自十五以前，物欲未染，知识未开，则多记性，少悟性。自十五以后，知识既开，物欲渐染，则多悟性，少记性。故人凡有所当读书，皆当自十五以前使之熟读。"[②] 他将人生自五岁至 15 岁看为一节，是十年诵读的黄金时间。而儿童阅读《小学》正是

① 劳乃宣：《韧叟自订年谱》，《北京图书馆藏珍本年谱丛刊》第 180 册，第 332—333 页。

② 陆世仪：《思辨录辑要》卷一《小学类》，《文渊阁四库全书》第 724 册，第 5 页。

安排在这一阶段，故诵读就成为阅读《小学》的主要形式。

其次，高声诵读要求反复多次的朗读。叶春及提出诵读《小学》"贵熟不贵多"，贵熟就是通过反复朗读实现的。研究欧洲阅读史的学者曾提出，重复朗读容易发挥记忆的效果，不是被动的、机械的过程，而是主动地智力建构。① 被明清读书人奉为圭臬的元代程端礼《程氏家塾读书分年日程》在谈到读《小学》时说："自八岁入学之后，读《小学》书正文……每大段内必分作细段，每细段必看读百遍，倍读百遍，又通倍读二三十遍。"②

高声诵读还应该高声，而不是默读。高声朗读才能做到字字的实，句句分明，平仄清楚，句读不紊；高声朗读最容易达致"读书三到"，即眼到、口到、心到，有利于持久记诵。明人杨守陈回忆儿时读《小学》的情况时说："予力弱息微，不能高声久读，但展卷默视，一目下四五行，不数过而已熟，然逾旬越月则皆已忘之。"③ 杨氏的例子是一个很好的反证，让我们了解明清时儿童高声朗读的普遍性。高声朗读还有一个功能，即将文本传达给不识字之人，是一种口耳相授的传播方式。儿童早期的"口授大意"式的《小学》阅读、家庭中很多女童的《小学》授读就是通过这种方式完成的。这也表明儿童阅读必须通过口语来学习。

---

① ［美］罗伯特·达恩顿著，吕健忠译：《屠猫狂欢——法国文化史钩沉》，商务印书馆 2014 年，第 274 页。

② 程端礼编：《程氏家塾读书分年日程》卷一，《丛书集成初编》第 59 册，中华书局 1985 年，第 1—2 页。

③ 杨守陈：《杨文懿公文集》卷一《晋庵稿·割锦类编序》，《四库未收书辑刊》第 5 辑第 17 册，第 408 页。

三、科举政策、学术转向与儿童的《小学》阅读

阅读活动是人的社会性活动，受制于所处社会的环境、技术、意识形态等因素。本章考察明清社会三大因素对儿童阅读《小学》的直接影响，探讨它们是如何改变儿童的《小学》阅读行为的。前节已经探讨了家庭与社学这两种不同的环境下儿童阅读《小学》方式的不同。接下来，笔者从明清科举政策和学术转向两个方面再做进一步研究。

先看科举政策。明朝以程朱理学为官方哲学，科举以"四书""五经"及程朱注疏为范围而不及《小学》。于是，有些人以功利心看待《小学》，出现了不读《小学》的现象："如今人见小儿颇可教者，不先教以小学洒扫与通经史，以立大学根本，便教拈弄文词，以图侥幸科目。"[①] 这种情况在科举鼎盛的江南尤其多见：

> 近吴中人家凡生子可六七岁时，父兄令其灭裂读书，不习诵朱子《小学》，盖谓无益于举子业也。[②]

这里的"吴中"非限于吴县，而是指苏州府。无独有偶，苏州人归有光回忆幼年上学时，里塾老师以《小学》里面的故事教育学生，数十年以后，情况有变，"自科举之习日敝，以记诵时文为速化之术。士虽登朝著，有不知王祥、孟宗、张

---

① 周琦：《东溪日谈录》卷十二《朱子小学书》，《文渊阁四库全书》第714册，第221页。

② 俞弁：《山樵暇语》卷十，《四库全书存目丛书》子部第152册，第74页。

巡、许远为何人者"①。《小学》之教被废弃不用。万历时曾任礼部左侍郎的韩世能也是吴中人，居家教子必令先读《小学》，但有人质疑他："奈妨举业，诵读何?"②

儿童不读《小学》，由此造成人伦道德教育的缺失，成为明人挥之不去的焦虑。终明一代，不断有人呼吁并付诸实践，以推广《小学》之教。同样是在吴中，成化时陈选督学地方，患士习尚浮文而遗实行，令士子先诵习《小学》。陈选为推广《小学》，有《小学集注》流传后世。③ 陈选以后有提学陈琳、御史卢焕皆用《小学》出论题以考士子。这种提学考，类似科举资格的选拔考试，具有一定的导向性，结果是吴中人家"一时市购《小学》读之"。明人沈周有"感事诗"云："阊门自古繁华地，两岸楼台近水居。昨日东家做官去，西家连夜教儿书。"④

吴中人家的例子从正反两方面表明科举对儿童阅读《小学》的影响，这种影响有时是立竿见影的。由于没有建立起制度性的保障，陈选、卢焕等个人行为之后，儿童读《小学》妨碍举业的认识又会恣意流行。因而，把《小学》与科举制度联系起来，让科举成为推动儿童《小学》之教的制度动力，就成为一些有识之士的目标。而这一目标到明末才得以基本实

---

① 归有光著，周本淳校点：《震川先生集》卷五《跋小学古事》，上海古籍出版社1981年，第119—120页。

② 张萱：《西园闻见录》卷二《孝顺后》，全国图书馆文献缩微复制中心1996年，第45页。

③ 沈佳：《明儒言行录》卷五《陈选克庵先生恭愍公》，《文渊阁四库全书》第458册，第772页。

④ 俞弁：《山樵暇语》卷十，《四库全书存目丛书》子部第152册，第74页。

现。崇祯皇帝在大学士钱士升等人的建议下，开始推广《小学》。崇祯八年（1635），崇祯皇帝亲撰《小学新序》，颁《小学》于天下学校，这本《小学》参考书就是以陈选《小学集注》为基础而稍加删改。由于明朝国家力量的介入，《小学》传播的范围有了明显的扩展。张履祥回忆当年读《小学》的情况时说："余年二十余，《小学》尚未见。崇祯八年颁此书于学宫，坊间刊行，始得读之。"① 但是，以《小学》考校士子等措施还没有来得及贯彻，明朝便倾覆了。

　　入清之后，理学复兴。"自幼好读性理之书"的康熙帝更是朱子的推崇者，他不仅将朱熹从配享孔庙东庑的先贤之列提升于大成殿十哲之次，还将朱子的著述颁布天下，作为科举考试的内容。康熙三十六年（1697）定，考试童生用《小学》作论；乾隆元年（1736），定覆试时论题一道，《孝经》与《小学》兼出；乾隆十一年（1746），议准各省学政岁、科两试及府州县试于覆试时用《小学》命题作论一篇，必通晓明顺，方准录取。② 所谓童生，就是未取得生员（秀才）资格的学生；选拔生员的考试，即称童试。只有通过童试，取得了生员资格，才有可能参加各省的乡试，童试实际上是科举考试的一环。用《小学》作论，也就是从《小学》出写作"论"的题目。《小学》实际上成为科举考试的基础用书。一旦朝廷以《小学》课士，《小学》不再是无人问津的闲书，"家购户诵""流布天下"就是必然的，以《小学》训子就是一种常态。许

---

　　① 苏惇元：《张杨园先生年谱》，《北京图书馆藏珍本年谱丛刊》第70册，第255页。
　　② 乾隆《钦定大清会典则例》卷六十九《学校二》，《文渊阁四库全书》第622册，第298—299页。

多人家严督男童诵读《小学》多有为科举奠基的考量。

当《小学》成为童子试的用书，科举对儿童阅读《小学》便产生另一个影响了，它涉及的不是"读"与"不读"的问题，而是"如何读"的问题。儿童启蒙读《小学》、童子试以《小学》命题，原本是为了明伦成德，化民成俗。故儿童读《小学》，要求了解大义，力行于身。应对考试则不同，阅读《小学》主要为了时文写作，多喜读"小学论选"之类的时文书籍，即按照"论"的体例拟题成篇，以便童生揣摩。清人张伯行指出：

> （以《小学》）课童子试，俾初学之士讲而习焉，以兴起其良心而成就其德业，为圣为贤于是乎始。今海内之士家传户诵，非不甚盛，然第以为课试作论之资，而不知为圣为贤之道所由基。坊间刻本亡虑数十种，纂注标题亦止为试论剽窃之地，而鲜有寻绎其文义之微与其教人亲切之意，引学者以躬践而力行之者。[①]

这种"应试型"阅读可以看作科举制度影响下清代儿童阅读《小学》的一种新样态，却与制度安排的初衷渐行渐远。

再看学术转向。明清时期，朱子《小学》是伴随着程朱理学的展开而被广泛认识和传播的。虽然理学在明清社会的官方权威地位一直没有根本改变，但新学术的崛起对理学的冲击是巨大的，由此带来的影响也会显现在儿童的《小学》阅读上。

---

① 张伯行：《小学集解·原序》，《四库全书存目丛书》子部第3册，第780页。

　　阳明心学的出现是明代学术的大事件。阳明从《大学》入手，开始颠覆程朱理学的权威，尤其是在民间和知识界，阳明学把理学的影响压缩到有限的逼仄空间。在王阳明那里，朱子《小学》是被忽视的，现在检索"阳明全书"，看不到他对《小学》的任何关注。随着时间的推移，阳明后学中的一些人，如胡直、李贽等，视《小学》的进退之节、礼乐射御书数之文为"大人之涕唾"①，践行小学之教乃是"穷索物理而豫求于末"②。明代学术风气的转向使儿童阅读《小学》成为不合时宜的行为。故陆陇其观察明代学术后指出："自正德、嘉靖后，学术分裂，《小学》一书且束之高阁。"③

　　清初，理学复兴，清人称之为"宋学"。朱子《小学》属于宋学，乾嘉之前儿童读之，乃"崇尚宋学"之表现④，朱子《小学》也就被视为"宋人之小学"。乾嘉以后，宋学之外又有"汉学"，即通常所谓"朴学"或"考据学"的兴起，于是有"汉人之小学"。皮锡瑞《经学历史》论两者之不同："汉人之小学，一艺也；朱子之小学，蒙养之全功也。"⑤

　　汉、宋学术并存的情况下，小学之教的内涵亦随之变化。

---

　　①　李贽：《续焚书》卷一《与马历山》，《续修四库全书》第1352册，第310页。

　　②　胡直：《衡庐精舍藏稿》卷二十八《六锢》，《文渊阁四库全书》第1287册，第614页。

　　③　陆陇其：《三鱼堂集》卷四《小学集解跋》，《文渊阁四库全书》第1325册，第54页。

　　④　陈用光：《太乙舟文集》卷三《蒋省斋家传》载："君既归，家居课孙以《小学》《近思录》为教。盖雍正、乾隆间士大夫崇尚宋学如此。"《续修四库全书》第1493册，第303页。

　　⑤　皮锡瑞：《经学历史》，《续修四库全书》第179册，第415页。

清人有言：

> 穷经以小学为本。汉人之小学，文字故训也；宋人之小学，洒扫应对进退也。二者正宜兼习，不可偏废，此即君子尊德性、道问学之大端。欲尊德性，则容貌词气必宜慎之又慎……欲致力于问学，则必先熟《尔雅》，而他经之诂训悉参其异同，佐以《说文》《广韵》，则文字训诂可以粗了。①

这是一段重要文字，表达了乾嘉学术流行背景下士人对于"小学"知识结构的认识：合汉宋而一之，朱子《小学》必兼训诂。从根本上说，训诂之学是一种工具性知识，为探求经典蕴含之道理；儿童阅读朱子《小学》，欲由字句而得蒙养之道，必借助训诂而后明，所以《尔雅》受到重视，成为儿童启蒙教育的主要读本。基于这样的认识，乾嘉以降儿童的蒙养教育变为兼读朱子《小学》与文字训诂之书《尔雅》。例如青浦人陆我嵩于乾隆五十九年（1794）在家塾受教，其父授以朱子《小学》、《孝经》、《尔雅》。② 笔者在翻阅清代人物传记资料时还发现，有些人家教育儿童甚至以"四书"、《孝经》与《尔雅》相组合，而舍弃朱子《小学》。凡此，不能不说乾嘉学术对清代儿童阅读史的影响至大矣。

需要注意的是，无论是学术转向还是科举政策，它们对明

---

① 钱应溥：《警石府君年谱》，《北京图书馆藏珍本年谱丛刊》第 145 册，第 148 页。

② 陆我嵩：《无成录》，《北京图书馆藏珍本年谱丛刊》第 143 册，第 23 页。

清儿童阅读《小学》的影响可能是阶段性的、局部的（某些地区、某些群体等），而不是全局性的、自始至终的。如同新学术对理学的冲击，有时虽巨，但始终没有改变理学在明清时期的官方地位。可以肯定的是，朱子《小学》为明清社会童蒙教育的经典，其传播之广、影响之大罕有匹敌。

四、儿童阅读与《小学》文本的多样化

明清时期，人们在肯定《小学》权威的同时，看到《小学》存在"儿童苦其难读"的问题。《小学》难读的原因首先是其语多简奥，有文词、句读之难。天顺时，江西提学李龄就曾说："紫阳夫子《小学》一书因得乎古者教童蒙之法，与五经、四书相为悠久。然其间字语艰深，短长不一，虽老师、夙儒往往读之不能以句，况童习乎！"[①] 成化、弘治年间的文章大家王鏊指出朱子《小学》："多先秦之文，其词古，其义深且奥。学者读之，至不能句，况乡村学究乎，盖往往病焉。"[②] 明末杭州的一位塾师柳应龙也感到《小学》之书，"其辞曲，其理隐而晦，而非蒙昧可与哉，故习之者寡"[③]。《小学》难读的另一个原因是其征引繁复，多杂古事。嘉靖时滁州人胡松说《小学》："初学小生犹苦难读，岂不以时杂大人长者之事，而非小子之所及知。又所采传记百家，语多简奥，加之贞妇烈女

① 李龄：《宫詹遗稿》卷三《题养蒙大训后》，《四库未收书辑刊》第5辑第17册，第351页。

② 王鏊：《震泽集》卷十二《小学集注大全序》，《文渊阁四库全书》第1256册，第269页。

③ 汤沐、柳应龙：《新刊社塾启蒙礼教类吟》卷二《小学总意》，《故宫珍本丛刊》第476册，海南出版社2001年，第368—369页。

之行，宜别为书而悉附载，故幼学病其繁也。"① 入清以后，陆世仪对《小学》的"难"与"繁"都有论述：

> 今文公所集多穷理之事，则近于大学。又所集之语多出四书、五经，读者以为重复。且类引多古礼，不谐今俗。开卷多难字，不便童子。此《小学》所以多废也。②

柳应龙、陆世仪的批评还显示，由于《小学》的难与繁，造成了《小学》多废、习之者寡。这样的局面似乎与笔者文中所述的明清社会儿童阅读《小学》的广泛性相矛盾。其实不然，柳应龙、陆世仪的说法只是表明后世儿童阅读的《小学》文本不是朱熹编辑的《小学》原本。为了改变朱子《小学》的难与繁的问题，明清士人对其进行了不同形式的改造，以期适应儿童的阅读能力。也就是说，明清时期儿童阅读的《小学》文本基本是这些多样化的改造本。

（一）注解本。注解本一般是随文附注，对难晓之字句释音训义，考订其名物、典制，以便掌握其意义，明了其宗旨。注解本由两部分组成，即原文与注解文字。随着朱子《小学》的经典化，注解本不断出现，元朝时有于景龙《小学》注本、熊禾《小学句解》等。明朝的注解本以吴讷《小学集解》和陈选《小学集注》为代表。吴讷，字敏德，常熟人。吴氏于性理之奥多有发明，英宗初，辑《小学集解》。嘉靖时，吴氏

---

① 胡松：《胡庄肃公文集》卷一《删正小学序》，《四库全书存目丛书》集部第 91 册，第 35 页。

② 陆世仪：《思辨录辑要》卷一《小学类》，《文渊阁四库全书》第 724 册，第 4 页。

集解本在南直隶曾作为社学教本而刊行。清初，陆陇其对吴氏集解本进行校勘后再次刊行。相对于吴氏集解本，陈选《小学集注》影响更大。它的特点是随文衍义，颇为浅近，尤有裨于初学，崇祯时颁之学校，成为钦定的教科书。清初，高愈在陈氏注本的基础上进一步完善。高愈，字紫超，无锡人，顺治贡生。高氏说，陈选注本"句栉字比，可称详备"，但章法有欠融贯，所考古人名氏、事迹颇多疏略，年号、地名无所考证。于是高氏正其得失，节其繁冗，删订之后，附总论及朱子年谱，成就《小学纂注》一书。① 此书刊行后逐渐取代了陈氏注本，成为清代最主要的小学教材，流布各地。如尹会一在江苏、安徽任学政时，主持刊行的小学书即是高氏注本。云南布政使陈弘谋对高氏注本称赞有加，刊布云南全省："余读之，爱其诠解明备，考校无讹，尤便初学。因重为刊板，附以《童蒙须知》，颁之通省学塾。"② 道光时提督湖北学政龙启瑞重刊朱子《小学》，选用的也是高氏注本。

（二）删节本。删繁就简，节难留易，是明清时期应对朱子《小学》"繁、难"问题的一种主要手段。删节本是对全文的择要、精选，篇幅较原文大大减少，但主题往往更为集中、突出。胡松《删正小学》即是如此，"一以孝弟慈让为本"，它事不杂。③ 黄佐因为朱子《小学》凡数十万言，浩繁汗漫，

① 高愈：《小学纂注·凡例十则》，《四库全书存目丛书》子部第4册，第6—7页。

② 雍正《云南通志》卷二十九之十二《重刊小学纂注序》，《文渊阁四库全书》第570册，第641页。

③ 胡松：《胡庄肃公文集》卷一《删正小学序》，《四库全书存目丛书》集部第91册，第35页。

儿童难得要领，遂取《小学·内篇》最切要者编为《小学古训》一卷。① 清初学者李颙谈到朱子《小学》时说："宜撮其要，并《童蒙须知》同读可也。"② 明清时期，对幼童授以《小学》大义，往往使用删节本，或自行节略《小学》而教。

（三）韵文本。明末塾师柳应龙有感于《小学》难读，对《小学》顺章摘句，就简去繁，编成《五言小学》，面貌一新，儿童乐于习闻。清同治时，贺瑞麟辑《小学韵语》，提要钩玄，仅存朱子原本的十分之一，"尤便乡童讽诵"③。柳、贺二氏的例子表明，韵文本首先是删节本，其次是用诗歌、韵语改写而成。韵文本的出现不仅是应对《小学》原文中佶屈聱牙的难字、长句，而且是古代诗教传统的继承与弘扬。明人孙扬用所闻所见与教子的亲身经历阐述了《小学》韵文本对于儿童阅读的意义：

> （朱子《小学》）读之者鲜，抑何故哉？盖其书多古语，而且有长辞，类非幼稚之所能诵能晓，故凡初训蒙者概未之及，而惟以《蒙求》《千字文》与夫对句俚诗之类，第取其句短韵谐，便于童习，实则无益于蒙养……及遣幼儿就学，即以授之，方其始读"题辞"，则以句齐韵叶，洋洋成诵；至于篇中，遂龃龉不能以句。余且疲于口

---

① 道光《广东通志》卷一百九十四《艺文略六》，《续修四库全书》第 673 册，第 264 页。

② 李颙：《二曲集》卷八《读书次第·小学》，《续修四库全书》第 1410 册，第 172 页。

③ 张元勋：《清麓年谱》下，《北京图书馆藏珍本年谱丛刊》第 167 册，第 448 页。

授之烦……因念程子尝谓歌咏有助于蒙养，欲以洒扫应对等事作诗教童子而不果。厥后，北溪陈氏乃作《小学礼诗》，或又谓其未备。兹敢妄以是书随条详玩，会其意，隐括其辞，只如俗说，次为五言韵语，将以便幼儿之口诵，且使易晓易记焉。①

孙氏最终成书名曰《小学韵语》。明清时期类似的韵文本还有明末清初陈瑚根据《小学·内篇》改编而成的《（三言）小学韵语》、康熙时李塨的《小学韵语》等。

（四）时文本。清代时文名家戴名世说："功令又以小学论一篇试童子，与经义而并行……论亦且化而为时文。"② 自康熙朝始，童生考试以朱子《小学》拟题作"论"，"论"与经义文（八股文）一样，属于时文，那么，这些"论"的文集或文选就属于《小学》时文本。如戴氏编辑的《小学论选》。另有一些《小学》注解本采取拟题、标示旨趣等方式服务时文写作，也属时文本，如江阴张某编撰《小学详说》，为的是"操觚家开卷，了然如指诸掌"③。时文本有两个特点，一是内容集中于可以拟出"论"题的《小学·内编》，二是读者对象比较明确，通常是那些即将参加童生试的早慧儿童或十几岁的成童，幼童、女童一般不会阅读。

----

① 孙扬：《孙石台先生遗集》卷一《小学韵语序》，《四库未收书辑刊》第5辑第18册，第477—478页。

② 戴名世：《南山集》卷四《小学论选序》，《续修四库全书》第1419册，第93页。

③ 张英：《小学详说序》，《常郡八邑艺文志》卷六上，《续修四库全书》第917册，第611页。

此外，还有《小学》图本，即把《小学》的内容用一系列的图画表现出来。元朝薛延年《小学纂图》六册就是较早的图本。明朝也有《小学图》，"画朱子小学数段，皆明伦敬身之事"①。清初，上元县张徽典著《小学图注》。②

文本的多样化是《小学》这一社会共享文本面对差异化的儿童读者群体时必然出现的结果。明清儿童从四五岁到十四五岁（甚至到20岁）都可能接受小学教育，年龄、知识水平的差别很大。对于早慧者或学力较高者，可能需要读《小学》全书，那么注解本比较适合；对于幼童、学力粗浅者，韵文本、节选本和图本便是最佳选择；而那些准备童生考试的儿童，则需要读一读时文本。可以说，多样化文本积极回应了儿童群体的不同阅读需求。明清时期，除非特别说明，人们会把儿童阅读多样化的《小学》文本笼统地称之为"读《小学》"。

结　语

朱子《小学》是明清时期儿童教育的经典读本，阅读《小学》是儿童日常生活的重要组成部分。家庭、社学皆可读，训子、训俗两相宜。只不过，明清时期儿童的《小学》阅读仍受制于当时社会的制度、学术、技术等因素，这些因素可能会影响到儿童阅读的预期、文本选择、阅读方法等，从而使儿童阅读具有那个时代的特征。"乾嘉学术"对"小学"的重新定义以及对儿童阅读《小学》的影响，便是明证。

---

① 庄昶：《定山集》卷十《小学图跋》，《文渊阁四库全书》第1254册，第344页。

② 吕燕昭修：嘉庆《重刊江宁府志》卷五十四，《中国方志丛书》华中地方第128号，台北成文出版社1973年，第2103页。

　　傅斯年曾说，"六经"以外，有比"六经"更有作用的书，《治家格言》远比《大学》实在、《正气歌》远比《春秋》振人之气。"六经"之内，十分之九为装点之用、文章之资的。[①] 就朱子学而言，《小学》对社会的实际影响力可能要超过《四书集注》。但明清时期流行的读本往往不是朱子《小学》原本，而是经过创造性转变的改编本。这些改编本经师儒传授、父兄面训，《小学》之教深植宗族，渐入乡梓，蔚然成风。这一进程比较清晰地呈现了朱子学"民间化"的路径。

---

　　① 傅斯年：《论学校读经》，《傅斯年全集》第6册，台北联经出版事业公司1980年，第2050页。

第八章　时文熟，榜头立

——明代士子的时文阅读实践

时文，科举时代的应试之文。时文作为一个明确的文体类别概念是在宋代提出，并实现了程式化。① 宋代科举发达，各种时文刊本非常流行，应试士子阅读时文蔚然成风。② 这种风气历经元代虽有所消歇，但随着明朝建立，科举再盛，加之印刷技术的发展，明代士子阅读时文之风较诸两宋有过之而无不及，成为一种值得注意的社会文化现象。

时文具有时代性，其内涵因应科举考试内容而有所差别。明代士子所读时文，按文体分，有经义、表、论、时务策等，此即明代乡、会试三场考试的内容。以作者身份论，时文则有程墨、房书、行卷和社稿等。③ 若从出版角度言，"四书""五

---

① 参见罗时进、刘鹏：《唐宋时文考论》，《文艺理论研究》2004 年第 4 期；祝尚书：《论宋代科举时文的程式化》，《厦门大学学报（哲学社会科学版）》2005 年第 5 期。

② 刘祥光：《宋代的时文刊本与考试文化》，《台大文史哲学报》第 75 期（2011 年 11 月）；刘祥光：《时文稿：科举时代的考生必读》，《近代中国史研究通讯》第 22 期（1996 年 9 月）。

③ 张采《知畏堂文存》卷一《具陈复社本末疏》云："我朝制科取士，因重时文。凡选乡、会中式曰程墨，选进士文曰房书，选举人文曰行卷，其诸生征文汇选曰社稿。"《四库禁毁书丛刊》集部第 81 册，北京出版社 1997 年，第 527 页。

经”等经典之外服务于科举的读物大致都可以视为时文。因此，本章的“时文”所指较为宽泛，既指时文诸文体，亦指时文刊本、科举用书，非专指经义文（八股文）。

学界对于明代时文的研究也主要从两方面展开：一是从文体的角度，对时文特别是经义文的特征、演变及其历史评价的研究。① 二是从出版史、书籍史的角度，对明代时文书籍的刊印、市场及社会影响等问题的研究。② 这两类成果或是关注时文的文学风格，或是关注时文文本生产、重视时文的物质形式，但它们有一个共同点，那就是对时文读者的忽略。③ 这种忽略使我们难以了解明代科考士人的时文阅读方式、阅读心态、阅读习惯等，也难以准确把握那个时代人们对待时文阅读的态度，以至于把明清以来对八股文的全盘批判当作明人普遍

---

① 此类著作众多，代表性的著作有，启功：《说八股》，中华书局2000年；龚笃清：《明代八股文史探》，湖南人民出版社2005年；潘峰：《明代八股论评试探》，复旦大学2003年博士学位论文；高寿仙：《明代制义风格的嬗变》，载朱诚如、王天有主编：《明清论丛》第2辑，紫禁城出版社2001年；李光摩：《论明代八股文语体》，《中山大学学报（社会科学版）》2012年第4期；金春岚：《明清八股文程式研究》，华东师范大学2013年博士学位论文；黄明理：《儒者归有光析论——以应举为考察中心》，台北里仁书局2009年，除了研究归有光的四书经义文，对归氏的对策也有专章考察。

② 参见大木康：《明末江南の出版文化》，东京研文出版2004年；Chow Kai-wing, *Publishing*, *Culture and Power in Early Modern China*, Stanford：Stanford University Press，2004；沈俊平：《举业津梁：明代中叶以后坊刻制举用书的生产与流通》，台湾学生书局2009年；张献忠：《明中后期科举考试用书的出版》，《社会科学辑刊》2010年第1期；等等。

③ 沈俊平《举业津梁：明代中叶以后坊刻制举用书的生产与流通》第五章虽讨论了明代士子的阅读需要、阅读习惯，但只是把士子的阅读需要、习惯看作影响举业书籍种类与形式特点的一个因素，其立足点仍在文本。

的态度。从根本上讲，对时文读者的忽略，就把时文从它的读者所生活的社会、政治、文化背景中分离开去，难以完整呈现时文及时文阅读的本来面貌。①

有鉴于此，笔者调整研究视角，把研究重心从文本、文体转向读者，聚焦于读者与文本之间的互动，主要探讨明代士子为何要阅读时文、如何阅读时文、阅读何人的时文以及时文场域中的权力交锋与明代士子时文阅读的关系，丰富明代时文研究的社会文化史内容。

一、为何读时文：舍弃不得的举业津梁

《儒林外史》第十一回写鲁编修女儿攻举业、习时文，虽是小说家言，却颇近明人举业人生的实录：

> 鲁编修因无公子，就把女儿当作儿子，五六岁上请先生开蒙，就读的是"四书""五经"；十一二岁就讲书、读文章，先把一部王守溪的稿子读的滚瓜烂熟。教他做"破题""破承""起讲""题比""中比""成篇"……这小姐资性又高，记心又好，到此时，王、唐、瞿、薛以及诸大家之文、历科程墨、各省宗师考卷，肚里记得三千余篇。自己作出来的文章又理真法老，花团锦簇。鲁编修

---

① 安娜《明代科举士子时文阅读初探》一文（载《古代文明》2017 年第 1 期）主要探讨明代士子时文阅读的阶段性发展、时文商业出版的兴起以及士子在其中的多种身份，未能摆脱出版史研究的影响而真正进入明代士子时文阅读的实践层面，也就是说，她没有考察明代士子是如何阅读时文、如何选择时文范本等问题。

每常叹道：“假若是个儿子，几十个进士、状元都中来了!”①

　　明人开始举业的年龄一般在 12—14 岁，早慧者有七岁上下就初习举业。② 此前，这些总角少年要在家庭、私塾、乡学等地方接受启蒙教育，学习了《小学》《孝经》《神童诗》等课业，读过了“四书”，至于“五经”未必全读，但至少要读完其中一经。这时，士子不仅可以识文断字，背诵经书，而且能够阐释经典，体会圣贤立言之旨，开始进入举业的核心阶段——学习经义文、策、论等时文写作。时文重技巧、贵法度，写好时文先需模仿，阅读前辈大家的时文乃士子必修课。

　　明人回忆自己早年的举业人生，常会提及初习举业时曾经诵读的时文书籍。江南巡抚周忱是永乐初进士，开始举业时，他父亲曾手抄前辈名人的程文，装订成册，给他做范文。③ 王樵，金坛人，嘉靖二十六年（1547）进士。14 岁时由他父亲亲自教授举业，“衙舍中止有《集注》及虚斋批选程文，昼夜诵读，守其尺寸惟谨”④。《集注》当为朱熹《四书集注》，而虚斋批选程文则是明代大儒蔡清为初习举业者编辑的时文书籍《精选程文》，作为指示时文门径的书籍，初刻于正德初，流

<hr>

① 吴敬梓：《儒林外史》，中华书局 2009 年，第 71 页。
② 据《北京图书馆藏珍本年谱丛刊》第 39—52 册（北京图书馆出版社 1999 年）所载明人年谱统计，明言谱主习举业年龄者 17 人，其中 12 岁、13 岁者各 3 人，14 岁者 6 人，其他年龄段各 1 人，最小者 7 岁。
③ 杨士奇：《东里集·续集》卷二十八《赠嘉议大夫工部右侍郎周君墓碑铭》，《文渊阁四库全书》第 1239 册，台湾商务印书馆 1986 年，第 34 页。
④ 王樵：《方麓集》卷五《寿清源张先生六十序》，《文渊阁四库全书》第 1285 册，第 209—210 页。

传海内，20 多年后成了王氏学习时文的掌中宝。王思任，明代著名戏剧家，万历四十七年（1619）进士。他晚年自撰年谱，清楚记得 11 岁时见丰城人解元熊尚文的墨卷雅妙，诵读难忘。第二年，他又开始研读袁公安（宏道）会试墨卷，请名师圈示指点，领会布格、运思之奇。[①] 对于一些家境贫穷的士子，因无老师讲授时文，他们摸索时文的门径就是直接模仿所能得到的时文书籍。南阳人张文麟，弘治十八年（1505）进士。早年习举业，家贫无师，学作经义文，乃以活套《拔萃》《老书》为式范，抄扯成篇。16 岁，又依照《王探花论》，了解"论"的首尾节次。[②] 可以说，张氏举业就是从这几本仅有的时文稿起步的。

阅读时文对于习举业者的意义，首先在于比较快速、有效地获得了关于经义文、策、论等时文的基本知识，掌握写作技巧，提高写作水平。以经义文为例，经义文一篇数百字，讲究"寸晷尺幅，衍绎圣贤之微言"，技巧性很强，仅"破题"就要掌握数十种不同类型题目的不同破法。明人因此有言："艺中之难物、妙物，莫如制义。"[③] 熟读前辈大家的时文范本，是明代士子克服时文之难、揣摩作文技法的重要途径。那种读过之后涣然有得的感受是他们脑海中抹不去的美好记忆。王思任多年之后还会想起 12 岁时读过袁公安会墨，自己的制艺因

---

① 王思任：《王季重先生自叙年谱》，《北京图书馆藏珍本年谱丛刊》第 57 册，第 293 页。

② 张文麟：《端岩公年谱》，《北京图书馆藏珍本年谱丛刊》第 44 册，第 488 页。

③ 薛冈：《天爵堂文集》卷一《林初文先生集序》，《四库未收书辑刊》第 6 辑第 25 册，北京出版社 2000 年，第 60 页。

而有脱胎换骨的变化。

经义文如此，对策也是如此。对策为明代科举第三场的考试内容，借鉴经史，解决现实问题。"策必稽古"，对策要求考生熟悉上下数千年之史实，了解制度兴革、时务利弊，涉及的书籍汗牛充栋，纷繁复杂。因策学浩瀚，如果不借助《策略》这样的参考书，应试士子不仅要裒集群书，还要考证分类，那些史籍、诏令等书"有皓首不得一闻见者"[①]，如何能应付考试！商辂，宣德十年（1435）乡试第一（解元），正统十年（1445）会试第一（会元）、殿试第一（状元），号称"商三元"。他在策论上的突破就得益于17岁时阅读了时文书籍《策略》：

> 同邑锦溪洪公玙为主事，便道归，过市见邑父母，带有《策略》二册。公闻，假录，洪公以明日遂行为辞。公固请，得之，一夕览毕而还。掌教王先生月试，惊曰："此作何迥异平昔？"公以实对。[②]

其次，阅读时文对于习举业者的意义还在于把握文风之变。袁宏道曾言："举业之用在乎得隽，不时则不隽，不穷新而极变则不时，是故虽三令五督而文之趋不可止也，时为之

---

① 马中锡：《东田集》卷五《书策学辑略后》，《四库全书存目丛书》集部第41册，齐鲁书社1997年，第595页。
② 商振伦：《商文毅公年谱》，《北京图书馆藏珍本年谱丛刊》第39册，第162—163页。

也。"① 揣摩时文风气是明代士子举业生活的一部分，特别是明后期，时文趋新炫奇蔚然成风，士子平日推求离不开"某种文可利试，某种文易逢时"②。对于心怀进士梦的士子来说，只有把握了时文风气的新变，穷新而极变，所作时文才可能"逢时"，否则，时过境迁，违时之文难合时代之辙，科场不利便是自然之事。关于时文新变与时文读本的选择，详见后文。

正是由于阅读时文，"以之为式"，得其作文之助，有时甚至具有立竿见影的效果，故明人把时文视为举业津梁，父师以之教子弟，学校以之课生员。不仅初习举业者阅读时文，探求入门途径，就是那些学业有成、三场皆通的资深士子也要常常阅读时文，揣摩风气，掌握动态，使自己的文章在布局、格调、文气与文理等方面都能出类拔萃，以便场屋之中出人头地。因此，时文阅读始终与举业相伴，并出现了两种代表性的阅读类型：

其一，舍经史而专诵时文。明朝三场试士，其本意是通过经义、表论、对策来甄选通经学古之才。士子须熟读经史，涵育淬炼，所撰时文方有通经学古的气象。只不过，这一过程是漫长、艰辛的，"非下帷十年，读书千卷，不能有此三场也"③。对于一些人来说，既然科举以时文定优劣，那就以时

---

① 袁宏道：《袁中郎全集》卷一《时文叙》，《四库全书存目丛书》集部第174册，第420页。

② 江天一：《江止庵遗集》卷七《误师篇》，《四库未收书辑刊》第6辑第28册，第358页。

③ 顾炎武著，黄汝成集释，秦克诚点校：《日知录集释》卷十六《三场》，岳麓书社1994年，第589页。

文为重，不是从经史入手，读书千卷，然后发为文章，而是诵读前人时文，模拟改纂，成自己三场文字，以图侥幸。于是，快捷速成取代了沉潜用功，专诵时文，无暇经史，就成为这类人的不二选择。早在宣德时，杨士奇等人就注意到士子有急于进取者，不究心经传，惟诵习前辈程文。[①] 弘治时有官员指出："今之所谓科举者，虽可以得豪杰非常之士，而虚浮躁竞之习亦莫此为甚。盖科举必本于读书，今而不读《京华日抄》则读《主意》，不读《源流至论》则读《提纲》，甚者不知经史为何书。"[②] 明朝前期文风还算淳朴笃实，虽有杨氏等人所说的不读经史、专诵时文的浮躁之士，总体上士子还是读经史、务实学。但问题是，专诵时文者虽是速成，有时却能侥幸通过科举考试；埋首经史者虽有实学，亦常常老于场屋。科举制下，能取一第便是硬道理。当读千篇旧时文，即可轻取一第，荣身显亲，扬名当世，谁不趋之若鹜！因此，明代中期以后士子读时文、弃经史的学风愈演愈烈。福建人蔡献臣以他家乡同安县士子为例，描述了这一学风变迁的轨迹：

> 吾邑正嘉以前，人皆读"五经"、《纲目》、《性理》，根本茂焉。至督学胡二溪来，喜子书、《史（记）》《汉（书）》，而始知读古文，然"五经"、《纲目》、《性理》之学渐以疏矣。今（指万历时）则经史古文，胸中无一焉，而读程策；程策又无一焉，而读时文，甚至"四

---

① 　杨士奇：《东里集·续集》卷三十四《国子司业吴先生墓志铭》，《文渊阁四库全书》第 1239 册，第 112 页。

② 　谢铎：《奏修明教化事》，载黄训编：《名臣经济录》卷二十六，《文渊阁四库全书》第 443 册，第 531 页。

书"、经但读白文，不涉注传。小试出论，则茫然不知出处。总之，徒恃时文用事。①

此种风气之下，时文大行其道，书坊非时文不刊，书肆非时文不售，士子以时文竞相传诵，甚至视经史为不祥之物。顾炎武说："余少时见有一二好学者，欲通旁经而涉古书，则父师交相谯呵，以为必不得颛业于帖括，而将为坎轲（坷）不利之人。"② 时文原本根基于经史，而竟然如此反客为主，本末倒置，凸显了明代士子时文阅读的极端功利化。

其二，经史与时文并重。专诵时文者把时文当作敲门砖，无视学术积累，只求捷径，其结果是无根之学，其华不荣，其敝也久。实际上，明代的有识之士早已看到这种时文阅读模式的危害，不断呼吁改变躁进空虚之弊，一些专诵时文的士子被讥为"寡时文秀才"。只要从事举业，专诵时文者就需要攻读经史。于是，在明代后期崇尚时文的浓郁风气下，士子的时文阅读开始出现一股回归明初"时文、经史并修"传统的趋势。万历中，浙江提学蔡献臣曾规劝地方生员："夫制义在我明，神物也，即大贤智人能舍此致通显哉？然工制义者，则未有不熟读经史古文而能之也。"③ 贵州巡抚郭子章也说，时文为学中一事，无可变易，"愿诸生本之《六经》，以正其宗；参之

①　蔡献臣：《清白堂稿》卷十七《风俗志》，《四库未收书辑刊》第6辑第22册，第528页。

②　顾炎武著，黄汝成集释，秦克诚点校：《日知录集释》卷十六《十八房》，第584页。

③　蔡献臣：《清白堂稿》卷三《浙学职掌·浙学道钦条演义行十一府》，《四库未收书辑刊》第6辑第22册，第73页。

《性理》，以端其趋；旁通诸史，以苍其格；遍采诸子，以华其色。举子业文如是，足矣"①。这些地方官员强调经史与时文并重，旨在纠正专重时文、轻弃经史的弊端，但阅读时文仍然是士子举业的必修课。

一些私家教授举业的课程安排所体现出的时文、经史同修并重，则是明人出于学理考量而做出的自觉、明智选择。先看冯梦祯为他两个儿子开的举业日课：

> 汝等虽当以时义为急，如《檀弓》《左（传）》《国（语）》《史（记）》《汉（书）》《老（子）》《庄（子）》等书，日须记二百言，务令成诵，积少成多，自有逢源之益……
>
> 每日温四书十行、经十行，看书三叶。手誊写所温经书，务要端楷，不得潦草、填改及写别字。读古文经传十行，记墨卷半篇，看时文廿篇。
>
> 三、六、九日，作时文一篇。余看书、看时文、读古文、记墨卷四项课。②

冯氏为明代文章名家，又熟悉科场典故，他对课程的安排充分考虑了举业所需的知识结构，以时文为中心，对时文及其所依赖的经史、古文等做了很好的平衡。

唐文献，万历十四年（1586）状元。他长期在京做官，

① 郭子章：《蜀草》卷九《杂著·学约》，《四库全书存目丛书》集部第154册，第700页。

② 冯梦祯：《快雪堂集》卷四十五《示两儿训语》，《四库全书存目丛书》集部第164册，第649页。

家书训子，不忘教导举业，反复强调自"四书"、本经之外，还应当重视《性理》《通鉴》等，后场功夫全在此中。以经义为例，唐文献要求儿子必须把"四书"、本经一年细看一遍。因为经义文题目出自"四书"、本经中，熟悉经典，能够切实把握经典的思想体系，"一题到手，其中脉络、意旨自然分明"。否则，题到茫然，难以破承达意。如此安排，唐氏就是从经义文本身的学术特点出发，正确地把握了"四书"、本经与时文之间的关系。①

　　无论哪种情况下，明代士子都不可舍弃阅读时文。科场顺利者阅读时文的时间不到十年，而文运不济、屡败屡试者则有二三十年之久。在如此漫长的时文阅读生涯中，每个人都会阅读大量的经义文、策论、表判等不同文体的时文。《儒林外史》中的鲁小姐记了3000篇大家之文、历科程墨，并非虚言。苏州府有个叫魏志宁的人，执着科举，十上公车皆不中。正德五年（1510），他儿子中了乡举，朋友劝他可以歇一歇了，不必再考。他却一日不取科名，一日有举业在心，非取科第不可，于是"日夜淬砺，诵读不辍。掇萃程文之善者几万篇，皆手自抄录，熟复之"。直到八年之后才放弃科举。② 一个老秀才，手抄心诵近万篇时文，实在是近乎悲壮的阅读经验。明末艾南英是一位时文名家，先后经历了七次科举考试，20余年科举生涯中，他阅读时文不断，自称"制艺自鹤滩、守溪

---

①　唐文献：《占星堂集》卷十六《家书》，《四库全书存目丛书》集部第170册，第630—631页。

②　王鏊：《震泽集》卷三十一《南雄府推官魏府君墓志铭》，《文渊阁四库全书》第1256册，第458页。

下至弘、正、嘉、隆大家，无所不究"[1]，其数量应该不会少。

二、如何读时文：以墨卷与时文评点为例

科举以时文选拔人才，士子以时文谋求进身。对明代士子来说，阅读时文具有特别重要的意义。那么，举业生涯中，他们如何阅读时文？不同的时文文本，其阅读的方法各不相同。本节以墨卷与时文评点为例，具体探讨这两类时文的阅读方法。

1. 墨卷

墨卷，又称程墨，是乡、会试中式的考卷，通常刻录于乡试录、会试录。程者，衡也。墨卷反映了朝廷取士衡文的标准，墨卷之文也称程文。[2] 程文即是范文，墨卷因此成为后来者学习、模拟的范本，"无程墨则无式矣，若射之无的"[3]。明代士子攻举业，如果能够从墨卷入手，则被认为是走了正道，故明人教训晚辈读时文，亦以墨卷相指示。吕坤说："前辈程墨须要熟读三二百篇，以为绳尺。"[4] 孙继皋这位万历二年

---

① 艾南英：《前历试卷自叙》，《文章辨体汇选》卷三百二十六，《文渊阁四库全书》第1406册，第126页。鹤滩，即钱士升；守溪，即王鏊。

② 明初作为范文的程墨，直接取自考生墨卷，或对原卷稍加删正而已，基本保持墨卷本色。中期以后，为保证上呈礼部的试录不出错误，出现了大幅删改考生墨卷，甚至考官代作的现象，遂有主司代作的程文和考生墨卷的分途。万历时，礼部下令禁止代作，仍用墨卷，遂返明初"用墨为程"的传统。本章所指的程墨，主要指保持墨卷本色的程墨。

③ 郑鄤：《峚阳草堂文集》卷七《程墨正序》，《四库禁毁书丛刊》集部第126册，第389页。

④ 吕坤著，王国轩、王秀梅整理：《四礼翼·冠前翼·行文》，《吕坤全集》下册，中华书局2008年，第1347页。

（1574）的状元，在解答一位士子的举业疑问时曾告诫对方：
"必欲求其奥窔，只于名家墨卷中细心探讨，而无袭其恶谈字
样以触时禁，是为要着。"① 袁黄作为晚明的时文教育家，他
提醒士子要重视墨卷：

> 应举子业，须以墨卷为定衡。而每科会元，其文经十
> 八房阅过，主试又翰林大老，所取必正大可式。士人不
> 察，往往以和平为谫陋，以雅澹为无奇，不自知其识见之
> 偶偏，而反憾主司取评之无当。由是，终身呫哔，取途愈
> 远，老死场屋而不见收，宜矣。②

明代后期，墨卷成为士子时文阅读的主要文本，受到特别
的重视，首先在于墨卷具有很高的水平和写作技巧，符合朝廷
的衡文标准。墨卷是被证明了的成功之作，它让士子们看到了
成功的标准所在，揣摩墨卷可以从中领悟到进取的方向。其
次，墨卷有不同于其他时文文本的独特魅力。由于墨卷是士子
们在乡试、会试环境下文思才气的集中展现，往往有激情、有
文采，可能不尽完美，但有打动考官的精彩处。明人骆问礼把
墨卷比喻为士女，光彩动人。③ 董其昌则称墨卷的这种特点为
"神气"："文要得神气。且试看死人活人、生花剪花、活鸡木

---

① 孙继皋：《宗伯集》卷六《答解茂才》，《文渊阁四库全书》第1291册，
第366页。

② 袁黄：《游艺塾文规》卷四《正讲一》，《续修四库全书》第1718册，上
海古籍出版社2002年，第51页。

③ 骆问礼：《万一楼集》卷三十三《四书程文选序》，《四库禁毁书丛刊》
集部第174册，第430页。

鸡若何？……如阅时义，阅时令吾毛竦色动，便是他神气逼人处；阅时似然似不然，欲丢欲不丢，欲读又不喜读，便是他神索处。故窗稿不如考卷之神；考卷之神薄，不如墨卷之神厚。"①董氏的"神气"大概也是指文章生动感人，富有神韵。以"神气"论，墨卷比窗稿、考卷都要好②，即便是那些出自老师宿儒之手的时文虽存规矩，而神采不再，难有墨卷对士子的巨大影响力。袁黄同样认为墨卷的"风神机颖"为其他时文所不备，他以当时的时文大家唐顺之、薛应旂为例，指出两人墨卷胜过他们的其他作品："今观二公之文，各当以墨卷为主。"③

很显然，明人把墨卷当作举业根基。至于如何阅读墨卷，明人颇有一些方法。

其一，少看熟读。上文提及的冯梦祯要求儿子每日"记墨卷半篇，看时文廿篇"。在冯氏看来，其他时文可以浏览，墨卷则需要细读成诵，每天半篇足矣。温州人项乔在释褐多年之后仍然对王鏊、王守仁、吕楠等人的墨卷记忆犹新，"可复诵而程之"。按项氏的自述，他所用方法亦是少看熟读不贪多。④还有人用"温诵"之法，亦即慢读、精读以至熟练成

①　董其昌：《画禅室随笔》卷三《评文》，《文渊阁四库全书》第867册，第472页。

②　所谓窗稿，即士子平时灯窗之作；考卷，小考时的考卷。

③　袁黄：《游艺塾续文规》卷一《昆湖瞿先生论文》，《续修四库全书》第1718册，第170页。

④　项乔撰，方长山、魏得良点校：《项乔集》卷三《论举业体例》，上海社会科学院出版社2006年，第133页。

诵。[1] 少看熟读原本是古人读经典的方法，用读经典的方法来读墨卷，可见明代士子对墨卷重视有加，用力至深。

其二，看其精髓。袁黄以自己的亲身经历说明看墨卷要看其精彩处，不可因为小疵而掩其独特神韵：

> 前日之墨卷，后日之法程也。予幼，颇不愚，自负深诣，见墨卷初出，心颇不惬，一一拈出而诋排之。时从管南屏先生游，告予曰："墨卷者，今之中式文字，汝以彼为非，则与彼异趣矣。须要看得他好，方有入头处，方可利中。"予领其教，重复细阅，乃知向来多少粗心浮气，盖风檐寸晷之文，诚有不必尽善者。然词或未修，而意独出群；意或未佳，而气独昌（畅）顺；气或未畅，而理独到家。其他或轻清，或俊逸，或自然，或平淡，有一可取，便足中式，不必专摘其疵，亦不必曲为之护，政（正）使瑕瑜不掩，亦自成家。[2]

袁黄的经验表明，士子读墨卷，须平心静气，真正看到墨卷的好处；须细心究讨，真正领略墨卷呈现出的理、气、神等关键所在，从这些方面提高自己的时文写作水平，使自己的时文更加贴近墨卷的风格、趣味。对于许多人来说，深究墨卷是把握时文变化、紧跟时文风气的重要手段。

其三，临场看墨卷。明人的举业经验史显示，平时须读墨

---

① 赵维寰：《雪庐焚余稿》卷十《严师》，《四库禁毁书丛刊》集部第 88 册，第 570 页。

② 袁黄：《游艺塾文规》卷一《墨卷当看》，《续修四库全书》第 1718 册，第 8 页。

卷，临场尤重墨卷。那些即将参加乡试的秀才与会试的举人，经常把墨卷特别是元魁墨卷作为最后冲刺的利器，圈点批阅，用心玩味。谭大初，广东始兴人，嘉靖十七年（1538）进士。他临考之前，"日坐山房，取试录五十册，每日信手拈一册，初一、初二，头场；初三，二场；初四、五，复头场；初六，三场，周而复始。始觉生疏，后觉顺畅，不俟秉烛，七篇五策完矣"①。谭大初专一阅读试录中的程墨，终于文艺纯熟，顺利通过乡、会考试。瞿景淳，号昆湖。他在会试前，精读了最近五科会元唐顺之、林春、许穀、袁炜、陆树声的墨卷，"从头细批，阐其精微，破其关键，盖会前五人之精髓，以作甲辰之文字，所谓集大成者也"②。瞿氏这种临场用功，收获不小，一举夺魁，遂成万历三十二年（1604）甲辰科的会元。临场看墨卷，类似"找感觉"的考前模拟，反映了明代士子应对举业的一种经验性策略和临场前的时文阅读取向。如果有人把它上升为科举法则，那就可能成为众多士子的应考指南："若平时，须纵观房稿，发其聪明。至临场，只是读墨卷，以中于律度。且墨卷自然骨肉停匀，堪为法式。"③

2. 评点或批抹

评点或批抹包括两部分：批评与点抹。批评是评论性文

---

① 谭大初：《谭次川先生自订年谱》，《北京图书馆藏珍本年谱丛刊》第47册，第288页。

② 袁黄：《游艺塾文规》卷一《墨卷当看》，《续修四库全书》第1718册，第8页。

③ 项煜：《谈文随笔》，转自龚笃清：《明代八股文史探》，第534页。

字，"夫评，或醒题意，或指文窍，如是而已"①。点抹为指示性符号，将文章"精神筋骨所在，点出以便读者（体认）"②。圈点是在文字旁加上小圆圈，点就是在文字旁边加上小圆点，抹就是划线。正如学者所指出的那样，评点之书随文批注，点之外往往还有评，两相结合以分析文章脉络，提示其义理旨趣或文理关键，借以引导读者进行阅读。评点一般是寥寥数语，甚至几个字，但它起到提示、引导、启发的作用。③ 如果没有评点，阅读那些出自高手的时文对于一般士子可能是一种挑战，自身的水平和感悟能力将无法全面理解文章的文理、结构、气势、格调等，从而事倍功半，甚至走入歧途。郑鄤《峚阳草堂文集》记载了这样一则关于时文阅读的故事：

> 尝闻前正有选程五十首，相传为衣钵。其本钞白无评点，使人熟读自悟，久之有日异而月不同者。黄贞父之父客于茅鹿门先生，先生爱贞父，授之选本。贞父掩关读之半年，而以所业进，先生泫然废卷曰："吾虑此后必以读程为戒，前正法脉遂不可传，自子始也。"贞父惊请其故。先生曰："吾向学之，觉寸楮中神理无尽，伸纸常不可竟，人不信吾之读程也。子学之而得，枯焉，板焉，名

---

① 郑鄤：《峚阳草堂文集》卷七《程墨正序》，《四库禁毁书丛刊》集部第126 册，第 389 页。

② 黄宗羲：《南雷文定·凡例》，《四库全书存目丛书》集部第 205 册，第113 页。

③ 张素卿：《"评点"的解释类型——从儒者标抹读经到经书评点的侧面考察》，载郑吉雄、张宝三编：《东亚传世汉籍文献译解方法初探》，华东师范大学出版社 2008 年，第 89 页；吴承学：《现存评点第一书——论〈古文关键〉的编选、评点及其影响》，《文学遗产》2003 年第 4 期，第 72—84 页。

理之谈如食生物而不化，亡者之衣冠一陈而不可更设也。"①

茅坤（号鹿门）向黄氏推荐的这本时文稿被视为举业"衣钵"，应该是一本精选的时文佳作。但是"鸳鸯绣出与君看，不把金针度与人"，没有评点，其中"法脉"要靠读者熟读自悟。不立文字，以心传心，并非适合于所有人，黄氏最终没有了悟真谛，只得其皮相而失去神理。黄氏的个案透视出，时文评点对于习举业的士子不是可有可无的点缀，它的引导、指示之功不容忽视。

对于那些急于求成的士子，名家评点不啻是举业"金针"，借此可探文章妙道。阅读名家时文及其评点文字要带着崇拜、鉴赏的心态，丹铅标识，细心玩味，从中领会文章高手的作文心得。秀水陈懿典，万历二十年（1592）壬辰科进士。他清楚记得少年时用功举业，如何措意于名家的时文评点：

> 余少时犹见先辈耆旧所遗，如项瓯东（乔）、敖清江（英）所批义训，铢称分积，极其精细；而吾郡黄懋中官詹、冯开之（梦祯）祭酒专精刻画成、弘程墨。我辈……极意丹铅，皆以此为宗。②

袁黄也讲过一则自己如何读名家评点的轶事：浙人薛应旂

---

① 郑鄤：《峚阳草堂文集》卷七《题语四则》，《四库禁毁书丛刊》集部第126册，第386页。

② 陈懿典：《陈学士先生初集》卷三《选刻壬子程墨序》，《四库禁毁书丛刊》集部第78册，第704页。引文中括号内注释为笔者所加。

未中进士前，有人给他一本名家批点的程墨，并告诉他依此必中。薛氏受而习之，后果中进士。薛氏又把这本程墨送给袁黄，袁黄"早暮服膺"，悟出了许多作文的道理，"始知举业自有的传"。①

阅读师友对自己所作时文的评点文字，也是明代士子必不可少的功课。如果说阅读名家时文及其评点文字是为了鉴赏、取法，那么阅读师友对自己所作时文的评点文字则是为了反思、改进，找出问题所在，所谓"明眼批抹，随即改正，工而后已"②。其中道理，明人说得清楚：

> 当局者迷，旁观者亲（清）。尊师取友，实为聪明户牖。如余之不敏，先人蚤背，犹记举子时得某前辈教之某字，方知某法；教之某句，方知某窍……人不患其有过，而恒患不闻过；文章不患其有可涂抹，而患不能受人涂抹。③

文章之事，精益求精。虚心接受高明之人的指点，才能破除自身的认识局限，进入新境界。桐乡人李乐，隆庆二年（1568）进士。在《见闻杂记》中，他记载了自己如何读评点文字：

---

① 袁黄：《游艺塾文规》卷一《文须请教前修》，《续修四库全书》第 1718 册，第 5 页。

② 陈龙正：《几亭全书》卷六十一《举业述》，《四库禁毁书丛刊》集部第 12 册，第 666 页。

③ 丁绍轼：《丁文达集》卷七《论文作长养摧折辨》，《四库未收书辑刊》第 5 辑第 25 册，第 463—464 页。

阮函峰先生甲寅年三月岁考湖学，余名在三等第七，俗人见谓不是知已。然先生批余文三篇，"清而未裕"，切中余病。余将此四字粘置座右，蚤夜以思，如何到得裕处，真有寝食不皇之念。读之逾年，为明年乙卯，自觉讨得些裕来，才裕便见文字不单薄清空。至八月遂叨中乡试。①

李乐对师友评点文字的重视其实反映了明人一种普遍性的态度，即把评点文字看作进取之阶，尊师取友，想方设法得到批抹指点，深思自己文章的不足，力图改善。

以上所述的时文阅读方法只是明代士子阅读时文的一些通用性方法，至于如何读策表、如何读破题等一系列具体而微的时文阅读方法则难以枚举。

三、时文读哪家：文风之变与时文选择

浸淫于举业的士子念兹在兹，无非时文。他们若想时义超群，举业顺达，不仅要记诵墨卷，留意评点，还要揣摩时文风气的变化，推求时文发展的潮流，从而不断调整时文阅读的文本、趣味，使自己的时文创作得风气之先，翻新出奇，科场得胜。因此，考察时文风气新变情势之下的时文阅读，可以了解有明一代士子选择时文读本的动态样貌。

1. 时文之变

明初，风气始开，经义之文不过敷衍传注，注重经典，以

① 李乐：《见闻杂记》卷十，见车吉心主编：《中华野史·明朝卷三》，泰山出版社2000年，第2719页。

贯通经义为求学之本，还没有出现后来坊刻的那些时文书籍。
但这并不意味着明初士子不读时文，明初士子所读时文主要有
两类：一是前朝时文书籍。元明在科举上有连续性，官方采用
的都是程朱及其门人注释的"四书""五经"，考试的时文文
体也基本一致，因此，元朝时的四书经义文等时文书籍在明初
仍在流布。杨士奇收藏的举业书籍中就有元朝旧物。他说：
"《四书待问》一册八卷，元临江萧镒南金编，为科举之学设
也。元场屋有四书疑问，国初三科犹然，洪武甲子始改为四书
义。此书余初习举业时受之司仓伯，今吾所畜书独此最久
也。"杨士奇除了《四书待问》，还有《元前八科程文》《元
延祐初科会试程文》等前朝时文书籍。[1] 解缙也称，《拦江网》
《策场备要》都是元人编写的时文类书，仍流行于明初。[2] 翰
林学士刘定之在永乐、宣德之间攻举业，发现元人的《定本
万言策》《拦江网》还是很有市场。[3] 二是国朝程文。明朝会
试程文即会试录所刻之文，包括经义、表、判、策、论，始于
洪武二十一年（1388），每篇书作者姓名与考官批语，"特录
出为士子程式也"。正统、景泰以前所刻程文皆士子亲笔，主
考稍加润色，之后则主考代笔。[4] 明朝各省乡试也刻程文，但
各地开始刻文的时间不一，如浙江省，洪武五年（1372）就

---

① 杨士奇：《东里集·续集》卷十七，《文渊阁四库全书》第1238册，第586—587页。

② 解缙：《文毅集》卷十一《伯中公传》，《文渊阁四库全书》第1236册，第753页。

③ 刘定之：《刘文安公呆斋先生策略·策略自序》，《四库全书存目丛书》集部第34册，第231页。

④ 张朝瑞：《皇明贡举考》卷一《举人程文》，《续修四库全书》第828册，第175页。

刊刻乡试程文，以贻四方。[①] 乡、会试程文，都是官刻时文，代表了科举文章的官方标准，成为士子阅读时文的首选。

明代中期，官刻试录之外，士子所读程文以名家程文和历科程文选编为重点。前者如王鏊所作的程文，时称王鏊"连捷魁选，文名一日传天下，程文四出，士争传录以为式"。[②] 后者如蔡清批选的《精选程文》、黎淳编辑的《皇明历科会试录》等。与官刻乡试、会试试录不同，这些程文往往是私家书坊所刻。

明代中期士子热衷的坊刻时文书籍还有不少。如成化时杭州通判沈澄刊印的《京华日抄》，流行甚广，一时士子举业多记《京华日抄》。蔡清的《四书蒙引》《易经蒙引》，陈琛的《四书浅说》，林希元的《四书存疑》《易经存疑》，皆是这一时期士子案头常备的经义类时文。策论类书有《论范》《论草》《策略》《策海》《源流至论》等，士子珍之，以为秘宝。这些坊刻时文多为当时人的新作，也不乏宋元人的旧著，它们在官刻程文之外构建了一个新的时文天地，标志着明中期时文书籍在继承前期的基础之上有所发展。

万历之后的晚明，坊刻时文书籍高度发达，种类繁多，应有尽有，大约包括"四书"、"五经"、讲章与考据类、八股文选本、二三场试墨与范文汇编、翰林馆课、通史类、类书和诸

---

① 徐一夔：《始丰稿》卷五《乡试程文序》，《文渊阁四库全书》第 1229 册，第 210 页。

② 文征明：《甫田集》卷二十八《太傅王文恪公传》，《文渊阁四库全书》第 1273 册，第 221 页。

子汇编等，全面迎合当时士子的时文阅读需求。① 不仅种类繁多，时文变化也是日新月异，顾炎武有"时文之出，每科一变"的惊人之论。

如果要对有明一代时文之变做个总结，有两点值得关注：其一，明代时文的思想基础从"信经守传"、独守儒家本色，转向出入经史百氏，根本多元，甚至离经叛道，呈现异端色彩。其二，明代时文风格经历了洪永之"质"—成弘之"文"—正嘉之"巧"—万历以后之"奇"，总体表现为文风由"质朴"到"新奇"的嬗变。内容上，明代时文变化表现在思想基础、铸辞炼句、布局立意等方面，纯正典雅、明白通畅的时文标准被诡异险僻、浮靡奇倔所取代。时间上，明代时文的新奇之变起于正德、嘉靖，成于万历，至天启、崇祯则日新月异。

明代时文之变缘于社会变迁、文学风尚、儒学思潮等多种因素的助推，学界多有探讨，此不赘述。笔者这里想特别强调其中的两个方面：第一，正德、嘉靖以后，以阳明学、三教合一为代表的新思想开始流行，特别是商业出版的兴盛动摇了时文场域中政府的传统支配地位。周启荣指出：

> 十六—十七世纪早期的商业出版松绑了王朝政府、精英阶层与程朱理学的关系，鼓舞了更加开放、多元地对儒家经典的阐释，提供了士子和士商对帝国意识形态进行多

---

① 参见沈俊平：《举业津梁：明代中叶以后坊刻制举用书的生产与流通》第五章。

种方式的调和、抵制和修正。①

　　新思想与商业出版相激相荡、相推相助。新思想给商业出版提供精神动力和内涵，商业出版为新思想的传播创造便利、快捷的媒介，在政府的控制之外营造出独立空间，自由、多元的儒学阐释才有可能。例如，随着撷取禅宗而成的阳明学兴起和儒释道三教合一思想的传播，代表王朝意识形态的程朱之学被挤压在一个逼仄的范围之内，失去了一统天下的权威，于是阳明学说进入科场制艺，阳明之徒由科举而晋身显宦大僚，甚至"厌'五经'而喜老庄，黜旧闻而崇新学"的李春芳成为会试主考；"三教合一之说而阴诋程朱为异端，万历中年群然崇尚，浸淫入于制艺"②。所谓"陋经传而尚佛老"、求新求异的时文风格悄然形成。当时人在谈论这一时文之变时，无不把它与"坊刻"相联系，而坊刻不过是"商业出版"的明代表达。第二，应当充分考虑明代科举制度本身对时文风气嬗变的影响，这种影响往往很直接。例如明代乡、会试"三场"轻重变化对时文新变的推动。自洪武十七年（1384）以后，明代科举考试"三场"试士成为定式，头场考经义（即八股文），其中四书义三篇，五经义四篇，又称"头场七篇"；二场考论、表、诏、诰、判；三场考经史时务策。明初三场并重，无轻重之别，国家希望由此三场选拔通经致用的治世之才。但行之既久，重经义的取向开始明显，人们认为经义文技

---

① Chow Kai-wing, *Publishing, Culture and Power in Early Modern China*, p. 150.

② 沈佳：《明儒言行录》卷八《王守仁》，《文渊阁四库全书》第 458 册，第 870 页。

巧最强，难度最大，若经义好，后场自然不差。大约在成化、弘治之际，科举考试"重头场"的风气蔚然成型。① 试官校文，于头场取中，然后吊看二三场；若头场落选，后场虽锦绣文字，也于事无补。至万历之后，更发展为科举考试重头场，"头场七篇"之中又重"四书义三篇"。所以清人称明代科举"以时文为重，时文以四书为重"。在这种风气之下，士子把主要精力集中于经义文（八股文），极力角逐于头场，尽逞其八股技艺于七篇之中，翻新出奇是士子的一大法宝。加之考官场中阅文常常是时间紧、试卷多，面对千篇一题的卷子，昏昏欲睡。因此，场中看文犹如走马看花，欲得考官青睐，必使文章尖新、奇异，让他眼前一亮，精神为之一振，遂出现"逐科文字一日新一日，试官看文决不弃新而收旧"的局面。②

当由诸多因素合力造成的时文新变渐成趋势，这种风气就成为一种社会存在，置身其中的士子们不得不随风逐气。尽管时文新变带来诡异险僻、离经叛道等怪相，明朝政府屡下禁令，纠偏救正，但效果甚微，时文新变还是日甚一日。

2. 新变趋势下的时文阅读

时文新变趋势下，明代士子会阅读什么样的时文？根据明人的经验性选择，他们首先关注新近乡试、会试举人、进士的时文，特别是高中前茅的元魁之作。这些文章带着一股新气象，不仅有质量，堪为法式，而且体现了当时文风，为"合时"之作，值得士子们揣摩、取法。这类时文主要有以下

---

① 侯美珍：《明清科举取士"重首场"现象的探讨》，《台大中文学报》第23期（2005年12月），第277—322页。

② 缪昌期：《从野堂存稿》卷八《杂著·论文》，《续修四库全书》第1373册，第600页。

三类。

其一，新出的乡试录与会试录。试录收的时文通常被称作程文或程墨，基本是某科考试中名列前茅者的优秀之作。如天一阁藏明代乡试录显示，每科乡试录收集的文章大约20篇，50%—75%的文章出自前五名之手。

试录之中，会试录与两京乡试录又最为重要，这些文字多出两京考官之手或经他们删正，文字符合朝廷要求的深醇典正，质量也属上乘，可为典范。

> 所以试录文字多出主司之手而谓之程文，将以为学者程式也。且自来诸省乡试录文字不及两京，而会试录文字每冠天下。盖两京主考用翰林官二人，而会试则用馆阁儒硕及谏垣郎署之素有文名者充之，所以试录程文成于多贤之手，足为海内矜式，庶几学者有以循据。①

故明人提醒士子，"文字要本近年会试及两京乡试程文"②。在房书、社稿等时文新品未出现的隆庆、万历以前，士子看重试录，遵其规矩典则，"奉若累黍之度"③。王鏊是成化十一年（1475）乙未科会元，该科会试录所收王氏程文一出，士子争传。陆深千方百计为儿子陆楫搜寻新出的试录，并要求他

①　夏言：《南宫奏稿》卷一《正文体重程序简考官以收真才疏》，《文渊阁四库全书》第429册，第421页。

②　王廷相：《浚川公移集》卷三《巡按陕西告示条约》，《四库全书存目丛书》集部第53册，第409页。

③　陈懿典：《陈学士先生初集》卷三《选刻壬子程墨序》，《四库禁毁书丛刊》集部第78册，第704页。

"只看五魁卷"①。

其二，新科状元、会元等人的制义。状元、会元头衔光芒闪耀，士子们艳羡不已，其制义自然成为他们一睹为快的宝物，希望从中读出举业制胜的作文妙法。只可惜试录所收元魁之作有限，难解士子渴求之心。于是，书商看到商机，联络新科状元、会元等人，把他们所作时文结集出版，以满足举子们的时文阅读需求。钱士升是万历四十四年（1616）的状元，钱氏登第后，书坊即以文稿请刻。士升虽以状元偶得之、文章"安能与英俊为准格"辞避，但执拗不过书坊的坚持，还是刻了一本《制举义》。②

其三，新出的房书。明朝之制，士子各习一经，《易》《诗》《书》《礼》《春秋》分房较士。以所习专经为类，汇选考中进士的时文，就是房书或房稿。房书始于万历初，以后渐盛。房书选集的范围大、数量多，且以专经分类，可以比较全面、集中地反映时文新变的情况，万历以后成为士子们时文阅读的新宠、揣摩举业的秘籍。王思任清楚记得万历二十二年（1594）甲午科中进士，收有自己时文的房书刊出，一时洛阳纸贵，士林学究以至村塾顽童无不口诵。③ 可以说，近科房稿颇有顺风而呼的影响力：

> 举业家所谓乘时令得生旺之气者，莫如甲第诸公。其

---

① 陆深：《俨山集》卷九十九《京中家书》，《文渊阁四库全书》第1268册，第640页。

② 许重熙：《钱士升年谱》，《四库禁毁书丛刊》集部第10册，第410—411页。

③ 王思任：《王季重先生自叙年谱》，《北京图书馆藏珍本年谱丛刊》第57册，第303—305页。

文出，人手一编而拟议之，三年以内，精华岁月大半消磨
于全部房书中。选而复选，镌而又镌，伐邓林之材不足以
供剞劂。①

在时文三年一变的情况下，每一科房书流行期大概以三年为
限，而刻印数量大表明士子们需求大，阅读者众多。

一般的时文选本也投士子所好，崇尚新奇，以"近时"
为主，出现了所谓"法后贤"的趋势。时文大家钱福、王鏊
是成、弘名家，唐顺之、薛应旂、瞿景淳崛起于嘉靖。在明后
期的士子看来，这些人都属于先朝前辈，以他们的文章为圭
臬，恪守其规矩，称为"从先进"。万历以后，文风新变日盛
一日，时文旨意、体格与旧时家数迥别，士子对于前辈规矩心
生厌薄之情。② 如明末人马世奇说："吾儿时见人说文章大家
必曰王、唐、瞿、薛，父训其子，师诫其弟，相矜慎以为高
曾，规矩在焉。然鉴其神理，大题自三数义而外，正不知下箸
何处。"③ 曾经的圭臬、楷模已变为"旧机花样"④。前朝名家
不再拥有昔日的荣光，时代愈远，影响愈小，新生代的士子把
眼光更多地聚焦于新近的名家，追踵其后，称为"法后贤"。

明代士子的时文阅读兴趣由"从先进"到"法后贤"的

---

① 姚希孟：《响玉集》卷九《癸丑十八房选序》，《四库禁毁书丛刊》集部
第 178 册，第 561 页。

② 《明史》卷六十九《选举志一》，中华书局 1974 年，第 1689 页。

③ 马世奇：《澹宁居文集》卷四《大题文韵一集题辞》，《四库禁毁书丛刊》
集部第 113 册，第 215 页。

④ 张萼：《宝日堂初集》卷十一《二十房雅序》，《四库禁毁书丛刊》集部
第 76 册，第 306 页。

变化，源自士子们为应对科举而揣摩、趋新，同时这种变化又进一步导致时文选本追求"近时""趋时"。汤显祖为教子编辑的《汤许二会元制义》，所取时文为新近会元汤宾尹和许獬的作品，而没有选前辈大家的作品。汤显祖解释说："钱、王远矣。因取汤、许二公文字数百篇为指画。"[1] 崇祯时吴应箕编辑《四书小题文选》时，也把重点放在"昌、启以来之文"。他说："文者，时为之。士不能违时自见，故于近日之文宜益务尽心。"[2] 汤氏、吴氏的取舍标准皆在于"时"与"不时"。

万历以后，士子们不仅依靠新出的试录、房书等时文稿自相揣摩，他们还结社立会，集思广益，以群体之力来切磋时文、揣摩风气。《复社纪略》卷一云："令甲以科目取人，而制举义始重。士既重于其事，咸思厚自濯磨，以求副功令，因共尊师取友，互相砥砺，多者数十人，少者数人，谓之文社。"[3] 晚明文社繁多，不尽为科举，但为科举或者主要为科举而结的文社不在少数。像江阴四子社，由袁平子与其友三人缔结，专为制艺；湖广公安三袁的阳春社，入社者以习举业为主，兼及诗歌、古文[4]；曾任四川学政的郭子章要求所辖地方生徒立文会，他说："欲精举业，在先立会。诸生各以心志相

---

① 汤显祖：《玉茗堂全集》卷六，《汤许二会元制义点阅题词》，《四库全书存目丛书》集部第 181 册，第 78 页。

② 吴应箕：《楼山堂集》卷十七《四书小题文选后序》，《四库禁毁书丛刊》集部第 11 册，第 461 页。

③ 陆世仪：《复社纪略》卷一，《续修四库全书》第 438 册，第 473 页。

④ 参见何宗美：《明末清初文人结社研究》，南开大学出版社 2003 年，第 136—137 页。

契、意见相侔者，或三五人，或七八人，共联一会"①。万历四十四年（1616），兖州推官吕维祺立山左大社，冀北、淮南之士咸来就业，人数之众非一般会社可比，后刻有《鲁社十集制义》。② 随着文社的普遍化，社友制义之作（称社义或社稿）也成为一种常见的时文读本，与程墨、房书争道而驰。特别是那些具有影响力的文社，如常熟的拂水山房社，结社诸人擅长时文，名播宇内，"社义出，坊肆为之纸贵"③。复社社义之盛，天下无双，且名魁鼎甲多出其间，艺文斐然可观，"经生家莫不尚之"④。这些社义往往体现了正在兴起的时文新风格，甚至会改变或引领时文发展趋势，其影响不输房书、试录，社义大量刊刻，经由书肆流布到更多士子的案头，成为他们时文阅读的新选择。

综上，举业揣摩始终以时文为中心，不仅包括时文的破、承、讲、缴、结的技艺，认题、布局、用词的构思诸方面，所谓"纸上捉摸"；还需超越"纸面"，揣摩乡、会试三场之轻重，时文名家之先后，时文风气之变迁等。对这些方面进行推求、思考，形成经验性认识，积累而厚，以期助力科场。尤其是时文风气变迁，为诸多揣摩的重点与落脚点。换言之，揣摩的目的大都是为了准确把握时文风气的新变，然后逐风定调，

---

① 郭子章：《蜀草》卷九《杂著·学约》，《四库全书存目丛书》集部第154册，第700页。

② 施化远等编：《吕明德先生年谱》，《北京图书馆藏珍本年谱丛刊》第59册，第531页。

③ 张世伟：《自广斋集》卷一《虞山钱氏明发堂记》，《四库禁毁书丛刊》集部第162册，第170页。

④ 陆世仪：《复社纪略》卷一，《续修四库全书》第438册，第494页。

使自己所作时文符合潮流，不落俗套，以便科场取胜。

四、余 论

本章围绕为何阅读、如何阅读和阅读什么等阅读史研究的核心问题，考察了明代士子时文阅读的概况。在此基础以上，稍作小结与申论。

其一，时文阅读是明人举业生涯不可或缺的日常性备考行为，虽有个体和时代的差异，尽可能地阅读符合当时文风的时文却是应对科举的有效方式。毋庸置疑，时文阅读具有强烈的工具性，明人通常把时文比作"敲门砖""荃蹄"①。对时文的批评也不绝于耳，或曰："科举程试之文也，决裂章句，侮圣人之言，记诵套括，迎合主司，以幸一得。"② 或曰："八股盛而六经微。"③ 但是，在对明代士子时文阅读进行较为全面的考察之后，不难发现明人对时文其实有超越工具性的认识，并从三个方面建立起时文阅读的合理性。第一，强调时文是"时制"。用时文纳才进贤乃明朝国家制度，时制当遵，时文自然不可不读。故蔡献臣说："夫制义在我明，神物也，即大贤智人能舍此致通显哉？"④ 第二，强调时文不妨儒道。时文以经史为根本，代圣人立言，本来就是儒学中之一事。薛应旂

---

① 指鱼筍和兔网，语本《庄子·外物》："荃者所以在鱼，得鱼而忘荃；蹄者所以在兔，得兔而忘蹄。"

② 李濂：《纸说》，载黄宗羲：《明文海》卷一百五，《文渊阁四库全书》第1454 册，第 201 页。

③ 顾炎武著，黄汝成集释，秦克诚点校：《日知录集释》卷十六《十八房》，第 584 页。

④ 蔡献臣：《清白堂稿》卷三《浙学职掌·浙学道钦条演义行十一府》，《四库未收书辑刊》第 6 辑第 22 册，第 73 页。

曾以学政的身份毅然为时文辩护："（制举之业）可以见德行焉，可以见文章焉，可以见事业焉，我国家取士官人之初意正唯在是……孰谓科举之文不足以得士哉！"① 吕柟是明代后期著名思想家，他从儒学的立场指出："举业中即寓德业。试观所读经书及应举三场文字，何者非圣贤精切之蕴、仁义道德之言！试以是体验而躬行之，至终其身不易，德业在是矣。"② 第三，正视时文取士的弊端。明人认识到有些人虚浮躁竞，舍弃经史，徒恃时文以取功名。这种现象属于"时文非能坏人，人自坏"，有识之士一直试图纠偏，倡导举业中经史与时文应当平衡。显然，明人构建的时文阅读的合理性与明代士子时文阅读的普遍性之间有着密切的关联，它提示我们，明人对时文的总体认识或评价基本是正面的，并非如近代以来的"全盘否定论"。

其二，时文阅读不仅仅是士子与时文文本之间的关系，它还关涉到王朝政府、士人集团、商业出版者等国家与社会力量之间的角力。一方面，士子们对时文文本的选择、对文风的追随具有自主性；另一方面，时文阅读的背后牵连着国家与社会的权力交锋与权势转移，明代时文发展的趋势以及士子阅读时文的策略选择受此时代的限制。

明朝前期，政府对士子时文阅读具有绝对的控制力。从洪武颁布"科举定式"，到永乐纂修《四书大全》《五经大全》，明政府规定科举时文以发挥程朱思想为要务。这种对儒家经典

---

① 薛应旂：《方山先生文录》卷九《豫章文会录序》，《四库全书存目丛书》集部第 102 册，第 318 页。

② 吕柟：《泾野子·内篇》卷十，《文渊阁四库全书》第 714 册，第 588 页。

阐释权的控制，会直接影响士子们的应试学习——他们必须以"四书""五经"为根本，一主程朱之说，信经守传，不逾尺寸。这一时期，士子们所能看到的时文除了前朝遗留的为数不多的时文书籍，主要的就是礼部印行的会试录以及各省印行的乡试录。这些会试录、乡试录都是明朝官方颁布的时文书籍，体现了政府对士子们时文阅读的主宰。这一时期也是八股制义的发展成熟期，王鏊等人醇正典雅的时文风格得到王朝政府的认可、倡导，王氏的时文成为士子必读的范文。虽然成化、弘治之际，福建建阳等地书坊私自刻印了《京华日抄》《论范》《论草》《策略》之类时文书籍，但大致属于科举捷径之书，没有对程朱学说产生颠覆性影响，来自书贾、时文编辑者等士商势力还不足以挑战政府的权威，士子们的时文阅读仍在政府掌控之中。

正德、嘉靖以降，蛰伏以待的社会力量开始壮大，以阳明学、三教合一为代表的新思想与兴盛的商业出版相结合，动摇了时文场域中政府传统的支配地位，思想家、出版者和书商等社会力量颠覆了政府对儒学的阐释权，因而也消解了政府对士子时文阅读的控制权。可以说，商业出版（坊刻）与新思想共同塑造了明朝后期士子的时文阅读。这时候，笃守程朱、信经守传者寥若晨星，政府的影响力丧失殆尽，不仅政府"正文体"、回归醇正典雅的成（化）弘（治）时代的呼声成为无人喝彩的独白，就连原先被士子奉为至宝的程墨也丧失了往日的权威：

> 昔日之程墨掩时义，今日之时义敢于侮程墨……今之行稿、社义与程墨争道而驰，无引避意，甚则人士故为拟

墨，公然建鼓而揭于天下。①

程墨的没落与行卷、社义的流行反映了文章之权由"集中于上"到"散归于下"。权势转移之际，明代士子对时文的选择就在程墨之外另有关注了。

其三，明人积累了关于时文阅读的丰富知识，不仅有师徒、父子之间私相授受的经验之谈，而且形成了如袁黄《游艺塾文规》、项煜《谈文随笔》、项乔《论举业体则》等著述②。如何阅读时文几成专门之学，远非本章所能范围。同时，由于时文阅读牵涉到科举史、思想史、出版史、文体学等领域，时文阅读史研究将与这些领域的研究相映成趣，相互推进。

---

① 曾异：《纺授堂集》卷一《叙庚午程墨质》，《四库禁毁书丛刊》集部第163册，第511页。这里的"行稿"即"行卷"。

② 项煜：《谈文随笔》，转引自龚笃清：《明代八股文史探》，第533—534页；项乔：《论举业体则》，载《项乔集》上册，上海社会科学院出版社2006年，第131—149页。

附录一　明世宗的尊亲与隆孝

学界有关嘉靖"大礼议"、礼制改革的研究普遍着眼于皇权与阁权之争、皇权合法性等问题，这些研究看到了历史的纵深，具有相当深刻的一面。然而，追求深刻的同时，可能忽略了一个基本的历史事实，即明世宗嘉靖皇帝隆孝尊亲的情感问题，这是嘉靖朝许多重大历史事件的起点。澳大利亚学者费克光（Carney T. Fisher）曾指出，嘉靖朝开始于"大礼议"，结束于显陵竣工和《承天大志》的出版。由于世宗少年时代养成的对父母的依恋，使他的一生都集中在他的双亲身上，尽孝的念头始终占据着他的内心。[①] 费氏的观察符合史实，具有启发性。嘉靖皇帝"天性纯孝"，一生推崇孝道，隆孝尊亲，由隆孝而强化儒学"人伦"之教，由隆孝而影响了嘉靖时期的礼仪、人事、司法等方面。因此，探讨明世宗隆孝问题就成为理解嘉靖朝历史的一个重要基础。

一、隆孝与尊亲

正德十六年（1521）三月，既无皇子又无同父兄弟的明武宗病逝，皇位继承者只得从皇族旁支中选择。内阁首辅杨廷和提出以《皇明祖训》"兄终弟及"为依据，以武宗"遗诏"

---

① 费克光（Carney T. Fisher）：《〈承天大志〉与嘉靖皇帝》，载田澍、王玉祥主编：《第十一届明史国际学术讨论会论文集》，天津古籍出版社 2007 年。

迎立兴献王（武宗叔，正德十四年薨）之子朱厚熜入继帝位，是为明世宗嘉靖皇帝。嘉靖皇帝即位六日之后，就开始命礼官议订其父的称号及祭祀之礼。此时，他年仅十五岁，少年丧父，作为兴献王唯一的儿子，身为天子，追隆其父本是孝情所致。但杨廷和与礼部尚书毛澄等执宗法"继嗣"之说，以汉定陶王、宋濮王为故事，要求嘉靖皇帝先在宗法上过继于孝宗、武宗一系，再按照《皇明祖训》"兄终弟及"原则继承皇位。如此，则"宜尊孝宗曰'皇考'，称（兴）献王为'皇叔考兴国大王'，母妃为'皇叔母兴国太妃'，自称'侄皇帝'名。别立益王次子崇仁王为兴王，奉献王祀"。[①] 尊孝宗为皇考、称自己父亲为皇叔考的礼仪安排显然违背了嘉靖皇帝尊亲隆孝的心愿，碍于众口一词，他无法反驳，只得以事体重大，让礼臣再议。

不久，大理寺办事进士张璁上疏，一面直诋杨廷和等人"继嗣说"的荒谬，"夺此父子之亲，建彼父子之号"，以伯侄为父子，以父子为叔侄。一面提出"孝子之至莫大乎尊亲，尊亲之至莫大乎以天下养"。礼乃人情而已，追尊兴献王以正其号，奉养圣母于京师，正是孝子自然之情，支持嘉靖皇帝尊兴献王为皇考，"则圣考不失其为父，圣母不失其为母矣"。嘉靖皇帝得此疏，大为高兴。史载：

> 初，上即位即命礼官会议兴献王称号。言者纷纷，皆谓为人后者为之子，不得复顾私亲，宜如汉定陶、宋濮王故事。上心殊不悦，然夺于众论，未有以折之。及得璁

---

① 《明史》卷一百九十，中华书局 1974 年，《杨廷和传》。

奏，喜曰："此论一出，吾父子必终可完也。"亟下所司议闻。①

张璁奏疏以隆孝尊亲相号召，所言"孝子之至莫大乎尊亲"根据《孝经·圣治章》孔子的话"人之行莫大于孝，孝莫大于严父"，严即尊崇、尊敬之意。对于嘉靖皇帝，张璁奏疏的意义在于阐明了尊亲隆孝虽属私情，但出自经典与圣人之口，具有当然的合理性和神圣性，是回击杨廷和等人宗法论与"继嗣"说的有力武器。有了孝道合理性的支持，嘉靖皇帝开始了由隆孝而尊亲的步步为营，先后迫使礼臣改尊兴献王为"本生考""本生皇考"。当杨廷和等人以此举乃"任私恩而弃大义"婉拒时，嘉靖皇帝则说："卿等所言皆推大义，朕之所奉昊天至情，不必拘于史志，可为朕申明孝义。"② 在嘉靖帝看来，杨廷和等人的宗法大义、历史故事并不比他尊亲的"昊天至情"有理，为了隆孝尊亲，必须改拟尊号。

嘉靖三年（1524），世宗接受张璁等人建议，去"本生"二字，称孝宗曰皇伯考，称其父曰皇考献皇帝，回归到伯侄、父子原本的关系，彻底改变了原先基于宗法、继嗣的尊号安排，世宗的尊亲孝情得到了满足。然而，去"本生"行为引起朝臣强烈反对，前后360余人署名上疏，批评世宗重所生而忘所继，以尊私亲为孝。如，修撰吕柟等人直言世宗徇情以为

① 《明世宗实录》卷四，台北"中央"研究院历史语言研究所1962年校印本，正德十六年七月壬子。
② 《明世宗实录》卷九，正德十六年十二月戊戌。

孝，独断于上，不顾万世之公论。① 朝臣们看清了世宗以孝道的名义改拟尊号的尊亲行为，并对其重私情、尊私亲的合理性提出质疑。如何面对纷纷的质疑与批评？世宗与内阁首辅蒋冕等人的平台召对有一段问答，显示了世宗如何理直气壮地应对朝臣的责难：

> 帝御平台，召（蒋）冕、（毛）纪、（费）宏，谕加尊号及议建室。冕对曰："臣愿陛下为尧、舜，不愿为汉哀帝。"上曰："尧舜之道，孝悌而已矣。"冕等不能对。②

蒋冕的话含有两个典故，一是舜、禹有天下而没有把天子之号加诸他们的父亲瞽瞍与鲧；二是汉哀帝追尊父定陶共王为共皇帝，立庙京师，序昭穆，仪如孝元帝。蒋冕本意是要委婉谏议世宗废私情，效仿舜、禹，不要如汉哀帝那样追尊兴献帝并立"世庙"于京师。但世宗接过话头，指出舜禹之道的精神实质就是孝，表示自己追尊父亲，正是效法舜禹，弘扬大孝。蒋氏的无语不是摄于皇权的威压，而是屈从于孝道伦理的合理，或者说蒋氏无法找到一个优先于孝道的理论来消解世宗隆孝的合理性，所以才被世宗一语折之，无言以对。嘉靖三年（1524）七月中旬，发生了"左顺门事件"，在说理无望的情况下，群臣伏阙请愿，施加压力，迫使世宗放弃去"本生"、尊兴献王为皇考献皇帝。最终，世宗让群臣盈庭呼吁消歇在锦

---

① 支大纶：《永陵编年信史》，《四库全书存目丛书》补编第76册，齐鲁书社1997年，第31页。

② 支大纶：《永陵编年信史》，《四库全书存目丛书》补编第76册，第30页。

衣卫的杖打声里，顺利追加了父王尊号。

世宗要把曾经是藩王的逝父塑造成皇帝，追加尊号只是他隆孝尊亲的第一步，最关键的是"称宗入庙"，这个庙不是"世庙"，而是太庙，献皇帝神主要在太庙里与祖先共同享受祭祀。从嘉靖九年（1530）开始，世宗以周礼为蓝本，启动了一系列的郊礼、庙礼等礼仪改革，笔者已有专著论述，兹不赘述。① 所要补充的是，所谓周礼也就是《孝经·圣治章》孔子所说的"严父配天"之礼：

> 人之行莫大于孝，孝莫大于严父，严父莫大于配天，则周公其人也。昔者，周公郊祀后稷以配天，宗祀文王于明堂，以配上帝。

此礼对于献皇帝"称宗立庙"，意义重大。首先，在明世宗看来，后稷是周的始祖，就如同太祖皇帝是大明王朝的始祖，郊祀应当以太祖配天，不应以太祖、太宗（朱棣）并配。只有改变太祖、太宗并尊的先朝旧制，先使太祖在郊祀配享中独尊，再经由郊祀时的告庙请配，达致太庙为太祖之庙、太庙中太祖为尊的新认识，从而为太庙祧迁德祖（太祖之四世祖）、正太祖南面、太祖统领昭穆群庙的宗庙祭礼改制做好准备。明人曾说："睿宗（献皇帝）升祔，不得不祧德祖，以故九庙太祖居尊。"② 因为只有祧迁德祖，才能使九庙腾出空位，以便

---

① 参见拙著《明朝嘉靖时期国家祭礼改制》第一、二章，社会科学文献出版社 2006 年。

② 郑晓：《吾学编·三礼述》卷上《宗庙》，《北京图书馆古籍珍本丛刊》第 12 册，书目文献出版社 1990 年。

献皇帝能祔入太庙。其次，在明世宗看来，周公代武王制礼，文王与武王是父子，就如同献皇帝与自己。既然周武王举行明堂礼以文王配祭上帝，那么，世宗举行明堂礼就要以献皇帝配上帝。其奥妙之处在于，明堂配上帝，须有宗号，而宗号即庙号，称宗必入太庙。故世宗坚决要求恢复明朝不曾举行过的明堂礼，要礼臣加尊献皇帝为"睿宗"。嘉靖十七年（1538），献皇帝终于"称宗立庙"。至此，世宗基本完成隆孝尊亲的心愿。世宗这一心愿的完成，是依照《孝经》所载"严父配天"之礼周密推进的，与其说世宗以周礼为蓝本，不如说他高举《孝经》、打着隆孝的大旗一路前行。

世宗既"严父配天"，又隆孝尊母。世宗到京城即位不久，就把母亲接来，为她争太后尊号名分（章圣皇太后）。诸如废宫中佛像、建显陵等事，世宗都要与母后商量，唯恐不能"尽心与力于孝耳"①。平日问省，也极尽孝诚。时人记载："皇上事母至孝，而宫中礼体过严。每进见时，辄望见颜色，即跪下匍匐膝行。左右宫人更不知皇帝尊贵。"②

嘉靖九年（1530），世宗下令刊布母后所著《女训》。明朝历史上，太宗朱棣仁孝皇后徐氏曾著《内训》《女诫》，此时世宗母又著《女训》，世宗将仁孝皇后二书与母后之书合刻同颁。通过这样具有象征性的事件，世宗把他的母亲塑造成仁孝皇后那样贤德之人，所谓"女中尧舜"。对于世宗而言，此举超越了一般意义上的温清问省，受母德而成圣天子，令名荣

---

① 张璁：《谕对录》卷三，《四库全书存目丛书》史部第57册，第81页。

② 徐日久：《真率先生学谱不分卷》，《原国立北平图书馆甲库善本丛书》第266册，国家图书馆出版社2013年，第68页。

亲，是"继述大孝"。① 孝子之事亲，送终为大。嘉靖十八年（1539），世宗亲自护送章圣皇太后的灵柩南归显陵。面对大臣们的谏阻，世宗说："朕恭诣显陵为亲计，度孝诚发出自朕心，既非无事空行，又非人言所导。"② 决意南行，再一次表现了世宗孝思深笃的大孝形象。

二、隆孝与人伦之教

明世宗以隆孝的名义而尊亲，亦因尊亲的心情而隆孝。世宗令各地儒学设立启圣祠、访求曾子后裔等行为，就是这种因尊亲的心情而隆孝的典型表现。

先看启圣祠。儒学的孔庙祀典，自唐朝正式独立，逐渐发展起"配享"与"从祀"等附祭制度。配享于堂上，从祀于两庑，尊崇有差等。唐贞观时用房玄龄的建议，停祀周公，升孔子为先圣，以颜回配享。宋神宗元丰时以孟子配享，设位于颜子之次。南宋咸淳年间升子思（孔伋）、曾子（参）配享，与颜、孟合为"四配"。而颜子之父颜路（无繇）、曾子之父曾点、子思之父孔鲤，皆于庑下，位居从祀之列。因而造成了"父以从祀立庑下，而子以配享坐堂上"的祭祀位次，由此而引出的议论绵延至明代。

明初，王祎《孔子庙庭从祀议》说："父以从祀立庑下，而子以配享坐堂上，尊卑舛逆，莫此为甚。圣人之道在于明人伦，而先自废乱，何以诏后世。"宋濂《孔子庙堂议》说："古者立学者以明伦，子虽齐圣不先父食矣。今回、参仍坐享

① 《明世宗实录》卷一百十七，嘉靖九年九月戊申。
② 《明世宗实录》卷二百二十一，嘉靖十八年二月丁未。

堂上，而其父列食于庑间，颠倒彝伦，莫此为甚，吾不知其何说也。"弘治元年（1488），学士程敏政《考正祀典疏》吸收先儒之说，议论孔庙祀典最为详细。程敏政说：

> 自唐宋以来，以颜子、曾子、子思、孟子配享坐堂上，而颜子之父颜无繇、曾子之父曾点、子思之父孔鲤皆坐庑下。臣考之《礼》"子虽齐圣不先父食"，而三代之学皆所以明人伦也，夫孔子之所以为教与诸弟子之所以为学者，不过明此而已。今乃使子坐于上，父坐于下，岂礼也哉？若以为此乃论传道之功，则自古及今未有外人伦而言道者。纵出于后世之尊崇，非诸贤之本意，臣恐诸贤于冥冥之中必有不安于心而不敢享非礼之祀者。[①]

以上所论显示了孔庙祭祀中的矛盾。一方面，崇祀孔子是因为他有明道之功："明帝王之道以教后世，使君君、臣臣、父父、子子纲常以正，彝伦攸叙，其功参乎天地。"另一方面，从祀先儒是因为他们有传道之功。先儒所传之道乃孔子之道，孔子之道，孝悌而已。而"父下子上"的从祀位次象征了父子伦常的失序，有违孝道，显然也有违孔子之道。张璁在给明世宗要求进行孔庙祀典改制的奏疏中就曾指出："虽云（先儒从祀乃由于）论道统之传。夫父子，人之大伦也。紊父子大伦，尚可得谓道统乎！"

二者的紧张需要以恰当的方式来解决，王袆的办法是恢复

---

① 程敏政：《考正祀典疏》，黄训编：《名臣经济录》卷三十，《文渊阁四库全书》第 443 册，台湾商务印书馆 1986 年，第 652 页。

原来位次，把曾参、子思降居于曾皙、孔鲤之下，此说在明代没有影响。此前，元儒熊禾提出，宜别设一室以齐国公叔梁纥居中南面，颜路、曾皙、孔鲤、孟孙氏侑食西面。春秋二祀，当先圣酌献之时，以齿德之尊者为分献官行礼于齐国公之前，其配位亦如此。"如此则亦可以示有尊而教民孝矣。"① 正统三年（1438）三月，孔、颜、孟三氏子孙教授裴侃依熊氏之义，上言："天下文庙惟论传道，以列位次；阙里家庙，宜正父子，以叙彝伦。颜子、曾子、子思，子也，配享殿廷；无繇、子皙、伯鱼，父也，从祀廊庑。非惟名分不正，抑恐神不自安。况叔梁纥，元（朝）已追封启圣王，创殿于大成殿西崇祀，而颜、孟之父俱封公，惟伯鱼、子皙仍侯，乞追封公爵，偕颜、孟父俱配启圣王殿。"英宗命礼部议行，阙里启圣祠得以建立，但未及京城及府州县。

弘治初元，程敏政建议于各处庙学如乡贤祠之制，别立一祠，中祀启圣王，以杞国公颜无繇、莱芜侯曾点、泗水侯孔鲤、邾国公孟孙氏配享，庶不失以礼尊奉圣贤之意。同时程敏政请将（二程父）永年伯程珦、（朱熹父）献靖公朱松从祀启圣王。此后礼科给事中张九功、刑科给事中吴世忠推广程敏政建议，各上疏言，如此则"重道之典、明伦之义两得之"。② 成化初，国子监助教李伸上言："先儒熊禾及国初学士宋濂以为言，而近时说者乃谓庙祀主崇道而家庙在叙伦，此非至论。臣以为从祀之在阙里者颜路、曾点、孔鲤宜配孔子父启圣王之

---

① 秦蕙田：《五礼通考》卷一百一十九，《文渊阁四库全书》第137册，《祭先圣先师》。

② 《明孝宗实录》卷十七，弘治元年八月癸卯；《明孝宗实录》卷一百五十五，弘治十二年十月庚子。

庙，在两京及郡邑者则别置一室于大成殿侧以祀之。"①　明中期要求天下庙学立启圣祠的建议一直未能实现，其原因就在于国家对孔庙祭祀的定位，"庙祀主崇道而家庙在叙伦"。元儒许约曾做过一个比喻："庙学乃国家通祀，犹朝廷之礼也。父为庶僚，子为宰职，各以其德与勋也。如遇朝会，殿廷列班则父虽尊，安能超于子之上哉？盖抑私亲而昭公道，尊道统以崇正学。"②　公对于私的抑制，使天下遍立启圣祠还有待一个契机。

嘉靖九年（1530），张璁建议在全国各地儒学设立启圣祠，弥补孔庙祭祀中"紊父子大伦"的孝道缺失问题。其意见深得世宗的认同，在世宗看来，他在"大礼议"中所争正是保全"父子大伦"，杨廷和等人当年提出的"继嗣说"正是"紊父子大伦"，不可为后世训。故后来钦定杨廷和等人之罪，颁布《明伦大典》，所谓"明伦"，首先要推明父子大伦。此时，世宗把启圣祠看作隆孝尊亲的重要事件，因为叔梁纥、颜路、曾皙、孟孙氏之生孔子、颜回、曾子、孟子以及程珦之生二程、朱松之生朱熹，在形式上也暗合了兴献王之生世宗。启圣祠之祀就有了报本崇孝的象征性。明人萧信作《重建怀集县启圣祠记》："圣上龙兴，又允辅臣之请，诏天下立启圣祠以追隆所生。又曰颜、曾以次之诸父，亦各崇其配，是皆敦本宏原、报德报功之无尽者。"③　可见，世宗建立启圣祠正是尊亲隆孝的一种表达。

---

① 《明宪宗实录》卷十三，成化元年春正月乙巳。

② 秦蕙田：《五礼通考》卷一百十九《祭先圣先师》。

③ 萧信：《重建怀集县启圣祠记》，雍正《广西通志》卷一百四《艺文》。

崇重曾子，是明世宗通过儒学祭祀系统来隆孝的另一个事件。嘉靖十二年（1533），掌詹事府事学士顾鼎臣向明世宗上言："（明）孝宗时曾录颜、孟子孙各一人为五经博士以奉祀事，可谓盛举。至于曾子之后，独不沾一命之荣，亦今古阙典也。"[①] 顾氏疏称孔子发明尧舜之道，功德高厚。孔子传之曾子，曾子传之子思，子思传之孟子，则圣门道统授受之功，曾子为大。历代徒知推尊颜、孟而忽于曾子、子思。[②] 顾鼎臣为曾子鸣不平，要求世宗依照颜、孟二氏例，以曾子嫡裔承袭五经博士，以奉曾子祭祀。世宗下诏，让礼部访求曾子后裔，嘉靖十八年（1539）在江西永丰县找到了曾子六十代孙曾质粹，授之世袭翰林院五经博士。嘉靖三十三年（1554），又命山东抚按官援颜、孟二氏例，给其供祀土田、守冢人户。[③]

世宗君臣对曾子的崇重、对儒家道统谱系中曾子地位的重新定位，首先让人感到"曾子大孝"的历史形象与世宗尊亲隆孝的直接关联。因为在孔子七十弟子中，曾子孝行最著，孔子乃假立曾子为请益问答之人，以广明孝道，作《孝经》十八章（后世也有不少人认为《孝经》乃曾子所作）。曾子的儒学传道之功主要体现在孝道的传承。那么，对曾子的推重，就是对曾子孝道的弘扬、推广，就是借重曾子来崇人伦、明孝道。顾鼎臣在奏疏中称赞世宗亲承道学之统，丕宏礼乐之

---

① 《明世宗实录》卷二百二十一，嘉靖十八年二月。

② 顾鼎臣：《顾文康公疏草》卷一《崇植先贤系胄以隆道化疏》，《四库全书存目丛书》集部第55册，第280页。

③ 《明世宗实录》卷四百十四，嘉靖三十三年九月。

化①，实际上是歌颂世宗之隆孝乃得曾子大孝之真传。

如前文所述，《孝经·圣治章》是世宗发起"大礼议"、进行礼仪改革的理论依据，也是世宗把隆孝作为旗帜对抗群臣反对之声的合理性所在。孔子为曾子传孝道，载诸《孝经》，曾子与《孝经》合而为一，推重曾子，便是表彰《孝经》；要表彰《孝经》，就不可以舍却曾子。职是之故，世宗接受顾鼎臣建议，通过授予曾子后裔官爵、田土等方式，崇奉曾子，本质上是为加强《孝经》的核心政治文化地位，亦即隆亲。

三、隆孝与任官、行法

恰如费克光所说，世宗内心始终为尽孝的念头所占据。推己及人，世宗常以亲亲孝道贯彻于治国行政。从而，世宗隆孝也给嘉靖朝历史的许多方面打上印记，不唯以上所述之"大礼议"、"称宗入庙"、设立启圣祠、崇重曾子等事，任官、行法多有体现。

明人徐学谟曾说："上（世宗）笃于亲，凡陈情有关父母者，无论官大小，悉蒙殊典。"他举了世宗即位不久发生的两个例子。一个是刑部尚书张子麟，以老母在堂，乞请辞官归养。世宗闻知，留任张氏，同时派官员存问其老母，替张氏尽孝。另一个是金坛人于湛，时为兵部郎中，将升陕西布政司右参议。于湛因此上疏，要求改任南方近地，以便奉养老母。吏部劾奏于湛违命择官，诡避西北之任，欲给予处罚。世宗同情于湛孝心可嘉，特旨改任江西。在实行地域回避、"隔省为

---

①　顾鼎臣：《顾文康公疏草》卷一《崇植先贤系胄以隆道化疏》，《四库全书存目丛书》集部第55册，第281页。

官"的明代，江西毗邻金坛所属的南直隶，于湛得以任职南方近地，遂了养母的心愿。①

对于官员来说，任职尽责乃臣子之忠，奉养父母为人子之孝，但家与国、忠与孝之间，有时真的难以平衡。在对待张子麟、于湛的任职问题上，明世宗身为皇帝，站在国的立场，兼顾臣下之家；强调忠的同时，不掩孝道。明朝历史上，世宗谥称"肃皇帝"，以严厉著称。但他理解、尊重臣下的孝情孝心，在择官、任职等方面往往予以方便，也显示了肃皇帝内心的温暖与柔情，这种情愫无疑与世宗内心的孝情有关。下面这个例子也是因为奉母尽孝，世宗在众多的罢黜名单中发现了当事者汪登，并予以照顾，此事在当时被视为异数，更让后人见证了世宗的孝亲情怀。

（嘉靖五年正月）六科给事中及十三道御史以拾遗劾江西参政王大用、副使范辂，浙江参政朱鸣阳，河南副使翟瓒，山东副使牛鸾、熊相、佥事顾璘，湖广副使刘士元，广东佥事祝品、黄廷宣，广西布政彭夔，福建佥事储洵，常德府知府何钺，琼州府知府曾大庆，寻甸府知府汪登，宜以不谨例罢黜；河南提学副使萧鸣凤、广东提学副使魏校，宜以不及例调用；河南按察使张淮、湖广按察使徐赞、山东副使屠垚、河南府知府蒋山卿、山西佥事李濂，虽考察当调，未服人心，宜并罢黜。章下吏部，以萧鸣凤、魏校皆学行优长，以严召谤，鸣凤当改调，校当俟

① 徐学谟：《世庙识余录》卷一，《续修四库全书》第 433 册，上海古籍出版社 2002 年，第 487 页；《明世宗实录》卷六，正德十六年九月庚午。

服阕选除。汪登以母老久不赴官，宜降级示罚，许以终养。张淮、翟瓒、熊相赃迹狼藉，宜下抚按勘报。王大用及徐赞、蒋山卿仍以不及调用。彭夔、屠垚、李濂、何钺、曾大庆宜以不谨闲住。余皆仍留供职，责以后功。

有旨：降汪登二级，改京职以便禄养。彭夔调用，屠垚、李濂、何钺、曾大庆皆致仕。余如部议。①

寻甸府知府汪登以母老久不赴官，按照吏部的意见，"宜降级示罚，许以终养"。也就是给他先降级，然后令其辞官回家奉养老母，等到老母死后并守孝满期后，再到吏部补官任职，此即终养。辞官终养，家居的时间难以确定，对官员的经济、仕途都有较大影响。如果父母高寿，终养几等于致仕。②世宗在汪登的事上，于22人中予以特别关注，修改了吏部的处分决定："降汪登二级，改京职以便禄养。"明代后期，京官与地方官差别很大，有"内重外轻"之说，由地方官调任京官，无疑有"跳龙门"的幸运。世宗为了方便汪登养母，把他从西南边疆改调京职，任顺天府治中，这体现了世宗以孝亲为先、以尊亲为大的隆孝之情。沈德符《万历野获编》卷二《世宗圣孝》收录此事，并有一段评论："盖上（世宗）圣

---

① 《明世宗实录》卷六十，嘉靖五年正月辛亥。按，《明世宗实录》卷一百七十一"嘉靖十四年正月癸亥"条记载，汪登为寻甸军民府知府，与《万历野获编》《世庙识余录》等记载一致，非此处所称常德知府。又查《常德府志》，时任知府为何钺。笔者引用时，此处做了修正。

② 关于本文提到的"辞官归养""终养""禄养"等概念，请参看本书第一章。

性至孝，以（汪）登为母被议，故左其官，实优之也。"① 九年之后，世宗想到汪登改任的事，承认自己当时"实出姑息"。也就是说，世宗意识到当初是感情用事，把隆孝之情放在考虑问题的首位，情溢于法。

"姑息"实际上是世宗有意为之。这些情况下，世宗内心的孝情与臣下的孝行往往产生共鸣，愿意法外施恩而成全之。这种特别的举措还含有奖劝的意味，具有相当的风示性。故世宗时而会因隆孝而授孝子官。例如，嘉靖十年（1531），授湖广永州府学岁贡生杨成章国子监学录。杨成章年幼失母，年长后寻母赡养，母死，哀毁庐墓，以孝闻。当杨成章应贡至京师，以年老例不得授官。吏部将此事汇报世宗，世宗准允，诏授此官，"以励风俗"。② 世宗也时而会因隆孝而给臣下特别的礼遇。如嘉靖五年（1526），致仕太常寺少卿潘府卒于家。因为潘府性至孝，居家有笃行，巡按御史为请乞祭葬，"礼部覆言，四品文臣例有祭无葬。世宗以府孝行可嘉，特令有司量与营葬"。③

值得注意的是，一些人看到世宗尊亲隆孝，表彰孝行，推崇孝道，于是打"隆孝"牌，借口孝情、孝道感动世宗，投机钻营。严嵩可算一个典型。嘉靖七年（1528），严嵩往祭显陵，回奏如下灵异："白石产枣阳，有群鹳集绕之祥；碑物入

---

① 沈德符：《万历野获编》上册，中华书局1997年，第51—52页。按，《万历野获编》卷二与《世庙识余录》卷三都记载了这件事，但史实有误：（1）降汪氏官职二级，不是降三级；（2）《万历野获编》把于湛之事放在汪登之事的后面，时间倒置；把丙戌年误记为丙午年。

② 《明世宗实录》卷一百二十七，嘉靖十年闰六月戊戌。

③ 《明世宗实录》卷六十五，嘉靖五年六月癸酉。

汉江，有河流骤涨之异。"严嵩附会天意，以为是"天眷圣孝"。世宗龙心大悦，说："修建显陵，本以伸朕追孝之情，今嵩所奏灵异，实我皇考功德隆至，格于上天，致此祥应，于朕何预？第嵩言出自忠赤诚，不可泯，依拟撰文为记，立石垂后。"① 严嵩由此得到世宗信任。上文所提的汪登因祸得福，改任京官，后有人援之为例，也以养母为由，求改京官。② 这些投机行为从另一个侧面揭示，世宗隆孝在当时广为人知。

世宗喜欢插手司法，嘉靖朝一些著名狱案总能看到世宗皇帝的身影。较诸任官，世宗在处理一些司法案件时表现出的"情溢于法"趋向将更加明显。徐学谟曾多次提到，世宗精于律意，而尤笃于亲亲；世宗最留心刑狱，行法外之仁。③ 下面通过两个案例来看看世宗如何把孝亲为先、尊亲为大的隆孝之情带到当时司法审判实践中。

第一个例子是嘉靖十九年（1540），锦衣卫指挥同知樊瑶以长子樊纲尝有罪，不可以袭职，而让位于庶子樊纬，樊纲遂告其父弃嫡私庶。刑部官员认为："子扬恶以毁亲，父昵私以偏庶，其罪均。"④ 世宗对这样各打五十大板的判决不满，降刑部尚书俸一级以示薄惩。《孝经·五刑章》说："五刑之属三千，而罪莫大于不孝。"在世宗看来，樊纲以私怨告父，毁坏父子大伦，是为不孝，莫大之罪当在樊纲，不应父子并罪。第二个例子是崔鉴护母杀人案。山西十四岁少年崔鉴因父私通

① 《明世宗实录》卷九十六，嘉靖七年十二月丁酉。

② 《明世宗实录》卷一百七十一，嘉靖十四年正月癸亥。

③ 分别见徐学谟：《世庙识余录》卷九、十，《续修四库全书》第 433 册，第 550、563 页。

④ 《明世宗实录》卷二百三十六，嘉靖十九年四月辛未。

隔壁魏氏并赶走其母，一气之下便杀了魏氏。崔鉴杀人，按律当死。但世宗钦定："（崔）鉴幼能激义，其免死，发附近徒工三年。"① 世宗所谓"义"是根基于孝的，少年为母杀人，虽违法，但孝亲之情可悯，故有法外之仁。

或许是因为人生的经验，世宗特别迷恋孝道。在他那里，孝是天然的，与生俱来，不该被漠视，亦不能被漠视。然而，世宗对孝道的迷恋有时近于执着，甚至为了证明亲亲孝道的不可泯灭，出现枉断刑狱的情况，世宗对张福杀母案的定罪就是这样。《明世宗实录》载：

> 初，京师民张福诉其母为里人张柱所杀。东厂以闻，下刑部，坐柱死，不服。而福之姊与其邻皆证为福自杀之也。复命刑部郎中魏应召鞫之，罪改坐福。而东厂执奏，语连法吏。上怒，以应召擅出入人罪，命三法司及锦衣卫镇抚司逮问，且覆按其事。都御史熊浃谓应召已得情，议如初。②

世宗对熊浃维持魏应召的原判很生气，强令改判：以张柱抵死，魏应召及邻里证人俱发边卫充军，杖张福之姊一百，熊浃革职闲住，时在嘉靖八年（1529）七月。这年年底，会审重囚，刑部以疑狱再上，世宗特诏处决了张柱。③ 后人一致认为这个案子是冤错案，但问题是，世宗为何对一件普通的凶杀案

---

① 《明世宗实录》卷三百五，嘉靖二十四年十一月己卯。

② 《明世宗实录》卷一百三，嘉靖八年七月甲午。

③ 《明世宗实录》卷一百六，嘉靖八年十月戊子。

如此关注？众说纷纭，没有定见。徐学谟的看法有一定的道理：世宗素笃于亲，初不疑人间有杀母诬人之事，便认定张福无罪。虽有张福姐姐和邻居的指证，虽有法官们的支持，仍改变不了世宗认定张柱有罪的看法。可以看出，世宗的推断是依据如下的逻辑：母子之情是人心固有的善，张福应该有；如此，则张福对其母就有孝亲之情，杀母为大不孝，张福不能为此恶。显然，世宗基于孝情的无罪推定是他再一次的感情用事。

结　语

明世宗嘉靖皇帝起身藩王，少年丧父，与母相依，这种特殊的人生经历使他对隆孝尊亲不仅怀有必然的政治诉求，而且怀有强烈的情感诉求。以隆孝的名义来尊亲，为父王争帝、争考，直至"称宗入庙"，重塑帝系。同时，世宗亦推己及人，用尊亲的心情来隆孝，在全国学校建立启圣祠、推崇曾子、弘扬孝道。在日常政务中，世宗同样注意隆孝，对臣民孝情、孝行表达了高度的认同与赞赏。这些行为实际是世宗个人内心孝情的一种投射，由此可见他严肃冷峻的外表下内心孝情的炽烈。

正如历史所显示的那样，世宗时常为他人的孝行所感动，法外开恩，姑息迁就，不乏感情用事。对于一个处于权力巅峰的皇帝来说，这是他俯身体恤民情、以心比心、以情度情的真诚，而世宗的这种真诚如果仅从政治、权力的角度看，很难给予妥帖的解释。相反，如果把世宗还原为一个人，而不是天子，注意他作为普通人的情感世界，则比较容易理解世宗为了隆孝时常感情用事的种种行为。这样的还原并不妨碍从皇帝的角度对世宗的研究，反而会丰富世宗作为历史人物的立体感。

附录二 明代恩诏封赠简表

时间	封赠条款	诏令
正统十四年六月	有司官果有廉能干济、超出群类、善抚人民、政有显迹者，听巡抚、巡按御史、该管上司指实举奏，以凭拔擢。不分三年、六年，先给与该得诰敕旌异。	《皇明诏令》卷十一《南京殿灾宽恤诏》
景泰三年五月	正统十四年随征失陷给事中、御史、主事等官，先因未及一考，不曾请给诰敕封赠者，该部行查明白，不问任年浅深，悉与诰敕封赠。	《皇明诏令》卷十二《改立皇太子中宫诏》
天顺二年正月	两京文官七品以上，未及三年，任内无过，其父母年七十未受封者，先与诰敕，如其子职。不为常例。有冒年者，治以重罪。	《皇明诏令》卷十三《上皇太后尊号诏》
天顺八年三月	两京文武官七品以上，未关诰敕者，若父母见在，先与诰敕封之。不为常例。	《皇明诏令》卷十五《尊两宫为皇太后诏》
成化七年十一月	1. 各王府官员，九年考满，照例给与该得诰命。 2. 其方面、知府，在边效劳，不得赴部给由，九年考满，一体授与该得诰命。	《皇明诏令》卷十六《册立东宫诏》

续表

时间	封赠条款	诏令
成化二十三年四月	1. 两京文武官员，未关诰敕者，七品以上至四品，若父母见在，先与诰敕封之。三品以上，赐与应得诰命。不为常例。 2. 各王府官员年老愿致仕者，进散官一阶。其历俸三年以上，父母见在，该授封者，给与诰敕封之。不为常例。	《皇明诏令》卷十六《上皇太后尊号诏》
弘治十一年十二月	1. 两京文职官员，署职、试职理刑者，与实授。 2. 历任未及考满者，与应得诰敕。俱不为例。其曾经奏准给与诰敕，未曾关领，因事降调，非贪淫酷刑者，俱与原给诰敕。	《皇明诏令》卷十七《清宁宫灾宽恤诏》
弘治十八年八月	两京文职官员七品以上，未及三年考满者，俱与应得诰敕。若父母见存，先已受封，其子官职迁转者，服色许与子同。后不为例。	《皇明诏令》卷十八《上两宫尊号诏》
正德五年九月	文武职官有闲住、为民、充军，非犯赃罪，律例不该追夺诰敕而追夺在官者，悉皆给与。其致仕、闲住等项，曾经奏准未曾关给者，亦准关给。	《皇明诏令》卷十八《诛逆藩逆瑾诏》
正德五年十二月	两京文职官员，未及三年考满者，俱与应得诰敕。若父母见存，先已授封，其子官职转迁者，服色许与子同。后不为例。	《皇明诏令》卷十八《加上两宫徽号尊号诏》

续表

时间	封赠条款	诏令
嘉靖元年三月	1. 弘治十八年以后内外大小官员死忠者，及正德十四年文武官员人等因谏止巡游，已经各衙门奏请追赠荫叙者，其父母妻室不拘存殁，俱得受封赠。亲老寡妻无人侍养者，有司量加优恤。 2. 两京文职官员未及三年考满者，俱与应得诰敕。若父母见存，先已受封，其子官职迁转者，服色许与子同，后不为例。其曾经奏准给与诰敕未曾关领，因事降调非贪淫酷刑者，给与原给诰敕。 3. 各王府官有年老愿致仕者，进散官一级。其历俸三年以上，父母见存，该受封者，给与诰敕封之。后不为例。	《皇明诏令》卷十九《帝后尊号诏》
嘉靖三年四月	1. 两京文武官员七品以上未关诰敕者，若父母见在，先与诰敕封之。不为常例。 2. 各王府官有年老愿致仕者，进散官一阶。其历俸三年以上，父母见存，该受封者，给与诰敕封之。不为例。	《皇明诏令》卷十九《加尊昭圣皇太后并兴献帝后称号诏》
嘉靖七年七月	两京文职官员，未及三年考满，但到任历俸一年之上无过者，俱与应得诰敕，封赠父母。后不为例。	《皇明诏令》卷二〇《加上孝惠皇太后皇考谥号并圣母徽号诏》
嘉靖九年十一月	两京文职官员，未及三年考满无过者，俱与应得诰敕，后不为例。	《皇明诏令》卷二十一《南郊礼成宽恤诏》

续表

时间	封赠条款	诏令
嘉靖十二年八月	1. 两京文官，未及三年考满者，并在外七品以上历任三年果无过者，查奏俱与应得诰敕。 2. 文官五品以上、武官四品以上署职、试职者并试职御史，俱与实授，仍与应得诰敕。	《皇明诏令》卷二十一《皇子生诏》
嘉靖十五年十一月	1. 两京文官在任未及三年考满者，并在外七品以上官历任三年无过者，俱与应得诰敕。 2. 两京文武官署职、试职者，俱与实授，仍与应得诰敕。 3. 王府官有年老愿致仕者，进散官一阶。其历俸三年无过者，给与应得诰敕。后不为例。	《皇明诏令》卷二十一《皇储继生诏》
嘉靖十五年闰十二月	1. 两京文武官，自本年十一月初六日开读后，试职、署职并总小旗，诏前未经实授者，俱与实授，仍与应得诰敕。 2. 两京文官，自本年十一月初六日开读后，有升除到任者，俱与应得诰敕。 3. 两京文武官有愿驰封其亲者，悉照旧例。	《皇明诏令》卷二十一《初定庙制上两宫徽号宽恤诏》
嘉靖二十四年七月	两京文官在任未及三年考满者，俱与应得诰敕。署职、试职，俱与实授，仍与应得诰敕。有愿驰封其亲者，悉照旧例。	《皇明诏令》卷二十一《复建太庙如旧制诏》

续表

时间	封赠条款	诏令
隆庆元年二月癸卯	文官一品至九品各给与应得诰敕。内先已给领者，进应得勋阶一等。如品同而职衔不同，照见任改给。署职者与实授。试御史、试中书候实授，庶吉士候授官日各补给。其有愿移封者，听。若先已移封，今给与本等诰敕。	《明穆宗实录》卷四《登基覃恩诏》
隆庆二年三月辛酉	1. 两京文官一品至九品各给与应得诰敕。先已给领者与进本品勋阶一等。如品同而职衔不同，照见任改给。署职者仍与实授。试御史、试中书候实授之日各补给。有愿移封移赠者，听。若先已移封移赠，今给与本身及妻诰敕。在外二品以下、七品以上方面有司官不分已未考满，但于本任内曾经总督、抚按等官荐举二次以上者，亦与应得诰敕。先已给领者，于本品内进勋阶一等。 2. 王府官年老愿致仕者，进散官一级。其长史历任三年无过者，给与应得诰命。	《明穆宗实录》卷十八《册立皇太子诏》
隆庆六年七月辛亥	1. 两京文职官员未及三年考满者，俱与应得诰敕。如品同而职衔不同，照见任改给。署职者与实授。有愿移封者，听。若先已移封，今给与本等诰敕。 2. 各王府官有年老愿致仕者进散官一阶。其历俸三年以上父母见存，该授封者给与应得诰命。不为例。	《明神宗实录》卷三《上两宫尊号宽恤诏》

续表

时间	封赠条款	诏令
万历十年九月丙寅	1. 两京文官一品至九品未及三年考满者，各给与应得诰敕。先已给领者与进本品勋阶。如品同而职衔不同，照见任改给。有愿移封移赠者，听。若先已移封移赠，今给与本等诰敕。行取到部，中书、行人官已题授，部属候缺者补官之日一体给与。在外布按二司、苑仆二寺、正佐官历俸二年以上运府正佐，及州县二官历俸三年以上无过者，俱系给与诰敕。如父母见存已先受封，其子官职迁转者，服色许与子同。其前母、继嫡母准照三母例封赠。继妻受封已故者，见在继妻准封。 2. 各王府官有年老愿致仕者进散官一阶。其历俸三年无过，父母见存者，给与应得诰敕。	《明神宗实录》卷一百二十八《上两宫皇太后徽号诏》
万历二十九年十月己卯	1. 两京文官一品至九品各给与应得诰命。先给领者进本品勋阶一等。品同而职衔不同者照见任改给。署职者与实授。试御史、试中书、庶吉士，及守制、给假等官候实授、授官、复除之日补给。愿移封移赠者，听。先已移封、移赠，今给与本身及妻诰敕。在外方面官、二品至五品有司官、正四品未曾考满有正荐者，亦与应得诰命。先给领者进本品勋阶一等。 2. 王府官愿致仕者进散官一级。长史历任三年无过者，给与诰命。	《明神宗实录》卷三百六十四《册立皇长子为皇太子、册封皇三子福王、皇五子瑞王、皇六子惠王、皇七子桂王，典礼成诏》

续表

时间	封赠条款	诏令
万历二十九年十月甲午	两京文官封荫恩例前诏断自十月十五日以前，今既遇恩，断自今日。以前准依前诏例行。其在任候代与见任同。行取候命及应选待缺者，补授之日一体给与。父母见存先已受封，其子官职迁转，服色许与子同。前母、继嫡母准照三母例封赠。继妻受封已故者，见在继妻准封。	《明神宗实录》卷三百六十四《上徽号礼成诏》
万历三十四年二月丁巳	1. 两京文官一品至九品各给与应得诰敕。先给领者进本品勋阶一等。品同而职衔不同者照见任改给。试御史、试中书、庶吉士及给假守制等官，俟实授、授官、复除之日补给。其行人司务给本身，仍照万历三十一年例，升改之日补给父母及妻。凡愿移封移赠者，听。先已移封赠者，给与本身及妻。吏部守部进士俟选京职给与。两京科贡八品以下官准照行人例。行在外方面官二品至五品有司官正四品已未考满，有正荐或升改者，准给与。州县正官有正荐历俸二年以上准给与。历俸三年未遇抚按复命曾经给由保留，或复职，或升任者俟抚按复命荐至补给。其在任候代与见任同。父母先已受封，其子官职迁转者，服色许与子同。前母、继嫡母准三母封赠。继妻受封已故者，见在继妻准封。	《明神宗实录》卷四百一十八《上徽号诏》

续表

时间	封赠条款	诏令
万历三十四年二月丁巳	2. 各王府官有年老愿致仕者，进散官一阶。其长史历俸三年无过，父母见存者，给与应得诰命。 3. 若父系武职，子孙文职见任，其父应受子封而职高于子者，虽系署职亦进本品实授勋阶一等。	
万历四十八年九月癸酉	一应外官内转尚未到任，京官外转尚未离任，与行人司务国子监八品等官，俱照新任职衔，给与诰命。至有转自南曹而适以九年考满入都者，并赐。	《明光宗实录》卷八《册立东宫》
泰昌元年庚辰	1. 两京文武官员一品至九品各给与应得诰命。先给领者进本品勋阶一等。品同而职衔不同者，照见任改给。署职者与实授。试御史、试中书、庶吉士、吏部守部进士，及给假、守制等官候实授、授官、复除之日补给。其行人司务准给本身，仍照万历三十一年例，改升之日补给父母及妻。凡愿移封移赠者听。先已移封移赠者，给与本身及妻。两京科贡及制诰两房官八品以下者，准照行人例。行在外方面官五品以上、有司四品以上虽未考满遇有正荐者，亦与应得诰命。先给领者进本品勋阶一等。府佐州县正官历俸二年以上有正荐及旁荐合例者，亦准给与。其有历俸	《明熹宗实录》卷一《即位诏》

续表

时间	封赠条款	诏令
泰昌元年庚辰	三年未遇抚按复命曾经给由保留者，俟抚按复命荐至补给。其在任候代与见任同。前母、继嫡母准三母封赠。继妻受封已故者，见在继妻准封。有嫡母已经封，生母年逾六十以上准并封。其妻亦得并给。 2. 在外方面官二品至五品，有司官四品以上，曾经抚按题准复职，后遇考察事故，不系为民，诰命准补给。	
天启三年闰十月壬寅	1. 两京文官一品至九品未及三年考满者，并在外方面五品以上，有司四品以上各历俸二年，府佐州县正官历俸二年有正荐者，俱与应得诰敕。其曾经到任违限者，查明不准。庶吉士、守部进士，俱候授官补给。 2. 两京文武官署职、试职及试御史俱准实授。	《明熹宗实录》卷四〇《皇子诞生诏》
天启五年十月庚子	1. 两京文官一品至九品各给与应得诰敕。四品以下本品已领给者，给与执照，转官之日补给。试中书、庶吉士各衙门观政进士在京候选者，候实授升官之日补给。其司务、国子监、博士、助教、学正、学录、典簿、典籍、翰林院待诏、孔目仍照万历四十八年例，改升之日补给父母及妻。凡愿移封移赠者，听。举人中书愿会试者，准先给父母诰命。凡恩荫尚宝、中	《明熹宗实录》卷六十四《皇子诞生诏》

续表

时间	封赠条款	诏令
天启五年十月庚子	书未任者，准照试中书例。科举从本州县起文赴两京吏部考试入场，候到任日补给应得诰命。在外方面官五品以上，有司四品以上，各历俸二年，州县正官历俸二年以上有正荐者，俱给与应得诰命。到任违限无正荐者，不准。 2. 武官五品以上、致仕年六十以上者各进本品实授勋阶一等。若父系武职，子系文职见任，其父应授子封而职高于子者，虽系署职亦进本品实授勋阶一等。	

参考书目

一、正史与实录

司马迁：《史记》，中华书局 1959 年。

沈约：《宋书》，中华书局 1974 年。

宋濂等：《元史》，中华书局 1976 年。

张廷玉等：《明史》，中华书局 1974 年。

《明实录》，台北"中央"研究院历史语言研究所 1962 年校印本。

二、明清文集

宋讷：《西隐集》，《文渊阁四库全书》第 1225 册，台湾商务印书馆
    1983—1986 年影印版。下同。

徐一夔：《始丰稿》，《文渊阁四库全书》第 1229 册。

陈谟：《海桑集》《文渊阁四库全书》第 1232 册。

解缙：《文毅集》，《文渊阁四库全书》第 1236 册。

杨士奇：《东里文集》，《文渊阁四库全书》第 1238 册。

李时勉：《古廉文集》，《文渊阁四库全书》第 1242 册。

薛瑄：《敬轩文集》，《文渊阁四库全书》第 1243 册。

刘球：《两溪文集》，《文渊阁四库全书》第 1243 册。

杨荣：《文敏集》，《文渊阁四库全书》第 1240 册。

王直：《抑庵文后集》，《文渊阁四库全书》第 1241 册。

薛瑄：《敬轩文集》，《文渊阁四库全书》第 1243 册。

李贤：《古穰集》，《文渊阁四库全书》第 1244 册。

陈献章：《陈白沙集》，《文渊阁四库全书》第 1246 册。

彭韶：《彭惠安集》，《文渊阁四库全书》第 1247 册。

丘濬：《重编琼台稿》，《文渊阁四库全书》第 1248 册。

郑纪：《东园文集》，《文渊阁四库全书》第 1249 册。

何乔新：《椒邱文集》，《文渊阁四库全书》第 1249 册。

李东阳：《怀麓堂集》，《文渊阁四库全书》第 1250 册。

倪岳：《青溪漫稿》，《文渊阁四库全书》第 1251 册。

罗伦：《一峰文集》，《文渊阁四库全书》，第 1251 册。

吴与弼：《康斋文集》，《文渊阁四库全书》第 1251 册。

程敏政：《篁墩文集》，《文渊阁四库全书》第 1252 册。

章懋：《枫山集》，《文渊阁四库全书》第 1254 册。

黄仲昭：《未轩文集》，《文渊阁四库全书》第 1254 册。

庄昶：《定山集》，《文渊阁四库全书》第 1254 册。

吴宽：《家藏集》，《文渊阁四库全书》第 1255 册。

谢迁：《归田稿》，文渊阁《四库全书》第 1256 册。

王鏊：《震泽集》，文渊阁四库全书第 1256 册。

蔡清：《虚斋集》，《文渊阁四库全书》第 1257 册。

邵宝：《容春堂前集》，《文渊阁四库全书》第 1258 册。

罗玘：《圭峰集》，《文渊阁四库全书》第 1259 册。

胡居仁：《胡文敬集》，《文渊阁四库全书》第 1260 册。

郑岳：《山斋文集》，《文渊阁四库全书》第 1263 册。

孙绪：《沙溪集》，《文渊阁四库全书》第 1264 册。

何瑭：《柏斋集》，《文渊阁四库全书》第 1266 册。

陆深：《俨山集》，《文渊阁四库全书》第 1268 册。

林文浚：《方斋存稿》，《文渊阁四库全书》第 1271 册。

孙承恩：《文简集》，《文渊阁四库全书》第 1271 册。

文征明：《甫田集》，《文渊阁四库全书》第 1273 册。

张天复：《鸣玉堂稿》，《文渊阁四库全书》第 1275 册。

皇甫汸：《皇甫司勋集》，《文渊阁四库全书》第 1275 册。

王立道：《具茨文集》，《文渊阁四库全书》第 1277 册。

王樵：《方麓集》，《文渊阁四库全书》第 1285 册。

叶春及：《石洞集》，《文渊阁四库全书》第 1286 册。

胡直：《衡庐精舍藏稿》，《文渊阁四库全书》第 1287 册。

归有光：《震川集》，《文渊阁四库全书》第 1289 册。

孙继皋：《宗伯集》，《文渊阁四库全书》第 1291 册。

毕自严：《石隐园藏稿》，《文渊阁四库全书》第 1293 册。

刘宗周：《刘蕺山集》，《文渊阁四库全书》第 1294 册。

魏裔介《兼济堂文集》，《文渊阁四库全书》第 1312 册

李光地：《榕村集》，《文渊阁四库全书》第 1324 册。

陆陇其：《三鱼堂集》，《文渊阁四库全书》第 1325 册。

汪由敦：《松泉集》，《文渊阁四库全书》第 1328 册。

蔡世远：《二希堂文集》，《文渊阁四库全书》第 1352 册。

陈敬宗：《澹然先生文集》，《四库全书存目丛书》集部第 29 册，齐鲁书
　　社 1997 年影印版。下同。

孙瑈：《岁寒集》，《四库全书存目丛书》集部第 31 册。

王恕：《王端毅公文集》，《四库全书存目丛书》集部第 36 册。

张悦：《定庵集》，《四库全书存目丛书》集部第 37 册。

谢铎：《桃溪净稿》，《四库全书存目丛书》集部第 38 册。

马中锡：《东田集》，《四库全书存目丛书》集部第 41 册。

储巏：《柴墟文集》，《四库全书存目丛书》集部第 42 册。

蒋冕：《湘皋集》，《四库全书存目丛书》集部第 44 册。

丁养浩：《西轩效唐集》，《四库全书存目丛书》集部第 44 册。

汪循：《仁峰文集》，《四库全书存目丛书》集部第 47 册。

顾鼎臣：《顾文康公疏草》，《四库全书存目丛书》集部第 55 册。

王廷相：《浚川公移集》，《四库全书存目丛书》集部第 53 册。

鲁铎：《鲁文恪公文集》，《四库全书存目丛书》集部第 54 册。

钱琦：《钱临江先生集》，《四库全书存目丛书》集部第 64 册。

丁奉：《南湖先生文选》，《四库全书存目丛书》集部第 65 册。
寇天叙：《涂水先生集》，《四库全书存目丛书》集部第 65 册。
尹襄：《巽峰集》，《四库全书存目丛书》集部第 67 册。
李濂：《嵩渚文集》，《四库全书存目丛书》集部第 70 册。
陈琛：《紫峰陈先生文集》，《四库全书存目丛书》集部第 73 册。
林希元：《林次崖先生文集》，《四库全书存目丛书》集部第 75 册。
李默：《群玉楼稿》，《四库全书存目丛书》集部第 77 册。
欧阳德：《欧阳南野先生文集》，《四库全书存目丛书》集部第 80 册。
张时彻：《芝园定集》，《四库全书存目丛书》集部第 82 册。
徐献忠：《长谷集》，《四库全书存目丛书》集部第 86 册。
胡松：《胡庄肃公文集》，《四库全书存目丛书》集部第 91 册。
蔡云程：《鹤田草堂集》，《四库全书存目丛书》集部第 91 册。
葛守礼：《葛端肃公文集》，《四库全书存目丛书》集部第 93 册。
罗虞臣：《罗司勋集》，《四库全书存目丛书》集部第 94 册。
骆文盛：《骆两溪集》，《四库全书存目丛书》集部第 100 册。
李玑：《西野先生遗稿》，《四库全书存目丛书》集部第 100 册。
薛应旂：《方山先生文录》，《四库全书存目丛书》集部第 102 册。
高拱：《高文襄公集》，《四库全书存目丛书》集部第 108 册。
万士和：《万文恭摘稿》，《四库全书存目丛书》集部第 109 册。
赵釴：《无闻堂稿》，《四库全书存目丛书》第 112 册。
殷士儋：《金舆山房稿》，《四库全书存目丛书》集部第 115 册。
徐学谟：《徐氏海隅集》，《四库全书存目丛书》集部第 125 册。
刘凤：《刘子威集》，《四库全书存目丛书》集部第 119—120 册。
申时行：《赐闲堂集》，《四库全书存目丛书》集部第 134 册。
王弘诲：《天池草》，《四库全书存目丛书》集部第 138 册。
卢维祯：《醒后集》，《四库全书存目丛书》集部第 149 册。
郭子章：《蠙衣生黔草》，《四库全书存目丛书》集部第 155 册。
冯梦祯：《快雪堂集》，《四库全书存目丛书》集部第 164 册。

王庭：《松门稿》，《四库全书存目丛书》集部第 167 册。

唐文献：《占星堂集》，《四库全书存目丛书》集部第 170 册。

袁宏道：《袁中郎全集》，《四库全书存目丛书》集部第 174 册。

来俨然：《自愉堂集》，《四库全书存目丛书》集部第 177 册。

黄宗羲：《南雷文定》，《四库全书存目丛书》集部第 205 册。

伍袁萃：《林居漫录》，《续修四库全书》第 1172 册，上海古籍出版社
    2002 年影印版。下同。

黎淳：《黎文僖公集》，《续修四库全书》第 1330 册。

杨廉：《杨文恪公文集》，《续修四库全书》第 1332 册。

刘春：《东川刘文简公集》，《续修四库全书》第 1332 册。

张邦奇：《张文定公纡玉楼集》，《续修四库全书》第 1336 册。

雷礼：《镡墟堂摘稿》，《续修四库全书》第 1342 册。

薛应旂：《方山薛先生全集》，《续修四库全书》第 1343 册。

汪道昆：《太函集》，《续修四库全书》第 1347 册。

张天复：《鸣玉堂稿》，《续修四库全书》第 1348 册。

郭应聘：《郭襄靖公遗集》，《续修四库全书》第 1349 册。

缪昌期：《从野堂存稿》，《续修四库全书》第 1373 册。

李颙：《二曲集》，《续修四库全书》第 1410 册。

戴名世：《南山集》，《续修四库全书》第 1419 册。

鲁九皋：《山木居士外集》，《续修四库全书》第 1452 册。

陈用光：《太乙舟文集》，《续修四库全书》第 1493 册。

吴应箕：《楼山堂集》，《四库禁毁书丛刊》集部第 11 册，北京出版社
    1997 年影印版。下同。

祁彪佳：《几亭全书》，《四库禁毁书丛刊》集部第 12 册。

张鼐：《宝日堂初集》，《四库禁毁书丛刊》集部第 76 册。

陈懿典：《陈学士先生初集》，《四库禁毁书丛刊》集部第 78 册。

张采：《知畏堂文存》，《四库禁毁书丛刊》集部第 81 册。

赵维寰：《雪庐焚余稿》，《四库禁毁书丛刊》集部第 88 册。

祝以豳：《诒美堂集》，《四库禁毁书丛刊》集部第 101 册。

马世奇：《澹宁居文集》，《四库禁毁书丛刊》集部第 113 册。

郑鄤：《峚阳草堂文集》，《四库禁毁书丛刊》集部第 126 册。

吕留良：《吕晚村先生文集》，《四库禁毁丛刊》集部第 148 册。

张世伟：《自广斋集》，《四库禁毁书丛刊》集部第 162 册。

曾异：《纺授堂集》，《四库禁毁书丛刊》集部第 163 册。

骆问礼：《万一楼集》，《四库禁毁书丛刊》第 174 册。

姚希孟：《響玉集》，《四库禁毁书丛刊》集部第 178 册。

赵志皋：《赵文懿公文集》，《四库禁毁书丛刊》集部第 180 册。

杨守陈：《杨文懿公文集》，《四库未收书辑刊》第 5 辑第 17 册，北京出版社 2000 年影印版。下同。

李龄：《宫詹遗稿》，《四库未收书辑刊》第 5 辑第 17 册。

孙扬：《孙石台先生遗集》，《四库未收书辑刊》第 5 辑第 18 册。

丁绍轼：《丁文达集》，《四库未收书辑刊》第 5 辑第 25 册。

蔡献臣：《清白堂稿》，《四库未收书辑刊》第 6 辑第 22 册。

薛冈：《天爵堂文集》，《四库未收书辑刊》第 6 辑第 25 册。

江天一：《江止庵遗集》，《四库未收书辑刊》第 6 辑第 28 册。

吕坤著，王国轩、王秀梅整理：《吕坤全集》，中华书局 2008 年。

项乔撰，方长山、魏得良点校：《项乔集》，上海社会科学院出版社 2006 年。

归有光著，周本淳校点：《震川先生集》，上海古籍出版社 1981 年。

陈子龙等编：《明经世文编》，中华书局 1997 年。

钱秉镫：《藏山阁文存》，《台湾文献史料丛刊》第 8 辑，台湾大通书局 1987 年。

陈义钟编校：《海瑞集》，中华书局 1962 年。

三、奏疏、政书

徐松辑：《宋会要辑稿》，中华书局 1957 年。

佚名：《皇明诏令》，《四库全书存目丛书》史部第 58 册。

杨一凡、田禾点校：《皇明诏令》，载刘海年、杨一凡总主编：《中国珍
　　稀法律典籍集成》乙编第三册，科学出版社 1994 年。

戴金：《皇明条法事类纂》，科学出版社 1994 年。

张瀚：《皇明疏议辑略》，《续修四库全书》第 463 册。

夏言：《南宫奏稿》，《文渊阁四库全书》第 429 册。

张璁：《谕对录》，《四库全书存目丛书》史部第 57 册。

叶盛：《边奏存稿》，《四库全书存目丛书》史部第 58 册。

杨一清：《关中奏议》，《文渊阁四库全书》第 428 册。

正德《明会典》，《文渊阁四库全书》第 617 册。

万历《明会典》，中华书局 1989 年。

万历《吏部职掌》，《四库全书存目丛书》史部第 258 册。

《吏部考功司题稿》，台湾伟文图书公司 1977 年。

《神庙留中奏疏汇要》，《续修四库全书》第 470 册。

乾隆《钦定大清会典则例》，《文渊阁四库全书》第 622 册。

辽宁省档案馆、辽宁社会科学院历史研究所编：《明代辽东档案汇编》，
　　辽沈书社 1985 年。

四、年谱、族谱

许重熙：《钱士升年谱》，《四库禁毁书丛刊》集部第 10 册。

徐日久：《真率先生学谱不分卷》，《原国立北平图书馆甲库善本丛书》，
　　国家图书馆出版社 2013 年。

真采：《西山真文忠公年谱》，《北京图书馆藏珍本年谱丛刊》第 33 册，
　　国家图书馆出版社 1999 年。下同。

商振伦：《商文毅公年谱》，《北京图书馆藏珍本年谱丛刊》第 39 册。

秦纮：《秦襄毅公自订年谱》，《北京图书馆藏珍本年谱丛刊》第 40 册。

陈敦履：《陈紫峰先生年谱》，《北京图书馆藏珍本年谱丛刊》第 44 册。

张文麟：《端岩公年谱》，《北京图书馆藏珍本年谱丛刊》第 44 册。

吴惟贞：《吴太宰年谱》，《北京图书馆藏珍本年谱丛刊》第 46 册。

谭大初：《谭次川先生自订年谱》，《北京图书馆藏珍本年谱丛刊》第 47 册。

冯奋庸：《理学张抱初先生年谱》，《北京图书馆藏珍本年谱丛刊》第 54 册。

王思任：《王季重先生自叙年谱》，《北京图书馆藏珍本年谱丛刊》第 57 册。

施化远：《吕明德先生年谱》，《北京图书馆藏珍本年谱丛刊》第 59 册。

苏惇元：《张杨园先生年谱》，《北京图书馆藏珍本年谱丛刊》第 70 册。

卞宗谟：《卞征君年谱》，《北京图书馆藏珍本年谱丛刊》第 130 册。

陆我嵩：《无成录》，《北京图书馆藏珍本年谱丛刊》第 143 册。

钱应溥：《警石府君年谱》，《北京图书馆藏珍本年谱丛刊》第 145 册。

张元勋：《清麓年谱》，《北京图书馆藏珍本年谱丛刊》第 167 册。

劳乃宣：《韧叟自订年谱》，《北京图书馆藏珍本年谱丛刊》第 180 册。

潘文炳、潘儁：《婺源桃溪潘氏宗谱例》，中国国家图书馆藏。

陈懋和：《江苏毗陵双桂里陈氏宗谱》，《中华族谱集成》第 1 册，巴蜀书社 1995 年。

陆基忠：《平湖陆氏景贤祠志》，《中国祠墓志丛刊》第 59 册，广陵书社 2004 年。

王葆心：《湖北罗田东安王氏庚申宗谱》，1930 年铅印本。

周秋芳、王宏整理：《中国家谱资料选编·家规族约卷》，上海古籍出版社 2013 年。

陈秉仁整理：《中国家谱资料选编·礼仪风俗卷》，上海古籍出版社 2013 年。

五、志　书

唐诰修，齐柯、刘埏纂：嘉靖《和州志》，《原国立北平图书馆甲库善本丛书》第 326 册，国家图书馆出版社 2013 年。

苏勒通阿等修、王巡泰等纂：乾隆《兴业县志》，《故宫珍本丛刊》第
　　202 册，海南出版社 2001 年。

洪汝奎等修、徐成敜等纂：光绪《增修甘泉县志》，《中国方志丛书》华
　　中地方第 408 号，台北成文出版社 1983 年。

吴之鋆修，周学曾、尤逊恭等纂：道光《晋江县志》，《中国地方志集
　　成·福建府县志辑》，上海书店出版社 2000 年。

吕燕昭修：嘉庆《重刊江宁府志》，《中国方志丛书》华中地方第 128
　　号，台北成文出版社 1973 年。

凌锡祺、李敬熙总纂：光绪《德平县志》，《中国方志丛书》华北地方第
　　356 号，台北成文出版社 1976 年。

怀荫布修，黄任、郭赓武同纂：乾隆《泉州府志》，《中国地方志集成·
　　福建府县志辑》第 22 册，上海书店出版社 2000 年。

张梯修，葛臣纂：嘉靖《固始县志》，《天一阁藏明代方志选刊》，上海
　　书店 1963 年。

童承叙：嘉靖《沔阳志》，《天一阁藏明代方志选刊》第 54 册。

嘉靖《内黄县志》，《天一阁藏明代方志选刊》第 52 册。

王彬修，陈鹤翔等纂：同治《江山县志》，《中国方志丛书》华北地方第
　　67 号，台北成文出版社 1970 年。

崇祯《松江府志》，《日本藏中国稀见地方志丛刊》，书目文献出版社
　　1991 年。

陈道监修，黄仲昭编撰：弘治《八闽通志》，《四库全书存目丛书》史部
　　第 177 册，齐鲁书社 1996 年。

万历《绍兴府志》，《四库全书存目丛书》史部第 201 册。

嵇曾筠：雍正《浙江通志》，《文渊阁四库全书》第 521 册。

张宝琳等：光绪《永嘉县志》，《续修四库全书》第 708 册。

于敏中等：《钦定日下旧闻考》，《文渊阁四库全书》第 497 册。

康熙《江西通志》，《文渊阁四库全书》第 515 册。

雍正《云南通志》，《文渊阁四库全书》第 570 册。

道光《广东通志》,《续修四库全书》第 673 册。

六、杂史与笔记

徐咸:《西园杂记》,《丛书集成新编》第 88 册。

沈德符:《万历野获编》,中华书局 1997 年。

尹直:《謇斋琐缀录》,《国朝典故》本,北京大学出版社 1993 年点校版。

王士祯:《池北偶谈》,《文渊阁四库全书》第 870 册。

徐学聚:《国朝典汇》,书目文献出版社 1996 年。

黄景昉:《国史唯疑》,上海古籍书店 2002 年。

严有禧:《漱华随笔》,《丛书集成初编》第 2969 册。

余继登:《典故纪闻》,中华书局 1981 年。

于慎行:《谷山笔麈》,中华书局 1984 年。

王恕:《王端毅奏议》,《文渊阁四库全书》第 427 册。

张瀚:《松窗梦语》,中华书局 1985 年。

罗鹤:《应庵随录》,《四库全书存目丛书》子部第 104 册。

释静福:《癸未夏抄》,《四库全书存目丛书》子部第 244 册。

郑晓:《今言》,《丛书集成初编》第 2804 册。

谈迁:《国榷》,古籍出版社 1958 年。

黄佐、廖道南:《殿阁词林记》,《文渊阁四库全书》第 452 册。

焦竑:《玉堂丛语》,中华书局 1981 年。

陆容:《菽园杂记》,中华书局 1985 年。

徐应秋:《玉芝堂谈荟》,《文渊阁四库全书》第 883 册。

计六奇:《明季北略》,中华书局 1984 年。

李逊之辑:《崇祯朝野纪》,《台湾文献史料丛刊》第 3 辑。

陈继儒:《见闻录》,《四库全书存目丛书》子部第 244 册。

许篈:《荷谷先生朝天记》,《韩国汉文燕行文献选编》第 3 册,复旦大学出版社 2011 年。

邹元标：《邹忠介公奏疏》，《续修四库全书》第 481 册。

周永春：《丝纶录》《四库禁毁书丛刊》史部第 74 册。

陈洪谟：《治世余闻》，中华书局 1985 年。

陈鼎：《东林列传》，《文渊阁四库全书》第 458 册。

张卤：《皇明嘉隆疏钞》，《续修四库全书》第 467 册。

吕柟：《泾野子·内篇》，《文渊阁四库全书》第 714 册。

支大纶：《永陵编年信史》，《四库全书存目丛书补编》第 76 册，齐鲁书
　　社 2001 年。

袁黄：《游艺塾文规》，《续修四库全书》第 1718 册。

李乐：《见闻杂记》，载车吉心主编：《中华野史》明朝卷三，泰山出版
　　社 2000 年。

张朝瑞：《皇明贡举考》，《续修四库全书》第 828 册。

董其昌：《画禅室随笔》，《文渊阁四库全书》第 867 页。

周琦：《东溪日谈录》，《文渊阁四库全书》第 714 册。

俞弁：《山樵暇语》，《四库全书存目丛书》子部第 152 册。

张萱：《西园闻见录》，全国图书馆文献缩微复制中心 1996 年。

李贽：《续焚书》，《续修四库全书》第 1352 册。

徐学谟：《世庙识余录》，《续修四库全书》第 433 册。

焦竑：《国朝献征录》，《续修四库全书》第 527 册。

夏燮：《明通鉴》，岳麓书社 1999 年。

洪迈：《容斋随笔》，《文渊阁四库全书》第 851 册。

鄂尔泰、张廷玉：《词林典故》，《文渊阁四库全书》第 599 册。

七、其他古籍

《周礼注疏》，《文渊阁四库全书》第 90 册。

韩愈著，马其昶校注，马茂元整理：《韩昌黎集校注》，上海古籍出版社
　　1986 年。

程颢、程颐撰，朱熹编：《二程遗书》，《文渊阁四库全书》第 698 册。

朱熹：《朱子全书》，上海古籍出版社、安徽教育出版社2002年。

许有壬：《至正集》，《北京图书馆古籍珍本丛刊》第95册，书目文献出版社1988年。

程端礼编：《程氏家塾读书分年日程》，《丛书集成初编》第59册。

胡居仁：《居业录》，《文渊阁四库全书》第714册。

丘濬：《大学衍义补》，文渊阁《四库全书》第712册。

顾炎武：《日知录》，《文渊阁四库全书》第858册。

顾炎武著，黄汝成集释：《日知录集释》，岳麓书社1994年。

林伯桐：《品官家仪考》，《续修四库全书》第826册。

黄佐：《泰泉乡礼》，《文渊阁四库全书》第142册。

李清馥：《闽中理学渊源考》，《文渊阁四库全书》第460册。

陈春瀛：《回帆日记》，清光绪二十一年铅印本。

戴肇辰：《学仕录》，《四库未收书辑刊》第2辑第26册。

汪绂：《理学逢源》，《续修四库全书》第947册。

贺瑞麟：《清麓日记》，《清代诗文集汇编》第697册，上海古籍出版社2010年。

汤沐、柳应龙：《新刊社塾启蒙礼教类吟》，《故宫珍本丛刊》第476册。

高愈：《小学纂注》，《四库全书存目丛书》子部第4册。

沈佳：《明儒言行录》，《文渊阁四库全书》第458册。

陈弘谋：《五种遗规·养正遗规补编》，《续修四库全书》第951册。

陆世仪：《思辨录辑要》，《文渊阁四库全书》第724册。

程敏政：《明文衡》，《文渊阁四库全书》第1374册。

八、今人论著

（一）著 作

陈荣捷：《陈荣捷朱子学论著丛刊》，华东师范大学出版社2007年。

常建华：《明代宗族研究》，上海人民出版社2005年。

丁凌华：《中国丧服制度史》，上海人民出版社2000年。

傅斯年：《傅斯年全集》，台北联经出版事业公司1980年。

冯尔康等：《中国宗族社会》，浙江人民出版社1994年。

龚笃清：《明代八股文史探》，湖南人民出版社2005年。

康乐：《从西郊到南郊：国家祭典与北魏政治》，台北稻禾出版社1995年。

黄进兴：《优入圣域：权力、信仰与正当性》，陕西师范大学出版社1998年。

黄婉瑜：《朱熹〈小学〉研究》，台湾华梵大学东方人文思想研究所1998年。

何宗美：《明末清初文人结社研究》，南开大学出版社2003年。

李文治、江太新：《中国宗法宗族制和族田义庄》，社会科学文献出版社2000年。

林济：《长江流域的宗族与宗族生活》，湖北教育出版社2004年。

沈俊平：《举业津梁：明代中叶以后坊刻制举用书的生产与流通》，台湾学生书局2009年。

黄明理：《儒者归有光析论——以应举为考察中心》，台北里仁书局2009年。

潘星辉：《明代文官铨选制度研究》，北京大学出版社2005年。

启功：《说八股》，中华书局2000年。

熊秉真：《童年忆往》，广西师范大学出版社，2008年。

鄢建江：《朱熹道德教育理论研究》，华龄出版社2006年。

郑丞良：《南宋明州先贤祠研究》，上海古籍出版社2013年。

郑振满：《明清福建家族组织与社会变迁》，湖南教育出版社1992年。

赵华富：《徽州宗族研究》，安徽大学出版社2004年。

赵克生：《明朝嘉靖时期国家祭礼改制》，社会科学文献出版社2006年。

大木康：《明末江南の出版文化》，东京研文出版2004年。

井上彻著，钱杭译，钱圣音校：《中国的宗族与国家礼制》，上海书店出版社2008年。

杨庆堃著，范丽珠等译：《中国社会中的宗教》，上海人民出版社
　　2007年。

沟口雄三、小岛毅主编，孙歌等译：《中国的思维世界》，江苏人民出版
　　社2006年。

阿尔维托·曼古埃尔：《阅读史》，商务印书馆2002年。

滋贺秀三著，张建国、李力译：《中国家族法原理》，法律出版社
　　2003年。

扬·阿斯曼著，金寿福等译：《文化记忆》，北京大学出版社2015年。

理查德·A.波斯纳：《法律的经济分析》，中国大百科全书出版社
　　2003年。

Chow Kai – wing, *Publishing, Culture and Power in Early Modern China*, Stan-
　　ford: Stanford University Press, 2004.

（二）学位论文

林谦如：《明人的奉亲怡养——孝道社会生活的一个历史侧面》，台湾中
　　国文化大学2003年硕士学位论文。

潘峰：《明代八股论评试探》，复旦大学2003年博士学位论文。

金春岚：《明清八股文程式研究》，华东师范大学2013年博士学位论文。

骆芬美：《明代官员丁忧与夺情之研究》，台湾中国文化大学1997年博
　　士学位论文。

（三）论　文

安娜：《明代科举士子时文阅读初探》，《古代文明》2017年第1期。

陈超：《明代品官命妇封赠制度初探》，《社会科学辑刊》2006年第
　　4期。

陈雯怡：《"吾婺文献之懿"——元代一个乡里传统的建构及其意义》，
　　《新史学》（台北）第20卷第2期（2009年6月）。

邓小南：《走向"活"的制度史——以宋代官僚政治制度史研究为例的
　　点滴思考》，《浙江学刊》2003年第3期。

冯达文：《简论朱熹之"小学"教育理念》，《中国哲学史》1999年第

4 期。

林丽月：《俎豆宫墙——乡贤祠与明清的基层社会》，载黄宽重主编：《中国史新论·基层社会分册》，台北"中央"研究院、联经出版事业股份有限公司 2009 年。

林济：《"专祠"与宗祠——明中期前后徽州宗祠的发展》，载常建华主编：《中国社会历史评论》第 10 卷，天津古籍出版社 2009 年。

林金树：《明朝老年政策述论》，《中国史研究》1998 年第 2 期。

侯美珍：《明清科举取士"重首场"现象的探讨》，《台大中文学报》第 23 期（2005 年 12 月）。

吴承学：《现存评点第一书——论〈古文关键〉的编选、评点及其影响》，《文学遗产》2003 年第 4 期。

高寿仙：《明代制义风格的嬗变》，载《明清论丛》第 2 辑，紫禁城出版社 2001 年。

李光摩：《论明代八股文语体》，《中山大学学报（社会科学版）》2012 年第 4 期。

罗时进、刘鹏：《唐宋时文考论》，《文艺理论研究》2004 年第 4 期。

祝尚书：《论宋代科举时文的程式化》，《厦门大学学报（哲学社会科学版）》2005 年第 5 期。

刘祥光：《宋代的时文刊本与考试文化》，《台大文史哲学报》第 75 期（2011 年 11 月）。

刘祥光：《时文稿：科举时代的考生必读》，《近代中国史研究通讯》第 22 期（1996 年 9 月）。

刘淼：《中国传统社会的资产运作形态——关于徽州宗族"族会"的会产处置》，《中国社会经济史研究》2002 年第 2 期。

牛建强：《地方先贤祭祀的展开与明清国家权力的基层渗透》，《史学月刊》2013 年第 4 期。

魏峰：《从先贤祠到乡贤祠——从先贤祭祀看宋明地方认同》，《浙江社会科学》2008 年第 9 期。

邱仲麟：《点名与签到——明代京官朝参、公座文化的探索》，《新史学》
（台北）第 9 卷第 2 期（1998 年 6 月）。

钱杭：《中国古代世系学研究》，《历史研究》2001 年第 6 期。

吴丽娱：《光宗耀祖：试论唐代官员的父祖封赠》，《文史》2009 年第
1 辑。

吴羽：《唐宋国家礼仪的习学与演练研究——以朝仪与亲郊的习仪为
例》，《首都师范大学学报（社会科学版）》2017 年第 2 期。

祝建平：《北宋官僚丁忧持服制度初探》，《学术月刊》1997 年第 3 期。

姚郁卉：《朱熹〈小学〉的蒙养教育思想》，《齐鲁学刊》2005 年第
4 期。

朱人求：《下学而上达——朱子小学与大学的贯通》，《江南大学学报
（人文社会科学版）》2013 年第 2 期。

蔡雁彬：《朱子〈小学〉流衍海东考》，《南京大学学报（哲学·人文科
学·社会科学)》2002 年第 4 期。

王明珂：《慎终追远——历代的丧礼》，载蓝吉富、刘增贵主编：《中国
文化新论·宗教礼俗篇·敬天与亲人》，台北联经出版事业公司
1991 年。

王日根、张先刚：《从墓地、族谱到祠堂：明清山东栖霞宗族凝聚纽带
的变迁》，《历史研究》2008 年第 2 期。

王传贵：《朱熹〈小学〉中的童蒙教育思想》，《道德与文明》1983 年第
6 期。

王兴亚：《明代的老年人政策》，《南都学坛》1994 年第 4 期。

张献忠：《明中后期科举考试用书的出版》，《社会科学辑刊》2010 年第
1 期。

张素卿：《"评点"的解释类型——从儒者标抹读经到经书评点的侧面考
察》，载郑吉雄、张宝三编：《东亚传世汉籍文献译解方法初探》，
华东师范大学出版社 2008 年。

周桂林：《论朱元璋兴孝以行养老之政》，《河南大学学报（哲学社会科

学版）》1988 年第 4 期。

赵克生：《明代丁忧制度述论》，《中国史研究》2007 年第 2 期。

赵克生：《明清乡贤祠祀的演化逻辑》，《古代文明》2018 年第 4 期。

赵克生：《明代中后期官礼变动与官礼之争》，《社会科学辑刊》2009 年
    第 6 期。

赵克生：《明代地方庙学中的乡贤祠与名宦祠》，《中国社会科学院研究
    生院学报》2005 年第 1 期。

费克光：《〈承天大志〉与嘉靖皇帝》，载田澍、王玉祥、杜常顺主编：
    《第十一届明史国际学术讨论会论文集》，天津古籍出版社 2007 年。

包弼德：《地方传统的重建——以明代的金华府为例（1480—1758）》，
    载李伯重、周生春主编：《江南的城市工业与地方文化（960—
    1850）》，清华大学出版社 2004 年。

岩井茂树著，伍跃译：《明代中国的礼制霸权主义与东亚的国际秩序》，
    载《日本中国史研究年刊》，上海古籍出版社 2008 年。

奥崎裕司：《蘇州府郷賢祠の人々—郷紳の地域性について》，《明代史
    研究》（东京）第 10 号特集号，日本明代史研究会 1982 年。